本书列入"十三五"国家重点图书出版规划

北大高等教育文库
·大学之道丛书·

The Idea of a University
大学的理念

［英］约翰·亨利·纽曼（John Henry Newman） 著
高师宁 何克勇 何可人 何光沪 译
高师宁 何光沪 校

北京大学出版社
PEKING UNIVERSITY PRESS

图书在版编目(CIP)数据

大学的理念/(英)纽曼(Newman,J.H.)著;高师宁等译. —北京:北京大学出版社,2016.6
(北大高等教育文库·大学之道丛书)
ISBN 978-7-301-25014-3

Ⅰ. ①大… Ⅱ. ①纽… ②高… Ⅲ. ①高等教育—研究 Ⅳ. ①G64

中国版本图书馆 CIP 数据核字(2014)第 246610 号

书　　名	大学的理念
	Daxue de Linian
著作责任者	[英]纽曼(John Henry Newman) 著　高师宁 等译
丛 书 策 划	周雁翎
丛 书 主 持	周志刚
责 任 编 辑	周志刚
标 准 书 号	ISBN 978-7-301-25014-3
出 版 发 行	北京大学出版社
地　　址	北京市海淀区成府路 205 号　100871
网　　址	http://www.pup.cn
电 子 信 箱	zyl@pup.pku.edu.cn
新 浪 微 博	@北京大学出版社
电　　话	邮购部 62752015　发行部 62750672　编辑部 62767346
印 刷 者	三河市博文印刷有限公司
经 销 者	新华书店
	965 毫米×1300 毫米　16 开本　20.5 印张　276 千字
	2016 年 6 月第 1 版　2021 年 9 月第 4 次印刷
定　　价	49.00 元

未经许可,不得以任何方式复制或抄袭本书之部分或全部内容。
版权所有,侵权必究
举报电话: 010-62752024　电子信箱: fd@pup.pku.edu.cn
图书如有印装质量问题,请与出版部联系,电话: 010-62756370

目 录

中文版序 ·· 1
《大学的理念》中的博雅教育学说 ·································· 5
前　言 ·· 1

第一卷　大学教育——分九讲阐述

第一讲　导言 ·· 13
第二讲　神学——知识的一个分支 ································· 27
第三讲　神学与其他知识分支的关系 ······························ 45
第四讲　其他知识分支与神学的关系 ······························ 67
第五讲　自为目的的知识 ··· 89
第六讲　从与学习的关系看待知识 ································ 110
第七讲　从与专业技能的关系看待知识 ·························· 132
第八讲　从与宗教的关系看待知识 ································ 153
第九讲　教会对知识的职责 ··· 177

第二卷　大学科目——在一些演讲和论文中的论述

选文一　基督教与文学——在哲学与文学院的演讲 ········ 201
选文二　英语中的天主教文学 ······································ 217
选文三　基督教与自然科学——在医学院的演讲 ············ 245
选文四　基督教与科学研究——为理学院写的演讲稿 ······ 265

译后记 ·· 283
校后记 ·· 285

中文版序

何光沪

耶鲁大学教授弗兰克·M.特纳(Frank M. Turner)说,针对150年来大学的发展这一主题,还没有一本书的影响能超过纽曼的《大学的理念》。对于这话,我作为一位宗教学领域的学者和大学教育的新人,起初是不甚了然的。因为我只知道纽曼是19世纪中叶"牛津运动"的重要人物,后又因改宗天主教并出任枢机主教而轰动一时。我以为宗教学领域以外的人很少知道牛津运动,还以为纽曼虽然在宗教领域极其著名,但在教育领域的影响,即便有,也不会太大。因为我多年前看过一点国人编的外国教育史,除了以教育思想闻名的夸美纽斯和裴斯泰洛齐等人,在其他领域闻名而其教育思想又不能不提到的人,似乎在近代是洛克、卢梭和杜威等哲学家,对于纽曼的名字,至少那时是毫无印象。

然而,在校译完这本书之后,我却不得不服了特纳的上述评论。这绝不仅仅是因为特纳是教育领域或教育史方面领先的专家,所言不虚;也不仅仅是因为,这本书作为整个西方文化传统在教育学方面的经典著作,至今还在西方大学中作为有关课程的基本教材使用;而是因为,这本书的形式和内容本身,的确具有一般教育学书籍所罕见的吸引力和说服力。

而这种吸引力和说服力,又绝不仅仅是因为它的作者是一位以学识宏富和能言善写而名噪一时的雄辩家和作家,是一位名牌学府的名人和创办大学的校长;也不仅仅是因为,这本书的英文原文充满了信手拈来的典故、妙语连珠的比喻、旁征博引的论证、反复辩难的坚韧,甚至一泻千里的热情;而是因为,它所提出的问题,不但对现代社会中的大学,甚至对我国当代的大学而言,都是颇值得深思,颇值得讨论的。其中有一些问题,甚至是我们的家长们、教师们、校长们想了多年、说了多年而未解决的。这不能不令人深为感叹!

　　这些问题中最主要的一个,就是我们的学校多年来所提的诸多口号中最为正确又最难实施的一个——素质教育。现在国人常说,国力的竞争,归根结底是教育的竞争,是国民素质的竞争。姑不论"竞争"是否就是一项事业、一个集体或个人人生的最终目的,但这个口号,或者更准确些说,这个原则,确实是众多有识之士的明智总结,是中国教育正反两面经验的结晶,是我们至少几十年来的耳闻目睹、痛切体验,甚至是我们的血和泪、伤和疤、喜和乐、怒和怨,我们的油然感慨,我们的不眠之思……所带给我们的最重要的教训!

　　这里所说的素质,当然不是指天生的性格气质之类,而是指那种后天的、人文的、可变的、可塑的,因而是可因教育或教化而或高或低、或好或坏、或优或劣的素质;是中国古人所谓由"习染"而可"变化"的"气质"。实际上,全人类的相通,乃由于先天的"性相近";而各国各族的距离,则由于后天的"习相远"。这个"习",即习染或教化或教育造成的国民素质,决定着一个民族或国家中每一个人的生活状况:我们的医院怎样?我们的学校如何?我们的环境是否优美?我们的马路是否安全?大到我们的经济是否健康、政治是否民主?小到我们的家庭是否和睦、邻里是否安宁……影响我们的每一天以至一辈子生活质量的所有这些东西,无一不取决于我们的"人的素质"。而这个素质,当然是由从家庭到社会,从司法到传媒的广义教育环境所造就,当然得靠每一个人从小到老、由内及外的自觉磨炼和养习,但是,越来越多的青年在进入社会生活之前的学习阶段,即大学阶段所受的教育,无疑在素质养成中起着关键的、常常是转折性的作用。

　　因此,大学教育应当为培养"人的素质"服务,或者说,大学教育就

应当是素质教育。当然,这里所说的"大学教育",主要是指本科生教育。因为研究生阶段的教育,应该是也不能不是为将来从事的职业服务的"专业教育",所以必然局限于某一或某些学科的教学,这些学科绝不需要一个社会的所有成员全都去了解或学习。但是,一种健康的社会生活却需要社会的所有或绝大部分成员具有优良的素质,甚至一个人自身健康的家庭生活或个人生活,也需要这种素质(社会、家庭和个人的健康生活,应是超越于"竞争"手段之上的目的)。一方面,专业教育的狭隘性,决定了它不同于需要全面性、广博性的素质教育,而且,研究生阶段的受教育者多半都已形成了较确定的世界观和人生观,甚至较固定的生活与思维习惯,"素质教育"已很难奏效;另一方面,对于本科阶段以前的受教育者,包括中小学和职业专科等学校的学生,当然更应该进行素质教育,而且,纽曼在此书中对以记忆为中心、被动接受现成知识为特点的教育的批判,当然也适用于大学以下的各级学校。但是无论如何,随着我国大学教育的加速发展,大学招生数目的迅速扩大,在刚进入社会生活、在各种不同部门工作的青年总数中,本科毕业生的比例正在迅速增加。"大学生大把大把抓"这句话,意味着大量人口的素质,甚至整个中国社会的素质,在越来越大的程度上,将取决于大学本科的教育状况。

令人遗憾的是,我国现在的大学教育,总体上恰好处于纽曼所批判的那种状况中——把本科教育搞成了专业教育(professional education)。前面说到素质教育"最难实施",其中的原因,也许正是这个制度性偏差或大观念偏差。纽曼在本书中雄辩地论证了本科教育的目的,在于为学生进入社会而不是进入专业工作做准备,在于培养合格的公民而不是培养职业能手,在于培养"绅士"而不是培养"专才",所以应搞"博雅教育"而不是"专业教育"。撇开那些我们不会采纳的术语(及其隐含的时代局限)而看其实质,他实际上道中了我们混淆本科生教育与研究生教育性质的观念偏差。这两种教育的差别不在于知识高低深浅的程度差异,而在于根本任务的不同:本科生教育应该培养"人"——社会的人,大写的人;而不是培养"才"——专业的才,职业的才！后者应成为研究生教育的任务。健全的人，在工作中是不难成"才"的；而片面的"才"，在社会中却常常很难成为健全的人。

也许正因为如此，当西方的本科生不但可以自由转系，甚至被要求选修许多相去甚远的学科，还必须修一些似乎无用的"核心课程"（如哈佛大学的"儒家伦理"即被列为全校核心课程）的时候，我们的许多大学却对这些做法毫不理解甚至加以限制，以至于一个中国学生，假如看到一个美国学生一周之内奔走于数学系、音乐系、历史系和哲学系的教室之间，一定会大惑不解！其实，这种现象，正是纽曼在这本书中表达的思想产生的巨大影响之一例。当然，我们必须注意到，一方面由于纽曼所处的历史环境和时代局限，个人经历和思想局限，另一方面由于现代社会和大学的巨大变迁，纽曼的许多观点或论述已表现出诸多的矛盾或过时之处，很多都应予以批判或重新审视。但是，纽曼用他那个时代和他那个国度所特有的语言，表达了某些在大学教育甚至一般教育中具有普遍性的东西。世上有一些道理，绝不因为古老就会过时，反而是历久弥新。何况，纽曼在此书中，确实还提出了众多的、今日仍需深思的大问题，例如：大学教育的性质、教学与科研之间的关系、各门学科与知识整体的关系、宗教和道德价值与人格教育的关系、神学与其他学科的关系、文学的教育功能及其与民族历史的关系、知识与学习的关系、知识与专业技能的关系、宗教与科学的关系，等等。我在这篇序言里写到的，确实只是这本书所涉及的众多问题之一。当然，我们今天的大学，甚至整个教育事业面临的问题，也是众多的，有些已超出此书的范围（例如教育体制、教育与其他制度的关系等）。但是，我在这里提出的这个问题，即纽曼用"博雅教育"一词所表述的素质教育问题，也许是涉及教育目标的最大问题。

为了国民素质的提高，所有大专院校的校长们、院长们、教务长们，当然更主要的是，所有的老师们，都来读读这本书吧！

2002 年 9 月 15 日

于丹麦奥胡斯大学

《大学的理念》中的博雅教育学说

沈文钦

对于《大学的理念》一书,学界历来评价甚高,有人认为该书"迄今为止仍然是有关大学宗旨的最雄辩的阐述"[①]。美国学者雅罗斯拉夫·帕利坎(Jaroslav Pelikan)甚至称其为"有史以来关于大学的最重要的一本书"[②]。尽管纽曼一度对这部作品不甚满意,但在晚年,他也自认《大学的理念》一书是其生平最富"建设性"的五部著作之一[③]。

除了得到学术界的高度评价,《大学的理念》一书还在全世界拥有广泛的读者群。一百多年来,该书不断再版,并被翻译成各种西方语文以至日文、中文等东方文字。2009年,与爱尔兰天主教大学有承继关系的都柏林大学学院(University College Dublin)推出了该书的最新版本[④],第二年即重印。

今天来看,这本书的重要性主要表现为两个方面。第一,该书是英语世界第一次提出并系统论述"大学理念"的著作。第二,该书系统地阐述了博雅教育的理想,并对这一理想给予了最有力的辩护。

[①] Smith, D. & Langslow, A. K. (1999). *The Idea of a University*. London: J. Kingsley Publishers, 8.
[②] Pelikan, J. J. (1992). *The Idea of the University: A Reexamination*. New Haven: Yale University Press, 190.
[③] Ker, I. (1991). *The Achievement of John Henry Newman*. London: Harper Collins Religious, 2.
[④] Newman, J. H. (2009). *The Idea of a University*. Dublin: Ashfield Press Publishing Services.

那么,纽曼是在什么样的背景下写作此书并系统阐述其博雅教育学说的呢? 纽曼的博雅教育学说,其核心要义为何? 与前人的理论相比,纽曼的博雅教育理论有何创新之处,在历史上产生了怎样的影响? 这是本文试图回答的问题。

一、缘起:语境与文本

(一) 语境:爱尔兰天主教大学的创办与实践

纽曼关于大学理念的系列演讲是为筹建爱尔兰天主教大学而做的。筹建这所大学的主要目的是为爱尔兰的天主教徒提供一个接受高等教育的场所。

在爱尔兰,英国女王伊丽莎白一世1592年在都柏林成立了新教派的三一学院,该学院自从1793年起就已经向天主教徒和其他非国教徒开放,但学校的奖学金和研究员名额仍然只向国教会的成员开放。因此,对于天主教徒来说,三一学院并非理想之选。1795年在梅努斯成立的天主教神学院到19世纪40年代之后基本上只向神职人员开放,因此它也无法满足爱尔兰的普通天主教徒的教育需求。① 1845年,英国政府在爱尔兰的贝尔法斯特、科克和戈尔韦这三个城市建立了非教派性的女王学院,这些教育机构同时向天主教徒和新教徒开放。爱尔兰天主教教士团的丹尼尔·墨菲等人支持这一政策,但很多爱尔兰天主教领袖人物极力反对。当时爱尔兰天主教的大主教保罗·库伦(Paul Cullen)认为这种混合教育的形式对爱尔兰的天主教徒来说是不可接受的,有人甚至认为女王学院是英国政府试图控制爱尔兰教育的一场阴谋。在英格兰,牛津、剑桥的大门基本上是向天主

---

① Barr, C. (2003). *Paul Cullen, John Henry Newman, and the Catholic University of Ireland, 1845-1865*. Notre Dame: University of Notre Dame Press, 27, 63.

教教徒关闭的(虽然剑桥偶尔招收个别天主教徒)。

为了对抗这三所非教派的女王学院,并为英国的天主教徒提供一个接受大学教育的场所,罗马天主教决定在爱尔兰成立一所天主教的大学。

1851年,经过数年筹备,爱尔兰天主教大学的建校工作进入实质性阶段。3月,为新大学选一位校长的问题提上了日程;4月12日,纽曼的朋友罗伯特·惠迪致信库伦①,建议邀请纽曼发表关于大学教育的演讲。不过,他没有提名纽曼当校长,他推荐的人选是亨利·曼宁。② 保罗·库伦在和纽曼通信、交往之后,对纽曼的才华非常激赏,遂邀请他担任创校校长。纽曼起初不愿担任校长一职,但在朋友劝说下接受了这一邀请。1852年5月10日至6月7日,纽曼在都柏林进行了五次关于大学理念的演讲。此后纽曼曾几次到爱尔兰。1853年11月,纽曼再次到爱尔兰,考察大学所购买并拟作为校址的房产。③

1854年,纽曼和20位住校学生一起出席了爱尔兰天主教大学的开学典礼,正式就任校长之职。④ 开学典礼办得极为简朴、低调。6月8日,《天主教大学报》(*Catholic University Gazette*)创刊;11月3日,哲学与文学学院成立。⑤ 同年夏天,在纽曼的支持下,大学购买了若干房产作为医学院大楼,医学院很快得以成立⑥,并取得相当大的成功。事实上,在天主教大学的各个院系中,医学院的成绩是最突出的。

1856年是纽曼在爱尔兰天主教大学办学成绩非常突出的一年。

---

① 保罗·库伦(1803—1878)是教皇绝对权力主义(Ultramontanism)、教皇无谬性(papal infallibility)的鼓吹者。他从1849年起担任爱尔兰天主教的大主教,直至1878年病逝。

② Barr, C. (2003). *Paul Cullen, John Henry Newman, and the Catholic University of Ireland, 1845-1865*. Notre Dame: University of Notre Dame Press, 27, 63.

③ Tristram, H. ed. (1956). *John Henry Newman: Autobiographical Writings*. London: Sheed and Ward, 285.

④ Buckley, M. J. (1998). *The Catholic University as Promise and Project: Reflections in a Jesuit Idiom*. Washington, D. C.: Georgetown University Press, xiii.

⑤ Ker, I. Editor's Introduction. *John Henry Newman. The Idea of a University Defined and Illustrated*. Oxford: Clarendon Press, xxi, xxix-xxx, xxxviii, xxv, xxviii.

⑥ Newman, J. H. (1896). *My Campaign in Ireland*. Aberdeen: A. King & Co., printers to the University, 295-296, 298, 298, 299, 433, 372.

这一年,纽曼花费巨资给医学院配备了一个化学实验室。① 理学院的筹备也提上日程,纽曼指出,"建立一所优良的理学院是我最重要的目标之一"②。他还在这一年提交了筹办工学院的计划书。③ 纽曼认为,爱尔兰天主教大学应当向师生提供礼拜的场所。大学的官方教堂也在这一年正式开放,纽曼亲自参与了教堂的设计,并在教堂做了八次布道。

1858年,"为鼓励我们的科学工作、培养我们的教师、加强大学成员的合作并扩大大学的声誉"④,大学创办了学术期刊《亚特兰蒂斯:文学与科学记录》(Atlantis: Register of Literature and Science)。《亚特兰蒂斯》第一期的内容分为三个部分:文学、科学研究与科学信息。纽曼亲自为刊物第一期撰写了序言,他指出,创办这份刊物的目的是保存爱尔兰天主教大学成员在"文学与科学研究"方面的成果。大学教师的职业是智性的,因此他们应当"记录脑力劳动所带来的思想或结论……他们甚至应当将向他人传达有价值的思想视为一种社会责任"。⑤ 显然,纽曼在这里认为,发表研究成果是教授的职责所在。纽曼将《亚特兰蒂斯》视为新大学最重要的机构之一,其中一个原因在于,该刊物"在性质上不是地方的,而是世界性的……它可以提高大学教授的知名度,使其成为对文学和科学界有用之人"⑥。纽曼本人也在该期刊上发表论文,创刊号的第一篇论文即是纽曼的《论本笃会的使命》,他还在第二期上发表了一篇题为"论准则"的论文。无论是学院的设置、校舍的建设,还是教学和科研,纽曼所执掌的爱尔兰天主教大学似乎前途一片光明。但与此同时,大学的发展也面临巨大的障碍和

---

① Newman, J. H. (1896). *My Campaign in Ireland*. Aberdeen: A. King & Co., printers to the University, 295-296, 298, 298, 299, 433, 372.

② Ibid.

③ Kelly, S. (2012). *A Conservative at Heart? The Political and Social Thought of John Henry Newman*. Blackrock, Co Dublin: The Columba Press, 181, 166.

④ Newman, J. H. (1896). *My Campaign in Ireland*. Aberdeen: A. King & Co., printers to the University, 295-296, 298, 298, 299, 433, 372.

⑤ Ibid.

⑥ Ibid.

危机。由于无法从英国政府获得皇家特许状(Charter),爱尔兰天主教大学不具有颁发学位的权力,这导致学校无法吸引足够的生源。到1858年,全校的全日制学生大约为150人。

1854—1857年,纽曼一共聘用了26位教授和讲师,其中包括20位爱尔兰学者、4位英格兰学者和2位欧洲大陆学者,学科涵盖希腊语、拉丁语、现代文学、英语、法语、意大利语、西班牙语、物理、化学、医学、解剖学、建筑学等。①

尽管纽曼在演说中对天主教大学提出了很好的构想,并且为这所大学的发展付出了很多心力,但大学仅仅运转了四年,他就提出了辞职。1858年11月4日,纽曼在大学做了最后一次演讲,当天晚上他就坐船返回英格兰,余生再也没有踏上爱尔兰的土地。② 纽曼辞职一方面是伯明翰的奥拉托力会需要他投入全副精力;另一方面是由于他在爱尔兰面临诸多困难,无法有效打开局面③;而最主要的问题是他无法接受保罗·库伦过于保守的教育观点,两人在爱尔兰的共事很不愉快。库伦认为天主教徒只能在天主教学校接受教育。而纽曼则认为,天主教徒在非天主教的大学接受教育——即混合教育——是可以接受的,1864—1867年,他还试图在牛津大学建立一个专门的馆舍供天主教徒在校内学习,因多方阻挠而未果。④ 在写给密友的书信中,纽曼甚至私下同意威廉·格拉斯通(William Gladstone)的爱尔兰大学方案——将都柏林的爱尔兰大学并入非教派的机构——是有利的。而库伦不顾一切地反对这一方案。⑤

在纽曼辞职之后,爱尔兰天主教大学的发展并不顺利。此后两年,大学基本处于半停顿的状态,直到1861年伍德洛克(Woodlock)被聘为新一任校长才短暂地恢复了生机。1862年,大学在都柏林郊区杜

---

① Tierney, M. ed. (1954). *Struggle with Fortune: A Miscellany for the Centenary of the Catholic University of Ireland, 1854-1954*. Dublin: Browne & Nolan, 215, 6.
② Collini, S. (2012). *What are Universities for?*. London: Penguin, 43, 44, 41.
③ Dulles, A. (2002). *Newman*. London & New York: Continuum, 134, 148, 163.
④ Ondrako, E. J. (2006). *Progressive Illumination: A Journey with John Henry Cardinal Newman, 1980-2005*. Binghamton: Binghamton University, 5, 10.
⑤ Ibid.

拉姆康德拉(Drumcondra)新购了30英亩土地,拟建一个新的校区。奠基仪式极为隆重,有将近20万人参加。① 但短暂的复兴后,大学又陷入了长期萎靡不振的状态。1882年,爱尔兰天主教大学并入新建的爱尔兰皇家大学(Royal University of Ireland)。1908年,根据《爱尔兰大学法》,爱尔兰皇家大学被解散,爱尔兰国立大学(National University of Ireland)成立。该校是一个大学联盟,其下的独立高校都柏林大学学院在学术和校址上与爱尔兰天主教大学均有承继关系,故其将自身的校史追溯至1854年,并尊纽曼为创校校长。

(二) 文本:《大学的理念》的成书过程

1851年9月16日,纽曼答应了保罗·库伦的演讲邀请,并希望后者提出关于演讲内容的建议。9月20日,库伦在回信中提出了他的建议:

> 我们在爱尔兰需要的是说服人们,教育应该是宗教性的。……我建议对整个教育问题进行评论——评论的主题或部分主题也许应包括人们接受教育的益处以及他们应当接受的教育类型……此外还有女王学院的教育,或者无宗教的教育,等等。有一个很好的主题是不应当忽略的,即天主教教会及其主教对文学的服务——当然,你最清楚应该选择哪些观点以及如何处理这些观点。②

1852年5月10日,纽曼现身都柏林最著名的圆形会堂,开始了他的第一次大学演讲,能容纳四百多人的会堂座无虚席、名流荟萃,囊括了都柏林几乎所有的知识界精英。这次演讲非常成功。此后,纽曼又

---

① Tierney, M. ed. (1954). *Struggle with Fortune: A Miscellany for the Centenary of the Catholic University of Ireland, 1854-1954*. Dublin: Browne & Nolan, 215, 6.

② Ker, I. Editor's Introduction. *John Henry Newman. The Idea of a University Defined and Illustrated*. Oxford: Clarendon Press, xxi, xxix-xxx, xxxviii, xxv, xxviii.

分别在5月17日、5月24日和5月31日发表了三次演讲。5月17日的演讲反响不是很好,但5月31日的演讲取得了和第一次一样的成功,几乎满座。6月7日,纽曼发表了他的第五次演讲,随即返回英国处理法律纠纷。6月26日,法庭宣判纽曼诽谤罪名成立。此后,从6月到12月中旬,纽曼又投入写作,完成了另外五篇演讲词。第五次演讲也是纽曼公开发表的最后一次演讲,另外五篇演讲词并没有公开演讲过。

此后不久,这十篇演说辞首次以"关于大学教育目的与本质之演说"(Discourses on the Scope and Nature of University Education)为题付梓。该书的扉页标明出版时间是1852年,但真正的面世时间是1853年2月2日。①

1859年,纽曼再版《关于大学教育目的与本质之演说》一书。该书正文前的《启事》称:在准备这一系列演讲时,作者备受"焦虑悲伤之困扰",而且"身体微恙",加之该书的写作"需要付出更多的努力",因此在已完成的著述中,这是他最不满意的。在1859年的版本中,纽曼对1852年的版本进行了必要的删繁就简和一些修正。②

与1852年的版本相比,1859年的版本有三个显著的改动。

第一,1852年的版本有十讲内容。1859年的版本只有八讲。1852年版《关于大学教育目的与本质之演说》十讲的标题为:1. 导言;2. 神学——知识的一个分支;3. 神学与其他知识的关系;4. 其他知识与神学的关系;5. 普遍知识作为一种哲学;6. 自为目的的哲学知识;7. 哲学知识与心智获取的关系;8. 哲学知识与专业知识的关系;9. 哲学知识与宗教的关系;10. 教会对哲学的责任。1859年的版本将第一讲和第二讲合并到了一起,并删去了第五次演讲"普遍知识作为一种哲学"(General Knowledge Views as One Philosophy)的内容。根据查尔斯·哈罗德(Charles Harrold)的猜测,纽曼删去这一讲的原因很可能

---

① Newman, J. H. (1982). *The Idea of a University*. Notre Dame: University of NotreDame Press, xiv.

② Newman, J. H. (1859). *The Scope and Nature of University Education*. London: Longman and Roberts, advertisement, contents.

是该讲对一般知识与神学的关系的阐述不够灵活、全面。① 在此后所有版本的《大学的理念》一书中,这一讲的内容再也没出现过。② 因此我们现在通常见到的版本中,一般只有八讲的内容。

第二,纽曼对各讲的标题做了修改。在1859年的版本中,原标题中的"哲学知识"(philosophical knowledge)均被改为"博雅知识"(liberal knowledge)。虽然在原文中,这两个术语仍交替出现,但这一改动表明纽曼试图更加突出博雅教育的传统。

第三,纽曼在语言上做了一些修改,使其更适于读者理解。据统计,该版本对1852年的版本做了八百多处文字修改。③

在任职校长期间,纽曼又在不同场合发表了许多演讲,1859年出版《大学科目演讲集》(Lectures and Essays on University Subjects)。1873年,他将《大学科目演讲集》和《关于大学教育目的与本质之演说》两书合订为《大学的理念:定义与阐明》(The Idea of a University: Defined and Illustrated),即我们现在所熟知的《大学的理念》一书。《关于大学教育目的与本质之演说》与《大学科目演讲集》相互补充,前者是爱尔兰天主教大学正式运转之前的演讲,侧重理论的阐发;后者是纽曼在具体办学过程中对爱尔兰天主教大学师生的演讲,更加注重实际,可视为对上半部分大学之理念的"阐明"。值得注意的是,在1873年的版本中,纽曼再次修改了九次演讲的题目,标题中的liberal一词被去掉了。

纽曼生前不断修订此书,到他去世之前一年(1889年),已修订至第九版。在纽曼死后,此书不断再版,被广为阅读。

---

① Newman, J. H. (1947). *The Idea of a University Defined and Illustrated*. New York: Longmans, viii.

② McGrath, F. (1962). *The Consecration of Learning: Lectures on Newman's Idea of a University*. New York: Fordham University Press, 173.

③ Ker, I. Editor's Introduction. *John Henry Newman. The Idea of a University Defined and Illustrated*. Oxford: Clarendon Press, xxi, xxix-xxx, xxxviii, xxv, xxviii.

二、观点:何谓博雅教育?

《大学的理念》一书最核心的部分是关于博雅教育的论述。该书也被称为"英语中有关博雅教育的最有影响的著作"①。该书之所以今天仍然被经常提起并被阅读,主要是基于它对博雅教育的论述,尤其是"自为目的的知识""知识与学习的关系""知识与专业技能的关系"这几讲的内容最为精彩。《大学的理念》一书可视为博雅教育学说的集大成之作,在所有论述博雅教育的著作当中,纽曼的论述最为详尽深入。在很大程度上,纽曼几乎成了博雅教育思想的代名词。

不过,正如伊安·科尔(Ian Ker)所指出的,纽曼并不是一个"非常具有系统性的思想家和作家"②,德威特·库勒(A. Dwight Culler)也指出《大学的理念》一书存在一些"不一致和前后矛盾"的地方③,或者如斯蒂芬·科里尼(Stephen Collini)所评论的,读者细读全书,会为其内容的"晦涩以及整体上的高于一切的教条意图"所震惊④。因此,读者阅读《大学的理念》一书并试图把握纽曼的博雅教育理论时,常常会遇到很多困惑,例如,liberal 一词到底是何含义,博雅教育的课程应该由哪些部分构成,等等。要解开这些疑惑,必须从纽曼对 liberal education 一词的定义和他赋予这个术语的内涵入手。

(一) liberal 的多义性

毫无疑问,"博雅知识"是纽曼的博雅教育思想中最为核心的概

---

① Turner, F. M. (2002). *John Henry Newman: The Challenge to Evangelical Religion*. New Haven: Yale University Press, 1.
② Ker, I. (1999). Newman's Idea of a University: A Guide for the Contemporary University? In D, Smith & A, K. Langslow. *The Idea of a University*. London: J. Kingsley Publishers, 11-29.
③ Culler., A. D. (1955). *The Imperial Intellect: A Study of Newman's Educational Ideal*. New Haven: Yale University Press, 222.
④ Collini, S. (2012). *What are Universities for?*. London: Penguin, 43, 44, 41.

念。1859年版的《关于大学教育目的与本质之演说》一书共八讲,各讲标题依次为:1. 神学作为知识的一个分支;2. 神学与其他知识分支的关系;3. 其他知识分支与神学的关系;4. 自为目的的博雅知识;5. 博雅知识与学习的关系;6. 博雅知识与专业知识的关系;7. 博雅知识与宗教的关系;8. 教会对博雅知识的责任。[①] 其中有五讲的标题均包含"博雅知识"这个概念。1929年,纽曼关于大学的演讲曾被柯可兰(T. Corcoran)编为《纽曼:关于博雅知识的演说》(*Selected Discourses on Liberal knowledge: From the Text of the First Edition*)一书出版,这也从一个侧面反映出博雅知识概念在纽曼大学教育思想中的核心地位。[②]

在博雅知识这个概念中,又以"liberal"一词最为关键。在《大学的理念》一书中,纽曼曾提出这样一个意味深长的问题:

> 我们通常会用"*liberal knowledge*""*liberal arts and studies*"或"*liberal education*"(斜体为原文所加)等名称来表示一所大学或一个绅士所特有的品格或特性,那么,liberal 这个词到底是什么意思呢?[③]

在纽曼看来,"liberal 这个词到底是什么意思"之所以至关重要,其原因在于,当我们将"liberal"这个词用于知识或教育时,我们就表达了一种"特定的观念",而且这种观念是永恒的。因此,澄清"liberal"的语义是理解纽曼教育思想的关键一环。

可以肯定,liberal 这个词对应的是希腊词 eleutheria,纽曼在论证博雅知识的性质时,引用了亚里士多德《修辞学》中的一段话:

> 在人所拥有的东西中,那些结出果实的是有用的;那些倾向于使人愉悦的就是 liberal 的。说结出成果的,我指的是带来收益

---

① Newman, J. H. (1859). *The Scope and Nature of University Education*. London: Longman and Roberts, advertisement, contents.

② Corcoran, T. (1929). *Newman, Selected Discourses on Liberal Knowledge: From the Text of the First Edition, with an Introduction*. Dublin: Dept. of Education, University College, 1929.

③ Newman, J. H. (1994). *The Idea of a University Defined and Illustrated*. London: Thoemmes Press, 106, xv, 134, 139, 124, 120, 120-121, 503, 219, xix, 109, 263, 5。

的;说使人愉悦的,指的是除了使用的过程之外,不产生任何东西。

对照《修辞学》的原文可以发现,这里"liberal"对应的希腊词正是eleutheria($\varepsilon\lambda\varepsilon\upsilon\theta\varepsilon\rho\iota\alpha$)。① 因此,纽曼所谓的"liberal knowledge"可以视为对亚里士多德《政治学》一书中"自由人科学/绅士科学"(eleutherion epistemon)一词的翻译。

与此同时,纽曼赋予 liberal knowledge 一词以非常丰富的内涵。在文中,他先后用"非专业"(non-professional)、"普遍的"(universal)、"与奴性相对"(opposed to servile)、"绅士的"(gentleman's)、"博大的"(large)来阐释 liberal 一词的含义,并且指出 liberal knowledge 是"哲理性的知识"(philosophical knowledge)和"善的知识"(good knowledge)。②

(二)博雅教育作为心智训练及其局限性

纽曼认为,博雅教育的根本宗旨是"理智的培育"(cultivation of intellect)。"理智的培育"这个短语,纽曼有时又称为"心智的训练"(discipline of mind)、"心智的培育"(cultivation of mind)、"理智的训练"(discipline of intellect)、"理智的改进"(refinement of intellect)、"心智的拓展"(enlargement of mind)等。③

在纽曼看来,大学的目的不在道德,也不在宗教,而在于理智。教会可以利用大学来达成宗教或道德之目的,但"就其自身而言",大学的本质在于理智的培育。纽曼的这种观点曾遭宗教人士的诟病,但他不为所动,依然坚持己见。

对于何谓心智训练,纽曼有很多精彩的论述。心智训练不是简单

---

① Aristotle. (1926). *The Art of Rhetoric*. Cambridge, Mass.: Harvard University Press,50.
② 沈文钦.西方博雅教育思想的起源、发展与现代转型:概念史的视角[M].广州:广东高等教育出版社,2011:211-229.
③ Newman,J. H. (1994). *The Idea of a University Defined and Illustrated*. London:Thoemmes Press, 106,xv,134,139,124,120,120-121,503,219, xix,109,263,5,

地获取知识和信息,"而是将知识的客观对象从主观上变成我们自己的东西"①。心智训练要求我们养成一种哲学的心智习惯,它要求我们不能停留在静态的知识层次之上,而应该把握知识之间的联系,用联系的、整体的眼光看问题。换言之,大学教育的真正目标是"思想,或作用于知识的理性,或所谓的哲学"②。在他看来,心智训练的主要目的是"理智的精熟和完美"。但纽曼发现,在英语当中找不到一个恰如其分的词汇来描绘这种理智的完美状态,他只好勉为其难地称这种理智的德性和完美为"哲学、哲理性知识、心智的扩展或启悟"③,换言之,形成哲学的心智习惯,或哲学的心智。哲学的心智习惯包括良好的判断力、清醒的思维、理性、公正、自制、有主见,善于用联系和整体的观点看问题,等等。这种哲学的心智习惯一旦养成,可以广泛地应用于各个领域。

事实上,通过将博雅教育定义为心智训练,纽曼已将博雅教育与宗教教育分离了。麦克·西克顿(Mike Higton)甚至认为,纽曼"对心智塑造本身的论述比柏林大学所倡导的科学(wissenschaft)更少带有神学色彩……心智塑造和基督教信仰之间的关系不必要地变得不稳定了"④。因此,和一般的流行之见相反,他认为,"纽曼对大学教育的论述,其最严重的问题不是过于神学,而是不够神学"⑤。但纽曼通过强调作为心智训练的博雅教育之局限性弥补了这一缺陷。

在纽曼看来,大学的宗旨是博雅教育,也就是理智的培育,这种教育与道德无关。然而,这不代表纽曼不重视道德教育和宗教教育。恰恰相反,纽曼认识到,理智培育或心智训练从根本上讲是有局限性的。换言之,以理智培育为宗旨的博雅教育是"残缺的"。

纽曼一再强调,知识、理性、理智、博雅知识都是有局限的。他同

---

① Newman, J. H. (1994). *The Idea of a University Defined and Illustrated*. London: Thoemmes Press, 106, xv, 134, 139, 124, 120, 120-121, 503, 219, xix, 109, 263, 5。
② Ibid.
③ Ibid.
④ Higton, M. (2012). *A Theology of Higher Education*. New York: Oxford Univeristy Press, 5, 6.
⑤ Ibid.

意亚里士多德的观点,即"知识是一回事,美德是另一回事"①。因此,以心智训练为主要宗旨的博雅教育也是有限度的——"博雅教育并不能造就基督徒,不能造就天主教徒,而只是造就绅士。"绅士品质可以"附丽于一个耽于享乐者,可以附丽于荒淫无耻者,可以附丽于冷酷无情者",因此,它们不是良心的保证,也不是圣洁的保证。② 理智教育或心智训练可以使一个人拥有很高的文化修养和良好的心智习惯,但它无法确保使一个人成为道德良善之人,因为理性不足以成为道德的基础,"理性不能引导我们必然地遵循道德的本能,也不能证实这种本能"③。这种理智教育本身也无法造就虔诚的基督徒。为弥补这一缺陷,理智的教育或者说博雅教育必须和心灵的教育(education of the heart)④结合起来。⑤ 完整的教育应该是博雅教育与宗教教育之结合,即"博雅与宗教之教育"(liberal & religious education)。

以理智为指向的博雅教育的局限性必然要求道德教育和神学教育加以补充。那么,如何弥补博雅教育(或者说理智教育)的这种局限性呢?纽曼写给朋友的一封书信(1852年7月23日)为我们透露了一些信息,他在这封信中说道:

> 我认为,大学与道德无关,这一点和大学与信仰的关系不同……我也认为,总的来说,教会开办大学并非出于道德目的(除了教授相关知识之外,但如此必然与信仰有关)。不过,我认为,教会利用大学中的小型组织、学院、馆舍等作为道德的保护剂,会

---

① Newman,J. H. (1994). *The Idea of a University Defined and Illustrated*. London:Thoemmes Press, 106,xv,134,139,124,120,120-121,503,219, xix,109,263,5,
② Ibid.
③ Connolly,J. R. (2005). *John Henry Newman:A view Of Catholic Faith for the New Millennium*. Lanham, Md.:Rowan and Littlefield, 17.
④ 在纽曼的教育学说中,"心灵的教育"是一个很重要的概念,他还提过"心灵的规训"(discipline the heart)的说法,参见:Newman, J. H. (1852). *Discourses on the Scope and Nature of University Education:Addressed to the Catholics of Dublin*. Dubuque, Iowa:Reprint Library, 447.
⑤ Newman,J. H. (1994). *The Idea of a University Defined and Illustrated*. London:Thoemmes Press, 106,xv,134,139,124,120,120-121,503,219, xix,109,263,5,

显得更为自然而然。①

显然,纽曼希望通过英国大学的学院制度来解决道德教育的问题。请注意,当纽曼说大学与道德无关时,他指的是与学院相区别的大学。这就涉及大学和学院的不同分工问题。在牛津、剑桥,大学由数十所独立的学院构成,相当于众多学院组成的联盟。学院拥有独立的图书馆、餐厅、宿舍、花园等设施,并且为本科生配备导师,学生的本科教育、人格熏陶等主要在学院中完成。两者的区别对于理解纽曼的教育思想极为关键。在1856年出版的《大学的职责与工作》一书中,纽曼曾对大学与学院的不同功能进行过非常精彩的阐述。② 在纽曼设计的体制当中,大学教授的主要任务是塑造学生的心智,而学院的导师则应肩负起对学生进行道德教育和宗教教育的责任。

(三) 博雅教育课程

什么样的知识应该纳入博雅教育的范畴,或者说,正如斯宾塞所问的"什么知识最有价值",是19世纪大学教育论争中最核心的一个问题。19世纪初期爱丁堡学派和牛津大学之间的论争、1828年的《耶鲁报告》以及无数的大学校长就职演讲都围绕这一问题来展开。

纽曼的演讲自然无法回避这一问题,但他对这一问题的回答是比较模棱两可的。纽曼所理解的博雅学科(liberal arts)很明确地包括了古典学和数学;至于近代科学是否应该属于博雅教育的一部分,他的态度并不很明朗。纽曼曾指出,博雅教育的内容包括自然科学与文学:"自然之书叫做科学(science),人之书叫做文学(literature)。这样一来,文学与科学差不多构成了博雅教育的主要内容。"③按照这一说

---

① Dulles, A. (2002). *Newman*. London & New York: Continuum, 134, 148, 163.
② Newman, J. H. (1909). *Historical Sketches* (v. 3). London: Longmans, Green and Co., 228-229, 84, 16.
③ Newman, J. H. (1994). *The Idea of a University Defined and Illustrated*. London: Thoemmes Press, 106, xv, 134, 139, 124, 120, 120-121, 503, 219, xix, 109, 263, 5,

法,博雅教育的内容包括科学与文学。但问题是,纽曼在这里所说的科学包含哪些科目呢?在《大学的理念》一书的序言中,纽曼在提到训练心智的手段时,除了文法之外,还谈到了数学、年代学和地理学这三门学科。① 这三门学科无疑包含在纽曼所说的"科学"范畴中。

不过,对于以实验为基础的现代自然科学,纽曼的态度有些暧昧不清。在纽曼看来,受培根哲学的影响,现代自然科学已经脱离了自然哲学的范畴,变成了服务于人类利益的"实用性"知识,也不再属于人类博雅的追求。② 在《基督教与文学》的演讲中,纽曼明确指出,化学、电学和地质学不属于博雅知识的范畴,它们并非博雅教育的合宜之选,因为这些"受到培根哲学影响"的近代自然科学并不是心智培育的最佳手段,或者说,至少还没有经验证明这些学科能够和古希腊罗马的诗人、历史学家和哲学家的作品一样有效地加强、提高和丰富"理智的力量"。③ 在这里,纽曼对近代实验科学的排斥是建立在"经验"而非"理论"的基础之上的。纽曼并没有在理论上否认近代实验科学也可能在训练理智方面具有和古典学、数学同样的效果。但在有些地方,纽曼又暗示现代科学应当成为博雅教育的一部分。归根结底,纽曼判断一门学科是否应该属于博雅学科的标准只有一个,即它是否有利于人的心智培养。④ 在担任校长期间,纽曼要求天主教大学的学生必须修习拉丁语,另外从其他科目中选择两门作为通识性课程,这些备选科目包括数学和"自然科学"。⑤ 由此来看,纽曼对自然科学在博雅教育中的位置并不全然排斥。

但不管如何,与约翰·密尔(John Mill)以及大约同时代的美国教育家丹尼尔·吉尔曼(Daniel Gilman)、查尔斯·埃利奥特(Charles Eliot)、

---

① Newman,J. H. (1994). *The Idea of a University Defined and Illustrated*. London: Thoemmes Press, 106, xv, 134, 139, 124, 120, 120-121, 503, 219, xix, 109, 263, 5,

② Ibid.

③ Ibid.

④ Ker,I. (1999). Newman's Idea of a University: A Guide for the Contemporary University? In D, Smith & A, K. Langslow. *The Idea of a University*. London: J. Kingsley Publishers, 11-29.

⑤ Ker,I. Editor's Introduction. *John Henry Newman. The Idea of a University Defined and Illustrated*. Oxford: Clarendon Press, xxi, xxix-xxx, xxxviii, xxv, xxviii.

詹姆斯·麦考什(James McCosh)相比,纽曼在这一问题上的立场是相对保守的,因为后面的几位教育家毫不犹豫地认为现代自然科学应该在博雅教育中占有一席之地。密尔认为:"没有必要在古典学(classics)和科学(sciences)之间分个高下,两者都是必需的。"①吉尔曼则指出:"博雅教育要求学生熟悉科学的方法,熟悉探究的模式、观察和比较,等等。"②詹姆斯·麦考什在1868年的就职演讲中③、查尔斯·埃利奥特在1869年就任哈佛大学校长的就职演说中,和密尔一样坚持认为现代科学和人文学科都属于博雅教育的组成部分。

纽曼通常被视为人文主义教育理念的代表人物之一。但在对待文化的态度上,纽曼和马修·阿诺德的立场显然有所不同。在他看来,博雅教育的根本目的并不是提高学生的文化修养,而是训练他们的心智,使他们具有哲学思考的能力,能够符合逻辑地、前后一致地看待问题和思考问题。④

三、理论创新

众所周知,博雅教育的理论可以追溯至古希腊,纽曼本人也明确将这一教育学说追溯至亚里士多德。17世纪至19世纪,一些英国教育学家将这一概念发挥至极致,形成了独具英国特色的博雅教育理论。在这其中,纽曼作出了非常重要的贡献。那么,和之前的英国教育家相比,纽曼本人作出了哪些创新?

18世纪是英国博雅教育理论的一个重要阶段,专门论述博雅教育的代表性论述有英国科学家普莱斯特里(J. Priestley)1765年的论文

---

① Mill, J. S. (1994). *Inaugural Address Delivered to the University of St. Andrews*. London: Routledge/Thoemmes Press, 12.

② Gilman, D. C. (1883). Present Aspects of College Training. *The North American Review*, Vol. 136:526-540.

③ McCosh, J. (1868). *Inauguration of James McCosh as President of the College of New Jersey*. New York: Robert Carter and Rrothers, 63,65,37.

④ Ker, I. (1999). Newman's Idea of a University: A Guide for the Contemporary University? In D, Smith & A, K. Langslow. *The Idea of a University*. London: J. Kingsley Publishers, 11-29.

《面向公民和积极生活的博雅教育课程》(*An Essay on a Course of Liberal Education for Civil and Active Life*)①,以及英国教育家维塞斯莫·诺克斯(Vicesimus Knox)1781年的著作《博雅教育》(*Liberal Education: Or, a Practical Treatise on the Methods of Acquiring Useful and Polite Learning*)。② 这两个人的著作在当时影响非常之大。普莱斯特里的论文在1826年前发行了16次,而诺克斯的《博雅教育》一书在1781—1789年发行了10次。不过,纽曼并没有引用这两个人的著作(也许是没有注意到),他大量引用的是其他作家的教育论述。尤其是爱德华·吉本(Edward Gibbon)的《散论文学学习》(*An essay on the study of literature*)以及沙夫兹伯里伯爵(Shaftesbury)的《人、礼仪、观点与时代的特征》(*Characteristics of Men, Manners, Opinions, Times*)。但总体而言,纽曼对18世纪英国的博雅教育和绅士教育学说的态度主要是批判性的。其分歧和差异主要表现在以下方面。

首先,纽曼将博雅教育提升到了"理念"的高度。他明确表示,他所讨论的是大学的"理念"、大学的"本质"、大学的完整性、教育的目的和原则、大学和教会的关系、大学和神学院的关系等根本性的和哲学性的问题。而所谓大学的"理念",指的是大学区别于学院、教会、神学院、政府等机构的本质性特征,是大学的"独有的特性"和独立于教会的"本质"。③ 17世纪很多博雅教育著作热衷于讨论如何学习拉丁语、如何处理师生关系、游学注意事项、职业选择等细枝末节的问题。维塞斯莫·诺克斯在其流布甚广的著作《博雅教育》中自我标榜说,以前的很多教育论著(包括洛克的著作)都"太过思辨以致一无所用",他写这本书的目的就是要纠正这种风气,主要探讨实践性的而非哲学

---

① Priestley, J. (1791). An Essay on a Course of Liberal Education for Civil and Active Life. Lectures on History and General Policy, 1-26.

② Knox, V. (1785). Liberal education: Or, a Practical Treatise on the Methods of Acquiring Useful and Polite Learning. London: Charles Dilly, 206.

③ Newman, J. H. (1909). Historical Sketches (v. 3). London: Longmans, Green and Co., 228-229, 84, 16.

性的问题。① 《大学的理念》一书则反其道而行之，专门讨论抽象性的、原则性的论题，诸如理性与启示的关系、博雅知识与专业知识的关系、知识与学习的关系等。

其次，与18世纪、19世纪初期的博雅教育理论不同，纽曼并不强调博雅教育和政治自由之间的关系。普莱斯特里是一个激进的政治自由主义者，他秉承约翰·洛克的传统，指出公民自由与博雅教育之间存在紧密的联系。② 威廉·布克莱斯通（William Blackstone）也持相同的看法，认为法律知识尤其是英国法的知识是"博雅教育"（liberal and polite education）最必不可少的组成部分，而且博雅教育也必然有利于促进公民自由和政治自由。③ 而在纽曼看来，博雅教育指的是理智教育，因此是超越政治的。在政治立场上，纽曼是一个坚定的保守派，对民主和专制都有所批评。他所推崇的政府，应该既能提供保护（这是民主所不能提供的）又能提供自由（这是专制所不允许的）。纽曼主张，在和平时期，建立在权力制衡基础之上的宪政政府是最佳选择。而在战争时期，专制是可备选的政制形式。政治的普遍参与只会促进平庸而非卓越。④

第三，纽曼认为，以沙夫兹伯里为代表的绅士教育理论将德性建立在品位和美的基础之上，停留于表面和感官的层次，因而是不牢靠的，必须在这之上灌注宗教的精神，进行"心灵"的教育。

第四，与18世纪的博雅教育理论相比，纽曼更强调"心智训练"的地位。18世纪博雅理论的核心旨趣在于塑造一种理想人格，这种理想人格奉慷慨、友善、开明为教育的圭臬。而在纽曼这里，教育重新又从"生活的技艺"转向了"认知的技艺"，"心智的训练"而非绅士风度才是博雅教育的首要宗旨。纽曼指出，所谓博雅教育，本质上就是心智

---

① Knox, V. (1785). *Liberal Education: Or, a Practical Treatise on the Methods of Acquiring Useful and Polite Learning*. London: Charles Dilly, 206.
② Rhyn, H. (1997). *Allgemeine Bildung und Liberale Gesellschaft: Zur Transformation der Liberal Education in der Angelsachsischen Aufklarung*. Bern: Peter Lang.
③ Blackstone, W. (1860). *Commentaries on the Laws of England*. London, 4.
④ Dulles, A. (2002). *Newman*. London & New York: Continuum, 134, 148, 163.

的培育,是理智教育,而非道德教育、宗教教育或心灵教育,更不是18世纪的礼貌教育。17世纪的博雅教育著作会用很大的篇幅讨论如何塑造绅士的品格和美德,而《大学的理念》一书中有关品格塑造的论述非常之少,整本书几乎都在讨论"知识"和"理智的培育"。

19世纪是英国博雅教育话语激增并日益体系化的时期。在纽曼之前,19世纪英国博雅教育理论的主要代表人物是曾两度担任剑桥大学校长的教育家威廉·休厄尔(William Whewell,1794—1866),他的《论英国大学教育的原则》(On the Principles of English University Education)、《博雅教育通论》(Of a Liberal Education in General)等著作在英国影响很大。纽曼在1853年《关于大学教育目的与本质之演说》的附录中引用过休厄尔《论英国大学教育的原则》一书的相关观点[①],但对休厄尔的博雅教育论述并没有实质性的借鉴。与纽曼相比,休厄尔更加推崇数学——尤其是欧几里得几何学——在博雅教育中的作用,其教育学说更多反映的是剑桥大学的教育实践(在很长时间内,数学在剑桥的博雅教育中享有比古典文学更高的地位,这一点与牛津形成了鲜明的对比,在牛津,数学的地位完全是附属性的);出身牛津并以牛津为模范的纽曼则更为推崇古典语言和古典文学,自然也不会大量因袭休厄尔的学说。

从1816年入学,到1845年底离开牛津,纽曼在牛津度过了几乎整整三十年的春秋。作为一位牛津人,牛津的古典教育模式对纽曼有决定性的影响。毫不奇怪,纽曼在《大学的理念》一书中所表达的观点与他的昔日同事惊人地相似,而且纽曼在多处直接借用了他们的论述。19世纪初期发生在《爱丁堡评论》学派和牛津大学之间的大论争对纽曼的影响尤为直接。在某种意义上,纽曼的博雅教育理论是对《爱丁堡评论》的一个回应。作为此次论战中牛津一方的代表,约翰·戴维森(John Davison)、爱德华·考普斯顿(Edward Copleston)对纽曼的影响最为明显。在《大学的理念》一书中,纽曼甚至大量引用他们的

---

① Newman,J. H. (1852). *Discourses on the Scope and Nature of University Education*:*Addressed to the Catholics of Dublin.* Iowa:Reprint Library, 410.

论述以代替自己的论证。在两人当中,纽曼与约翰·戴维森的思想更为接近。对比戴维森1811年所发表的《评埃德沃斯的〈专业教育〉》(*Review of Edgeworth on Professional Education*)一文与纽曼的《大学的理念》一书中有关专业教育部分的论述,可以发现很多有趣的雷同之处。① 在第一次演讲中,纽曼也开宗明义地承认,自己在论述博雅教育理论时大量依赖新教团体的成果。② 纽曼所说的新教团体的成果,主要指的是考普斯顿和戴维森对博雅教育的阐述。

四、影 响 史

《大学的理念》一书源自于一个特殊的事件,即在爱尔兰大学建立一所属于天主教徒的大学,该书中不少地方也重在论述建立一所天主教大学的必要性以及教会和大学之间的关系。但是,认为纽曼在该书中"一所大学"指的仅仅是爱尔兰天主教大学,或认为该书仅仅为天主教徒而写,则是错误的。纽曼生前反复修订该书,证明他考虑到了爱尔兰之外的更广大的读者群,《大学的理念》一书也是为他们而写。正如一位学者所指出的:"纽曼的《大学的理念》一书意在描述任何大学的应然状态。但他是在一所天主教大学的背景下进行言说的。"③ 在纽曼生前和身后,《大学的理念》一书多次再版,并被视为博雅教育最为经典的阐述。但该书在刚出版时并没有引起很大的反响,那么其经典地位是如何实现的呢? 换言之,《大学的理念》一书的经典化(canonization)过程是怎么样的?

从英国本土的情况来看,1853年的《大学教育目的与本质之演说》以及1873年的《大学理念之定义与阐明》一开始在国内应者寥寥。

---

① Davison,J. (1811). Review of Edgeworth on Professional Education. *Remains and Occasional Publications*. Oxford, 407-457.
② Newman,J. H. (1994). *The Idea of a University Defined and Illustrated*. London: Thoemmes Press, 106,xv,134,139,124,120,120-121,503,219, xix,109,263,5。
③ Parkinson,H. J. ed. (1953). *Some Centenary Addresses on Newman's Idea of a University*. London: Newman Association, 34.

在1873年前,英国主流期刊全部没有对这两本书发表过书评,仅有两本天主教期刊《漫谈者》(*Rambler*)和《都柏林评论》发表了书评。① 1873年,纽曼首次将《大学科目演讲集》和《大学教育目的与本质之演说》合订为《大学的理念》一书,华德(W. G. Ward)当年就在《都柏林评论》发表评论,但他批评纽曼对教育的宗教层面强调不够,过分强调理智教育。② 在纽曼的影响达到顶峰之前,英国博雅教育理论最著名的代表人物是休厄尔。英国学者约翰·唐纳森(John William Donaldson)在1856年出版的一本著作中称赞休厄尔是"讨论博雅教育最杰出的作家"③。1851年出版的《英国教育期刊》(*The English Journal of Education*)专门对休厄尔的《博雅教育通论》进行了介绍,并予以高度的评价。迟至1904年,英国思想史研究者约翰·梅尔茨(John Merz)在论及19世纪英国的博雅教育思想时,仍称赞休厄尔是"19世纪上半期对英国大学研究领域作出最大贡献"的人物,但没有提及纽曼的名字。④ 但此后纽曼作为大学教育理论家的声望也逐渐上升,蒂莫西·柯可兰(Timothy Corcoran)在1926年的一篇文章中称赞《大学的理念》一书比洛克和米尔顿的教育论著更加经典,足以和柏拉图、昆体良、维夫斯等人的教育论著媲美。⑤ 1933年是牛津运动一百周年,以此为契机,纽曼研究掀起了一波热潮。20世纪40年代,纽曼在英国本土的影响进一步迅速上升。同样关心高等教育中宗教问题的英国高教界领袖瓦尔特·莫伯里(Walter H. Moberly)在1949年出版的《大学中的危机》(*The Crisis in the University*)一书中就多处引用纽曼的观

---

① Ker, I. Editor's Introduction. *John Henry Newman. The Idea of a University Defined and Illustrated*. Oxford:Clarendon Press, xxi, xxix-xxx, xxxviii, xxv, xxviii.
② W. G. Ward. (1873). Father Newman on the Idea of a University. *Dublin Reivew*. (10):403-428.
③ Donaldson, J. W. *Classical Scholarship and Classical Learning, Considered with Especial Reference to Competitive Tests and University Teaching: A Practical Essay on Liberal Education*. Cambridge: Deighton, Bell and Co. ,92.
④ 〔英〕梅尔茨. 十九世纪欧洲思想史[M].周昌忠译.北京:商务印书馆,1999:220.
⑤ Corcoran, T. (1926). Liberal Studies and Moral Aims: A Critical Survey of Neman's Position. *Thought*. (1):54-71.

点。① 1948年,福格尔·麦克格拉斯(Fergal McGrath)在牛津大学完成了关于纽曼大学教育思想的博士论文②,此后他成为纽曼教育思想研究的权威专家,先后出版《纽曼的大学:理想与现实》(*Newman's University: Idea and Reality*)③和《知识的祝圣礼:关于纽曼大学理念的演讲》(*The Consecration of Learning: Lectures on Newman's Idea of a University*)④两本著作,推动了学界对《大学的理念》一书的理解。至此,纽曼在英国彻底成为大学教育思想史的经典作家和博雅教育理念的代言人。

纽曼关于大学理念的系列演讲自问世之日起就很快引起了大西洋对岸的美国的关注。美国学者威廉·阿特金森(William Atkinson)在1865年的著作中就已经高度推崇纽曼关于大学教育的论述。⑤ 但此后几十年间,纽曼在美国的影响并不显著。哈佛大学校长埃利奥特⑥、普林斯顿大学校长詹姆斯·麦考什⑦等人在讨论博雅教育问题时,均引用休厄尔的著作或提及其观点。另外,19世纪末很多讨论博雅教育的论著都没有提及纽曼,马修·阿诺德(Matthew Arnold)⑧、弗雷德里克·法勒(Frederic William Farrar)⑨、赫胥黎(Thomas Huxley)⑩等反而被经常提及。詹姆斯·麦考什在1868年就任新泽西学院(即后来

---

① Moberly, W. H. (1949). *The Crisis in the University*. London: SCM Press.
② McGrath, F. (1948). *Newman's Work for University Education in Ireland*. University of Oxford, Doctoral Thesis.
③ McGrath, F. (1951). *Newman's University: Idea and Reality*. London: Longmans.
④ McGrath, F. (1962). *The Consecration of Learning: Lectures on Newman's Idea of a University*. New York: Fordham University Press, 173.
⑤ Atkinson, W. P. (1865). *Classical and Scientific Studies, and the Great Schools of England*. Cambridge: Sever and Francis, 28.
⑥ Eliot, C. H. (1884). What is a Liberal Education. In C, W. Eliot. (1901). *Educational Reform: Essays and Addresses*. New York: The Century Co, 93.
⑦ McCosh, J. (1868). *Inauguration of James McCosh as President of the College of New Jersey*. New York: Robert Carter and Rrothers, 63, 65, 37.
⑧ Hill, D. J. (1889). *The American College in Relation to Liberal Education*. Rochester, N. Y.
⑨ Porter, N. (1870). *The American Colleges and the American Public*. New Haven: C. C. Chatfield, 25.
⑩ Dabney, C. W. (1899). Requirements for the Bachelor's Degree. *The School Review*, 7(3): 154-167.

的普林斯顿大学)校长的就职演说中指出,如何办教育在德国和英格兰是炙手可热的话题,他列举了马克·帕蒂森(Mark Pattison)、马修·阿诺德、弗雷德里克·法勒、密尔(J. S. Mill)、斯宾塞(Herbert Spencer)、赫胥黎等13个人的名字,但并未提及纽曼。①

但从20世纪初期开始,休厄尔有关博雅教育的论述在美国变得默默无闻,而纽曼的影响力则冉冉上升。查尔斯·苏珀(Charles William Super)在1907年出版的《博雅教育:以及五百本名著附录》(*A Liberal Education: With an Appendix Containing a List of Five Hundreds Best Books*)一书中将纽曼的《自辩书》(*Apologia pro vita sua*)列为五百本名著之一,但正文没有提及《大学的理念》一书。② 1913年,诺曼·福斯特(Norman Foerster)等主编的《写给学院人的散文选:教育、科学与艺术》(*Essays for College Men: Education, Science, and Art*)一书收录了众多教育名家的教育论著,纽曼1852年演讲中的第六讲《知识与学习的关系》和第七讲《知识与专业技能的关系》入选。③ 纽曼强调,博雅教育主要是一种理智的教育,与德性无关,这个观点对哈钦斯(Robert Hutchins)、亚历山大·米克尔约翰(Alexander Meiklejohn)等20世纪美国博雅教育的著名倡导者产生了深刻的影响。受纽曼的影响,他们都强调博雅教育作为一种理智训练的重要性。

到20世纪四五十年代,纽曼作为博雅教育的著名辩护者和经典者的地位已经得到奠定。在这个时期论述博雅教育的著作中,纽曼被频繁地提及。④ 1952年,亨利·崔斯特瑞姆(Henry Tristram)专门将纽曼论述博雅教育的论述摘录出来,编成《博雅教育的理念:纽曼著作选》(*The Idea of a Liberal Education: A Selection from the Works of New-*

---

① McCosh, J. (1868). *Inauguration of James McCosh as President of the College of New Jersey*. New York: Robert Carter and Rrothers, 63, 65, 37.

② Super, C. H. (1907). *A Liberal Education: With an Appendix Containing a List of Five Hundreds Best Books*. Syracuse: C. W. Bardeen Publisher, 97.

③ Foerster, M., Manchester, F. A. & Young, K. (1913). *Essays for College Men: Education, Science, and Art*. New York: Henry Holt and Company.

④ Donald, J. C. & Carter, D. (1947). *Colleges for Freedom: A Study of Purposes, Practices and Needs*. New York, Harper, 108-109.

man)一书。在编者序言中,亨利·崔斯特瑞姆写道:"纽曼在今日似乎是作为博雅教育理论的经典阐述者而为人所知。"①1955 年,美国文学研究者库勒出版了《至高的理智:纽曼教育理念研究》(*The Imperial Intellect: A study of Newman's Educational Ideal*)一书,该书对纽曼的博雅教育思想进行了深入研究。② 同年,美国高等教育研究专家考利(W. H. Cowley)在一篇论文中指出,尽管 1828 年的耶鲁报告就使用了 liberal education 这个概念,但这个概念的广泛流行是在纽曼发表关于大学理念的演讲之后。③ 至此,纽曼的博雅教育理论在美国也被经典化了。

在东亚地区,纽曼的教育思想也有一定的影响。在日本,"二战"前学界对纽曼的教育思想已经有一定的了解。1933 年,日本学者 Yoshihiko Yoshimitsu 在《纽曼的大学理念与当代哲学》一文中第一次正式将《大学的理念》一书中的教育思想介绍给日本学界。④ 1949 年,《大学的理念》一书部分内容被翻译成日文。⑤ 1983 年,日本纽曼学会成立,此后有关纽曼的专门研究越来越多。早在 1924 年,纽曼《大学的理念》一书中的片段就被译成中文,题为"大学教育之目的"。⑥ 1936 年浙江大学教务长在"大学教育的两种理想"的演讲中特别提到纽曼的《大学的理念》一书,认为"凡我同学,均宜阅览而深加体察"。⑦1957 年,纽曼的部分著作被翻译成中文在香港出版。⑧ 不过,《大学

---

① Tristram, H. ed. (1952). *The Idea of a Liberal Education: A Selection from the Works of Newman*. London: Harrap, 7.

② Culler., A. D. (1955). *The Imperial Intellect: A Study of Newman's Educational Ideal*. New Haven: Yale University Press, 222.

③ Cowley, W. H. (1955). The Heritage and Purpose of Higher Education. *Improving College and University Teaching*, Vol. 3(2):27-31.

④ Uno, k. (2010). *Newman and Modern Japan: The Reception of Educational Ideas and Activities of J. H. Newman in Japan*. Narashino, Japan: Kyoyusha, 72-73, 103.

⑤ Ibid.

⑥ 牛门. 大学教育之目的[J]. 市隐译. 南大周刊,1924(8). 10-11.

⑦ 演讲:昨日总理纪念周郑教务长讲:大学教育的两种理想(未完)[J]. 国立浙江大学日刊,1936(26):102-103.

⑧ 〔英〕纽曼. 纽曼选集[M]. 徐庆誉等译. 香港:香港金陵神学院托事部基督教辅侨出版社,1957.

的理念》一书的中文全译本直到2003年才面世。①

纽曼后来改宗,皈依天主教,因此可以理解纽曼关于大学理念的论述在天主教徒和天主教大学中一直非常有影响。美国的天主教大学圣母大学几次再版《大学的理念》一书。② 研究纽曼的著名学者如以安·科尔、马丁·斯瓦里克(Martin J. Svaglic)、艾利·杜勒斯(Avery Robert Dulles)等都是天主教徒或在天主教大学任教。目前,纽曼的研究者已经形成了一个有一定规模的国际性学术团体,分布在英国、美国、加拿大、日本等国家,有专门的学会(例如The Venerable John Henry Newman Association,简称VJHNA;甚至日本也在1983年成立了纽曼研究学会)。2004年,《纽曼研究学刊》(*Newman Studies Journal*)创刊。2005年,都柏林大学学院成立了纽曼国际研究中心。

最后要提到的是,纽曼是英语世界中第一个从理念的高度审视大学宗旨的学者,在纽曼之后,对大学理念的讨论一直绵延不绝,而且讨论大学理念的学者无不受到纽曼的启发,或不能避开纽曼的《大学的理念》一书。

五、现 代 意 义

历史地看,现代大学的发展轨迹在很多方面偏离了纽曼在《大学的理念》一书中所提出的思想。将神学置于大学知识的中心以及捍卫古典学在博雅教育中的核心地位,这些都没有被现代大学接受。今天,神学在大学的中心地位不复存在,以古希腊语和拉丁语为基础的古典学也从传统博雅教育的核心变成了只为少数专家所钻研的学问。纽曼认为,一个不赋予神学以一席之地的大学不是真正的大学,但很多现代大学确实没有神学系或宗教学系。此外,在西方国家,大学的世俗化是一个不可避免的趋势,在大学教授和科学家中间,宗教信仰

---

① 〔英〕约翰·亨利·纽曼.大学的理念[M].高师宁等译.贵阳:贵州教育出版社,2003.
② Newman, J. H. (1982). *The Idea of a University*. Notre Dame: University of Notre Dame Press, xiv.

的热情总体上也在下降。对美国科学院院士宗教信仰的定期调查表明,信仰上帝存在的院士仅是少数,目前这个比例已经锐减至5%。[①]

也正因为如此,不少学者认为《大学的理念》一书已经过时,不再能为现代大学提供启发。如雷丁斯(Bill Readings)认为纽曼的课程理念反映了一种不复存在的文化,因此不可能再复兴。[②]牛津大学的历史学家罗伯茨(J. M. Roberts)也认为,"实际上,我们离纽曼认为理所当然的学术世界相隔甚远",纽曼的"学说是狭隘的、言过其实的,如果作为院校改革的参考资源则会毫无效果",因此,"在实际情况中,我们不可能向纽曼寻求建议"。[③]

纽曼也常常被视为保守派的代表,他的大学理念也被认为是一种"向后看"的过时思想。如英国剑桥大学的思想史研究者斯蒂芬·科里尼认为,纽曼的大学观念来源于"现代大学建立之前的模式"[④]。

对纽曼批评最多的是认为他反对大学从事科学研究。例如英国著名的高等教育研究者彼得·司各特(Peter Scott)认为:"纽曼的大学可能回避了专业训练和研究,这类大学不可能在19世纪生存下来,在20世纪也不可能。"[⑤]霍兰德(C. H. Holland)也认为,纽曼用他卓越的口才来"反对大学从事研究"[⑥]。这一观点的偏颇之处在于,纽曼本人并不反对大学从事科学研究。事实上,如果注意到他专门创办了为教师发表成果提供渠道的学术期刊《亚特兰蒂斯》,那么认为纽曼的大学理念"回避了专业训练和研究"的观点是不够公允的。现代的研究者之所以对纽曼的思想存在诸多误解或刻板印象,一方面是对纽曼的办

[①] MacIntyre, A. (2009). The Very Idea of a University: Aristotle, Newman, and Us. *British Journal of Educational Studies*, 57: 347-362.

[②] Readings, B. (1996). *The University in Ruins*. Cambridge, Mass.: Harvard University Press, 167.

[③] Roberts, J. M. (1990). The Idea of a University Revisited. Ker. *Newman after a Hundred Years*. Oxford: Clarendon Press, 193-222.

[④] Collini, S. (2012). *What are Universities for?*. London: Penguin, 43,44,41.

[⑤] Scott, P. (1993). The Idea of the University in the 21st Century: A British Perspective. *British Journal of Educational Studies*. 41(1):4-25.

[⑥] Holland, C. H. (1991). *Trinity College Dublin and the Idea of a University*. Dublin: Trinity College Dublin Press, 11.

学实践注意不够,另一方面是将《大学的理念》一书视为一个孤立的文本,忽略了他的其他教育论著,而在这些后期的论著中,纽曼对1852年系列演讲文章中的观点是有所补充或修正的。1854年,纽曼在《天主教大学学报》上发表了一系列有关"大学的理念"的专栏文章,1856年,这些文章在伦敦结集出版,题为"大学的职责与工作"(Office and Work of Universities)①,该书——纽曼1872年将其更名为"大学的兴起与发展"(Rise and Progress of Universities)——延续了纽曼在《关于大学教育目的与本质之演说》中的大学教育思想,但更注重从历史的维度来展开论说。在该书的《何谓大学》一文中,纽曼指出,大学是这样一个场所,在这里,"通过心灵与心灵的碰撞,知识与知识的交流,研究得以推进,学术的发现得到检验和完善,不成熟的观点可以无伤大雅地提出,错误得到展示"②。显然,纽曼在这里强调了大学的研究功能。

现代学者对纽曼教育思想的另外一个误解是认为纽曼排斥在大学中实施专业教育。在纽曼看来,博雅教育并不是教育的终点,那些希望成为律师、工程师、医生的人还需要接受专业教育。事实上,纽曼在爱尔兰天主教大学开办了医学院并取得了相当的成功,他在担任校长期间还准备筹办理学院和工学院。这些都表明,他认识到大学应该通过专业教育为社会培养有用之才。

还应注意到,纽曼的教育思想具有潜在的开放性。在纽曼看来,判断一门学科是否具有博雅教育价值的标准是心智训练,那么,很多新兴的学科如果具有这种价值,是会被纽曼列入博雅教育的内容的。正如伊安·科尔所指出的那样,纽曼所理解的博雅教育并不是通过阅读伟大经典成为马修·阿诺德所理解的有文化的人,而是"学会如何

---

① Newman, J. H. (1856). *Office and Work of Universities*. London: Longman, Brown, Green, and Longmans.
② Newman, J. H. (1909). *Historical Sketches* (*v. 3*). London: Longmans, Green and Co., 228-229, 84, 16.

思考"①。纽曼强调博雅教育的核心是心智训练,这一观点远远没有过时,从普林斯顿大学校长、美国总统威尔逊(Woodrow Wilson)②,再到芝加哥大学校长哈钦斯,以及哥伦比亚大学教务长、著名历史学家雅克·巴尊(Jacques Bazun)③,大多数20世纪美国博雅教育的捍卫者仍然坚持这一定义,即博雅教育的本质是"心智的规训"。哈佛核心课程对思考模式的强调也让人想到其和纽曼教育学说之间的契合性。

此外,纽曼强调知识的相互联系性,强调用联系的观点看待问题,这一观点在今天仍有警醒意义。今天,大学通识教育强调学生应该在自己所在的专业范围之外学习一些其他学科的思维方式和知识,就是为了防止过分专业化和狭隘化之弊,这与纽曼的思想也是吻合的。

20世纪90年代以来,中国的很多大学都发起了通识教育改革运动,作为一种教育理念与模式的通识教育(general education)也逐渐广为人知。但作为通识教育的古典渊源,博雅教育的概念却一直显得面目模糊,不大为学界所熟知,甚至遭到曲解。随着本科教育改革的深入,人们开始意识到仅强调通识所带来的弊端——如沦为普及专业入门知识的"水课"。作为纠偏,博雅教育的理念被一些教育改革者提出来,如杨福家先生倡导在中国"做一场博雅教育的实验",中山大学在2009年成立了博雅学院,2014年4月,北京大学、复旦大学、宁波诺丁汉大学共同发起了中国博雅教育研讨会,等等。自20世纪30年代以来,纽曼的《大学的理念》一书就被公认为博雅教育学说最经典的阐述,该书无疑会对当今中国的本科教育改革及其相关讨论产生很大的启发作用。

---

① Ker, I. (1999). Newman's Idea of a University: A Guide for the Contemporary University? In D, Smith & A, K. Langslow. *The Idea of a University*. London: J. Kingsley Publishers, 11-29.

② Wilson, W. (1909). The Spirit of Learning. In M, Foerster. F, A. Manchester. & K, Young. *Essays for College Men: Education, Science, and Art*. New York: Henry Holt and Company.

③ White, S. et al. (1981). *The New Liberal Arts: An Exchange of Views*. New York, NY: The Alfred P. Sloan Foundation, 45.

前　言

在这些演讲中,我是这样看大学的:它是教授普遍知识的地方。这说明了它的宗旨,一方面,是心智性的,而非道德性的;另一方面,是对知识的普及和扩展,而非提高。如果大学的宗旨在于科学发现和哲学探索,我就看不出它为何需要学生;如果意在宗教训练,则它又如何能够成为文学和科学的中心呢?

这种宗旨就是大学的本质,是独立于教会的大学的本质。然而,事实上,正像我所描述的那样,如果没有教会的帮助,大学就无法适当地实现其宗旨;抑或,用一个神学术语来说,教会对保证大学的"完整性"是必要的。这一结合并不意味着大学的主要特性会有所改变:它仍然具有理智教育的功能;但在发挥这种功能时,教会可以起到稳定的作用。

这就是下列演讲要说的主要原则。如果我指望,只要我充分而严密地处理了这一广大而重要的思想领域,就可以避免读者对我的意思偶尔产生的误解,那显然很不明智。的确,我所阐述的论点毫无新意,也不特别,但这无法使我避免这种误解;因为我所阐述的观点并非我的原创,这种情况就会使人误解我与最初我所碰巧仿效的人之间在观点上的联系,会使与我完全对立的派别以其目的或带着情绪来解释我。

比如说,可能有人不禁会埋怨,说我只是附和英国式的大学理念,以至于反而轻视我宣称要积极张扬的那种知识;他们可能会推测,依照我的模式所创建的学术机构,培育的至多不过是那种旧式的品性和封建残余,即所谓"绅士"。现在,我能够预测到针对我的论述的各个部分所会出现的指责;然而,如果一个天主教徒赞成这些指责(对天主教徒而言,这本书当然主要是为他们而写的),那我首先想请他自问,圣座①向爱尔兰教会领导提议建立一所天主教大学,在他看来是出于什么理由?教皇提出这一建议,难道是为了作为教学内容的学科,而不是为了作为教学主体的学生吗?对这一类世俗知识,他有没有提倡的义务或责任?他对培根式的哲学或其他的人类哲学因它们本身的缘故而怀有热忱,这会变成他的使徒使命,以及他从那位渔夫那里继承而来的使命吗?② 基督的牧者③提倡万有引力学说,或者拼命传播电磁学理论,是他的职务或誓言所要求的吗?假使他沉溺于那些事物——无论它们是何等真实、美丽、精巧、实用——他是否还能履行其天赋的使命呢?对那些心智的结晶,难道他不是仅仅从其与启示真理旨趣的关系上看待它们吗?毫无疑问,他之所作所为都是出于宗教的理由;如果他满意地看待希望永世长存的、强有力的世俗政府,那也是为了宗教的缘故;如果他鼓励并赞助艺术和科学,那还是为了宗教的缘故。他坚信,真理不仅是他的职责,亦是他的盟友;所以,他欢迎最为广泛且最富哲学意味的心智教育体系;知识和理性均是信仰可靠的臂膀。

不可否认的是,当教皇向爱尔兰教会领导提议建立一所大学时,很明显,他最初的、最主要的,也是最直接的目标,并不是科学、艺术、专业技能、文学和知识发现本身,而是要借助文学和科学,使他的子民受益;这当然不是要把他们塑造成任何狭隘的或想象中的类群,比如所谓的"英国绅士",而是要调教其性情,培养其道德,或增强其心智。如果在成为使徒的后继者时,他能够引用圣保罗的话说:"因为我曾下

---

① 指教皇。——译注
② "培根式哲学"等,指的是所谓世俗的学科;"使徒使命",指的是教皇的宗教使命,因为按天主教教义,教皇职位来源于基督的使徒;"那位渔夫",指的是耶稣的大弟子彼得。天主教认为,彼得是第一任罗马主教,即后世所称的教皇或教宗。——译注
③ 指教皇。——译注

定决心,在你们中间不知道别的,只知道耶稣基督,就是被钉于十字架的这一位",那么,他的目标一定不会缺少这一点。就像一位司令官,在着眼于战争时,只希望他的士兵高大、挺拔、健壮,而不拘泥于身高、年龄这类军事指标。人们只会认为这是自然而然的,值得称赞的,因为他考虑的不是抽象的性质,而是他手下活生生的士兵。类似地,当教会建立一所大学时,她珍视禀赋、才能或学识,并非为了它们自身,而是为了她的子民,是出于对他们的精神幸福、宗教感化或宗教实践的关切,旨在训练他们在各自的岗位上有所进益,并使他们成为更聪慧、更能干、更活跃的社会成员。

如果说,教会这样做就是牺牲了科学,并打着履行其使命的旗号,改变了大学的目标,那么这样说并不公平,因为我们考虑到,还有另外一些机构比大学更适合于促进哲学研究,更能扩展知识的疆界。举例来说,在意大利和法国享有盛名的文学和科学"学院"(Academies)就是这样一类机构,它们常常和大学有着密切的联系,或者作为其委员会,或者作为其教职员大会或代表大会。例如,现在的皇家学会,它起源于查理二世时代的牛津大学;又如,起源于我们这个时代的阿希莫林学会和建筑学会,它们具有同样的学术地位。英国科学协会也是如此,它是个四处迁移的团体,至少时常被发现在英国各新教大学的一些学堂(hall)里办公,其缺陷不在于对科学过于专一,而在于它涉足了一些本与它不相干的重要事务。文物学会、皇家美术学会,及其他一些可以提到的机构都是这样。以上就是这样一类机构,它们主要关注的是科学本身,而不是学生。这样说并非我的发明,我有杰迪尔红衣主教①的话为证,他也算一个权威吧。他说:"人们看不出科学院(Académies)和大学在精神上有什么真正的对立,所有的只是宗旨上的差别。大学的建立意在向那些希望自我完善的学生传授各门学科;科学院则旨在进行科学发展中的新的研究。意大利大学提供了为科学院增光的人,这就使在职的大学教授们声名远扬。"

---

① Hyacinthe Sigismonde Gerdil(1718—1802),意大利神学家、红衣主教,著有神学、教会法、哲学、教育学、史学及自然科学方面的众多著作。——译注

这些例证的性质和哲学的历史,都向我们表明了大学和科学院有这种不同的心智劳动分工。发现和教学是两种不同的过程;它们也是两种不同的禀赋,但却很少并存于同一个人身上。一个人致力于向后来者传播他现有的知识,就不大可能还有闲暇或余力来探寻新的知识。人类的常识已将对真理的探索与一种宁静隔绝的状态联系起来。最伟大的思想家都是专注于自己的研究而容不得任何打扰的。他们往往神游天外,我行我素,并且或多或少想避开教室和公共学校。毕达哥拉斯①,"大希腊之光",曾经居住在山洞里。泰勒斯②这位爱奥尼亚先贤,终生未婚,独来独往,拒绝了许多王公的邀请。柏拉图③则自雅典退隐到学园的树丛中。而亚里士多德④追随他学习了20年。培根修士⑤居住在伊西斯河畔的高塔里。牛顿⑥沉浸于冥思苦想,几乎使理性动摇。化学和电学上的伟大发现都不是在大学里做出来的。大学外面的天文台总比里面的多,即使设在里面,也不一定和大学本身有什么联系。波尔森⑦从来不开课;埃姆斯利⑧大半生都居住在乡村。我并不是说没有相反的例子存在,苏格拉底⑨大概算是一个,当然还有培根爵士⑩;但我仍然认为,总的说来,教学所涉及的是外部的活动,而实验和思考则需要隐居的生活。

---

① Pythagpras(公元前6世纪),古希腊数学家、哲学家。
② Thales(卒于公元前546年),古希腊数学家、哲学家。
③ Plato(公元前5世纪),古希腊哲学家,与苏格拉底、亚里士多德共同奠定西方文化的哲学基础。他创办学园,提出理念论和灵魂不朽说,其哲学思想对西方唯心主义哲学的发展影响很大,著有三十多篇对话和书信等。——译注
④ Aristotle(公元前4世纪),古希腊哲学家和科学家,柏拉图的学生,雅典逍遥学派创始人,著作涉及当时所有知识领域,尤以《诗学》《修辞学》著称。——译注
⑤ Friar Bacon 即 Roger Bacon(1214—1292),中世纪牛津大学自然哲学家。
⑥ Isaac Newton(1642—1727),科学革命的主要人物,发现了万有引力定理,并表述了其理论。
⑦ Porsem Richard(1759—1808),英国古典文学大师,英国学派最有成就的人物。曾任剑桥大学希腊语教授,精通希腊诗歌格律,对希腊原文的校勘、整理做出突出贡献,尤以其编订的埃斯库罗斯和欧里庇得斯的剧本著称。
⑧ Peyer Elmsley(1773—1825),牛津大学古典学者。
⑨ Socrates(公元前5世纪),古希腊哲学家,被其所在的雅典城邦处死。
⑩ Francis Bacon(1562—1626),英国哲学家、英国语言大师、英国唯物主义和实验科学的创始人,反对经院哲学,主要著作有《新工具》《论科学的价值和发展》。

现在我们回过头来考虑一个问题,这个问题我看似撇开了,然而到此为止已经做了充分的论述,那就是:一所天主教大学是否应该把培养"绅士"或者别的什么作为它的宏伟目标,而不仅仅是保护科学的兴趣,促进科学的发展?如果这是理所当然的,恰如我所想的那样,那么剩下来唯一需要解决的就是,我是否已经说明了,圣座通过建议爱尔兰教会领导组建大学而意欲给予英语天主教徒的特定利益是些什么——这是我现在要继续考虑的。

于是,在这里,我们很自然地要问那些对这一问题感兴趣的人,对教皇的建议,是否还有比我在本书中所做出的更为贴切的解释。当然,在我看来,这样宣称不能算是鲁莽:鉴于新教徒在英国的学校、学院和大学里都享有受教育的好处,我们教会的统治者也要使天主教徒最大限度地享有同等的利益,不论他们是什么人。我想,对那种出于宗教利益的考虑,只给予新教徒受教育的权利,却排斥天主教青年们的做法,他们一定视为有失公正。他们希望他们的穷人和中产阶级能够有和新教徒相比至少是同样的学校,类似地,他们也打算为相对较少的人提供同样的高等教育。那些有充裕时间的新教徒青年会继续他们的学业直至二十一二岁;因而他们将有一个充实的、有助于陶冶文化品性的人生。一个早在17岁就结束学业的年轻人,无法与一个一直求学到22岁的人相匹敌(在许多情况下均如此),我相信这一事实及其后果给我们的主教们留下了深刻的印象。

的确,这样明显的事实给社会中所有阶层的人都留下了深刻的印象。结果,那些渴望能在学识和教养上与新教徒平起平坐的天主教徒,不得不借助新教大学来获取他们在自己家里所无法得到的东西。假定(传道总会的规则允许我做出这样的假定)新教的教育不适合我们的年轻人,那么我们在此就有了又一个理由来说明,为什么新教社区通过他们的机构所提供的种种利益,不论是什么利益,天主教徒都应该以一种天主教的形式得到。

这些利益是什么呢?我再重复一次,简言之,它们就是对心智的培养。经过长期的劫掠、压制和排挤,这个岛国上的天主教徒,几个世纪以来都不再力图争取一种对普通人,对政治家,对土地所有者,对富裕的绅士都至关重要的那种教育了。他们的法律地位、职位和工作都遭到了剥夺,此外还有社交和智力方面的能力,这两者对他们能够恢复被剥夺的东西十分必要。结束这种精神无能的时候到了。我们所亟须的,不是绅士的言行举止——那些是能够通过其他途径获取的,比如适宜的社交、到国外旅行以及天主教思想内在的优雅和尊严。但是,心智的力量、稳定性、理解力和各种才能,以及对自身能力的控制,对眼前事物的正确判断,尽管有时确属天赋,然而没有经年累月的努力和训练通常是无法得到的。

这才是真正的心智培养;我不否认其中包含了一个绅士特有的优秀品质。它们理应被包括在内,对此我们不必感到羞赧,因为古诗有云:"潜心研习博雅艺术,可使行为风度优雅。"博雅教育当然会表现在礼貌、得体、优雅的言行中,既美于其内,又愉悦他人;但它的作用远不止于此。博雅教育还能够修养心性,因为心智和身体一样需要塑造。男孩们总是成长迅速、雄心勃勃,他们的四肢需要协调配合,同样,他们的气质也需要调教。如果错把血气旺盛视作充满活力,如果对自身的健康过于自信,如果不了解自身的承受力和自控的方法,他们就会变得放纵无度、自高自大,并且深陷恶疾。这是他们心智的一种象征:起先他们缺少内在的原则作为心智赖以发展的基础;他们没有明确的信念,不能领悟言行的后果。因此他们开始夸夸其谈。如果他们言辞过滥,就免不了显得轻率无礼,或者用一种典型的说法,免不了显得"幼稚"。他们仅仅为表面现象所迷惑,却不能恰如其分地发觉真相。

要是人一辈子都不会这样幼稚就好了;然而,成人的见解不是些老生常谈吗?他们总是以一种随意而休闲的方式谈论着政治、道德或宗教。而在我们看来,这种方式正可用"虚伪"来形容。任何有见识的人听到他们的谈话,都会本能地在心里做出这样的评价:"他们根本不知道自己在谈论什么。"正因为如此,这种人极易在连续的谈话里自相矛盾,却又毫无觉察。正因为如此,另一些在心智训练上更存有缺陷的人,都有一些十分不幸的所谓奇想或怪癖,而这剥夺了他们可敬的才能本可以发挥的影响。正因为如此，还有一些人从来不正视自己面前的问题，从来看不到要害之所在，在最困难的问题上也发觉不了困难之所在。还有一些人则是无可救药地顽固和偏激，并且，在不得不抛弃自己原先的观点之后，下一次又不作任何解释就回到了原处。还有一些人则是如此的激烈和倔强，以至于最糟糕的事情莫过于他们为了某种理由而固执己见了。从我提到的这些具体例证可以清楚地看出，这些对心智衰弱的描述，在我这里并非专指天主教徒，而是指一般的社会状况；我所指的，是在每一节火车车厢里，每一间咖啡馆或每一家饭店里，在每一群人中，都不得不碰到的一件糟糕的事，然而对于这种糟糕的事，天主教徒并不比其他人多一层保护。

一旦心智经过正确的训练和塑造，从而获得一种连贯的见解和对事物的领悟力，它就会通过对个人相应的特殊品质和才能施加或多或少的影响，显示出它的力量。对大多数人而言，它表现为健全的见识、清醒的思维、理性、公正、自制和稳定的见解，这些都是它的特性。它在一些人身上培养出工作的习惯，影响他人的能力和聪明才智；在另一些人身上则发掘了哲学思考的天赋，并且在不同的心智领域中将心智引上高峰。对所有的人来说，它都是较轻易地进入任何思想主题的保证，也是胜任任何学科或专业的保证。心智会以某种方式完成这一切，它就是这一切，即使心智的形成是模仿某种榜样，但仍有部分是真实的；因为，就效力而言，错误的见解总比毫无见解有更多的影响，能赢得更多的尊敬。那些自以为看见了不存在的东西的人，往往比那些什么也看不见的人更有活力，做得更好。因此，那些毫不怀疑的无信仰者、狂热分子和异端分子能做更多的事情，而那些纯粹是世袭的基督徒，从未意识到自己所持的真理，故毫无作为。但是，倘使坚定的见解能极大地增强力量甚或巩固谬误，那么，我们难道不能期待它会增进真理的尊严、力量和影响吗？

然而，一些人可能会反对说，当我大谈特谈心智的形成及随之而来的理解力时，我不过是在鼓吹一些虚假的哲学，它们只不过是——如果没有旁的词可以替代的话——我所谓的"徒有其表"。人们可能会说,我所描述的大学教育的理论,如果被付诸实践的话,不会教给年轻人什么健全或透彻的东西,而且至多等他们有了对普遍事物泛泛的见解之后,就会把他们打发走。

如果说得有根有据的话,这的确将是对我在本书中所论内容的十分严肃的反对意见,而且我应当立即给予关注,假使我有理由认为,我无法用一个对我认为是真正的教育模式的简单解释,来立即消除这些反对意见的话,假使我应该在这里这样做的话。但是,这些讲稿仅仅是直接考虑教育的目标和原理。所以在此,这样说就已经足够了:我坚信,心智训练的第一步,是向年轻人灌输科学、方法、秩序、原理和系统的概念,以及法则和例外的观念,丰富与和谐的观念。让他先学文法学,这是通常的也是极好的做法;但随着他的才能的扩展,对这个简单的目标所采用的教学方法,无论如何精细、严密,对他都不为过。这样,当他离开中学进入大学时,这种批判性的学术方法于他就是一种重要的训练。第二门学科是数学,它应紧随文法之后,具有相同的目标,即,给予他关于从一个共同中心并围绕这个中心而发展和排列的概念。因而,当他阅读历史时,编年史和地理学对他而言也是至关重要的,否则历史不比一本故事书强多少。以此类推,当他阅读诗歌时,学习写诗也不可或缺;这是为了刺激他在每一可行的方面将能力运用到行动上,同时避免被动地接受概念和形象,造成左耳进、右耳出的局面。一旦让他获得有条理的习惯,从确定的要点出发的习惯,步步为营的习惯,区分已知与未知的习惯,我想,他就会逐渐被引入最宏大、最真切的哲学视野,而厌恶那些无稽的理论、堂皇的诡辩、浮华的谬论,这些东西只会迷惑那些尚未成形的、肤浅的头脑。

这些花哨的机巧确实是时下主要的弊端之一,而有才之人急于助长此风。一位有识之士,依照现今社会的标准,对哲学的一切论题,对时局的方方面面都需有其见解。即便是对显灵、霍乱或催眠术之类的一时之谈,没有主张也会被视为有失体面。这在很大程度上应归咎于对眼下广受欢迎的定期出版物的需求。每个季度、每月、每天,都必须提供有关宗教、外国政治、国内政治、国民经济、财政、贸易、农业、移民和殖民地等主题的新近而浅显的理论,以满足大众的需要。奴隶制、金矿、德国哲学、法兰西帝国、惠灵顿①、皮尔②、爱尔兰,都必须由那些所谓有创造性的思想家们日复一日地加以讨论。犹如大人物的宾客必须在晚宴上侃谈奇闻、赋诵诗歌,讲台上的演说家在午间大展辩才,新闻记者也有义不容辞的责任为早餐桌上的读物编撰出易懂的见解、前卫的主张和无聊的新闻。定期出版物都被分割成完整的小块,又被严格地要求定时出版,这种性质本身助长了这种即兴哲学的习惯。"几乎所有的随笔作品,"波斯威尔③这样议论约翰逊④说,"都是为了出版社的需要而创作的。作者先送去文章的一部分,然后在它被印刷的同时写出剩下的部分。"很少人能有约翰逊这样的天赋,当这种天赋被唤醒,使他得到充沛的精力和智慧源泉时,他就能结合一种罕有的常识和诚实的态度去看待事实,从而避免了写作中的轻率和夸张。约翰逊这样的人少之又少,但当今有多少人为世人对其心智能力的不断要求所困扰,而这种要求只有像约翰逊那样多产才可以满足!有一种要求所针对的仅仅是粗糙的思想原创性,以及看似有理的漂亮的论证,而这些是为约翰逊所不齿的,即使他也曾显示出这类才能。人们要求粗糙的理论和拙劣的哲学,而不是一无所求。这是对亚略巴古⑤的"有何新闻"的重复,这个问题需要有人来回答。必须找到一些人,他们能够在必要时像雅典的智者一样无所不知。

Grammaticus, Rhetor, Geometres, Pictor, Aliptes,
Augur, Schœnobates, Medicus, Magus, omnia novit.⑥

我谈到这些作家时,心中的感觉是对于残酷的奴役压制下的人的

---

① Arthur Wellesley Wellington, duke of(1769—1852),曾击败拿破仑的英国政治家。
② Sir Robert Peel(1788—1850),支持牛津大学天主教解放的英国国会议员,后来任首相,领导保守党适应自由政治的改革。
③ James Boswell(1740—1795),苏格兰作家,尤以《萨缪尔·约翰逊的一生》最为著名。
④ Samuel Johnson(1709—1784),著名的英国散文家,英语字典的编纂者。
⑤ Areopagus,雅典高等法院所在地,后成为雅典的智者和哲学家以及公众聚集、谈话和传播新闻的地方。出自《圣经·使徒行传》18:29—21。——译注
⑥ 原文为拉丁文,意为:语法学家、画家、预言家、修辞学家、几何学家、江湖医生、魔术师和音乐家,所有这些把戏,肚子空空的希腊小子都看做自己的技艺。——译注

那种真切同情。我自己从未亲临此境,亦未有感于他们所受的诱惑;但是大多数曾经不得不从事写作的人,必然都会知道那种不得不写作的痛苦——它有时是如此的强烈而特殊,以至于更类似于身体上的痛苦而不是什么别的。这种痛苦是心智疲惫的标志,并且,即使完成得相对从容的作品,也无从避免那种心智上的疲惫和劳累。这对那些必须整日盛装向公众展露其智慧的人而言,是怎样的一种苦差啊!而且那装束总是常新常换,像桑蚕一般用自己的生命来纺就!然而,无论我们对这些高价购买奢侈的人怀有怎样真切的同情,无论我们对这些文字显示出的智慧力量抱有什么样的看法,我们都不能心安理得地闭上眼睛无视其直接的弊病。

还有一点意见也不得不说,这也是我认为十分必要的最后一点意见。从前栖身在大学中的权威人士,现在在很大程度上栖身于所谓的文学界,这一直是我谈论的对象。如果他们教导人的工作进行得如此漫不经心,如此不切实际,如此变化无常(这是无可否认的),那是不能令人满意的。由于文学界相当一部分作家是匿名的,它造成的危害就更加严重,因为不负责任的力量只能是巨大的邪恶。而且,更有甚者,即使他们已很著名,他们亦不能像保全他们时下的名声和在伦理特点上与敬仰他们的时代保持适度的一致那样,保证他们的原则具有哲学上的真实性。尽管如此,新教徒可以按照他们的意愿行事:这是他们自己考虑的事情,但这至少会对我们造成影响,即我们自己的文学裁判和道德贤人将肩负更庄严的使命。至少,天主教主教们深为挂念的一件事就是,应该向他们的信众传授一种智慧,这种智慧避免了那样一些个体之狂妄极端和异想天开的侵害,它体现在那样一些经受过考验、获得了各个时代认可的机构①之中,这种机构是由那些从与前辈的一致性和相互之间的一致性获得支持,因而无须匿名的人士来进行管理的。

1852 年 11 月 21 日

---

① 指大学。——译注。

第一卷

大学教育——分九讲阐述

第一讲　导言
第二讲　神学——知识的一个分支
第三讲　神学与其他知识分支的关系
第四讲　其他知识分支与神学的关系
第五讲　自为目的的知识
第六讲　从与学习的关系看待知识
第七讲　从与专业技能的关系看待知识
第八讲　从与宗教的关系看待知识
第九讲　教会对知识的职责

约翰·亨利·纽曼肖像画,约翰·埃弗里特·米莱斯绘

第一讲 导　　言

1

　　诸位先生，在进入这个在目前激起如此之多兴趣、引发如此之多讨论的话题，即大学教育的话题时，我感到有必要解释以下问题：尽管人们已为大学教育话题花费了大量的精力，运用了广泛的经验，为什么我还认为，辩论者或者询问者都尚有进一步探讨的余地？尽管如此，我之所以胆敢要求继续这场业已扩展的讨论，是因为博雅教育这一论题，以及其赖以运作的原理，一直在我的脑海中占有一席之地；此外，还因为我在一个充满了连续不断的论战的地方度过了大半生，这种论战既是本土内部的争论，又有外来的意见参与其中，而且在某种程度上同我有一种尝试性的或者确定无疑的关联。大约五十年以来，我长期栖身其间的英国大学，在一个世纪的无所作为之后，在对其所负责的年轻人无所教育之时，终于如梦初醒，恢复了其职责和地位所要求的责任感，它向我们展现了一个非凡的事例，即一个复杂而独立的团体如何着手进行自我改革，而且此举不是迫于舆论的压力，而是因为其正当性与合理性。它最初的努力在重重障碍中开始和进行，并且正如在这种情况下屡见不鲜的那样，遭受了来自外部的许多苛评，而这些苛评在往前推进之时已开始变得极不公正了。论战显然还带来了连其自身也未曾预料到的促进改革进展的见解，并赋予这些见解以某种哲学的形式。这种有益的变化过程带来了进步,起先只是作为个人精力和学术团体活动结果的那么一些东西,逐渐流行开来,而且组成大学的各个学院和机构也开始着手进行这项事业。这是该论战的第一阶段。一些年之后,又出现了对之不利的政治形势,而论战所建立的教育体系又一次遭到了攻击。尽管如此,由于这场争论大多不是借助于政治活动,而是借助于论文和小册子进行的,因此如以往一样,在威胁迫近之前,在反驳的过程中,它还是更完善、更细致地发展和明确了大学所代表的那些原则。

在论战的第一阶段,对大学的研究所提出的指责是,作为生活职责和职业的正式向导,这些研究离实际太远了,换句话说,是针对它们的不实用性。在后一阶段,异议主要集中在这些研究与特定信仰形式的关系上,换句话说,是针对它们的宗教排他性。

在这些思想的交锋中,尽管算不上一个参与者,但作为一个长期的见证人,我能够为与大学教育有关的种种观点作证,它们本身并没有什么权威性可言,但对天主教徒却不无益处,而且我想,比起他们应该了解的来说,他们对这些观点是不太了解的。另外,从我提到的论战中产生的某些观点,不但对此刻我们在此特别关注的宏伟事业大有裨益,而且也使我个人得到了一种特殊的满足。因为,尽管多年来我注定在神学讨论中承担一个突出的、有时是较尖锐的角色,但是我思想的自然转变,却使我转向了与我现在要谈的相类似的一系列思想,这些思想尽管对天主教的目标具有重要价值,同时也可以用天主教的方式来讨论,但却没有与神启之类话题直接相关的争论所常有的那种高度的敏感和风险。

2

我之所以要在展开讨论时对过去的几年给予我的教训做一番回顾,有几个原因。一个原因是:如果人们以为我是在这里标榜自己的见解,先生们,那么这种观点可能会对我很有影响。假使我接受了他们的观点,当我展开讨论时,这对我个人来说的确不算什么。但是,它无疑会摧毁我论证的力量,使我所引证的论点丧失道德上的说服力,而这种说服力是有益于经受过考验而维持下来的信念的。这会使我看起来像一个我所拥护的教义的鼓吹者,而不是一个诚恳而审慎的捍卫者和见证人。并且,尽管据说这可能在教会的实际判断中证实我所依傍的信仰,证实我自己的推理完全符合教会权威所认可的方法,证明我甘愿由教会处置的忠诚,然而,它却会使人们怀疑我的推理和结论的有效性,而这些推理和结论并不曾依靠什么独立的探究,也不曾诉诸以往的经验。这样一来,反对者可能会看似有理地反驳说,我只是一个非常时局中的识时务者,归根结底只不过是掌握了一些并非我自己的论点,在一些我记得快、忘得也快的论点方面有一点机智和灵巧。然而,事实并非如此。我所提及的见解已经深入我的整个思想体系,并且可以说,已经成为我自身的一部分。我的思想曾经历许多变化,但我的观点却不曾更改或动摇,尽管这绝不能证明我的原则的正确性,但却证明了我的信念,证明了我的严肃和热忱。我即将在教会的批准下提出的这些原则,是我早年生活的准则,那时宗教对我更多的是一种情感和体验而非信仰。另一方面,在我接触古代基督教文献,并在情感和愿望上倾向于天主教的时候,这些原则更深地打动了我;并且,自从我迈进它的门槛,随着世事变迁,我愈发感觉到它们的正确性。

  由此,我发现,在此时此刻,我之所以提及新教徒在博雅教育这一话题上所得出的结论,还有第二个,也是更重要的理由。这个理由是这样的:我们可以看到,我据以进行探究的那些原则,就像我所说过的那样,是可以通过生活的经验得到的。这些原则并非直接来自神学,它们并不意味着超自然的洞察力,它们和神启也没有什么特殊的关联,它们几乎是从这个问题的性质本身产生的。它们甚至是人类的谨慎和智慧所要求的,尽管也许没有神的启示。它们靠常识就可以认识到,甚至当常识未曾被对自我的关心激活时也是如此。因此,尽管它们本身是真实、公正而正确的,对赞成这些原则之人的宗教信仰而言,它们也并没有任何影响。它们既可以被新教徒拥护,又可以被天主教徒称道。不仅如此,我们有理由期待,在某时某地,它们将被更彻底地探究,被更好地理解,并得到新教徒更坚定的拥护。

  在这种环境中,期待教育哲学建立在自然秩序的真理之上,是很正常的。在阳光普照、气候温暖的南方,当地居民对御寒、防潮所知甚少。他们确实也会遇到寒风刺骨、冷雨如注,但只是时不时地,持续一天或一个星期。他们尽量忍耐这些不便,却未发展出任何技术加以抵挡,因为不值得他们这样做。取暖和通风的知识是为北方人保留的。在教育科学上,天主教徒与新教徒相互之间也处于类似的境地。新教徒主要依赖人为手段,并倾向于充分利用这种手段:他们唯一的方法就是利用他们所拥有的东西。"知识"是他们的"力量"而不是别的什么。他们是崎岖土地上的忧虑的耕耘者。我们的情况正好相反:"用绳量给我的地界坐落在佳美之处,我的产业实在美好。"我们就拥有一个美好的产业。这很容易使我们依赖于祷告和神佑,我并不是说,依赖于祷告和神佑会过分,因为那是不可能的;但有的时候,当我们像那则寓言中所说的,"用我们的肩膀顶住车轮",把自身的天性发挥到极致,利用我们所拥有的一切时,我们会忘记,我们应该尽力取悦于神,我们从他那里获得了绝大多数的东西,与此同时,在信和望的信心中,我们应该寻求自然之上的东西。然而,我们有时忍不住想让事情放任自流,仿佛它们最终一定会以某种方式步入正轨。所以我们就这样生活着,挣一天吃一天,陷入困境又摆脱困境。当然,我们在总体上是成功的,但在局部上却常遭遇本可避免的失败,在我们自己的职业和计划中也有诸多缺陷或不利,结果就有了很多的失望、气馁和意见冲突。如果这在某种程度上就是事实,那么,当我们谈论博雅教育这一话题时,我们当然就有理由利用非天主教徒的调查结果和经验了。

  采用这样一种方法,绝不会贬损天主教徒的立场。教会一向求助于并遵从外界的见证和权威,尤其在她认为他们有办法做出判断的那些事情上,因为毕竟人各有所长。教会甚至用无信仰者和异教徒的证言来证明她的真理。她也利用她的团体之外的学者、批评家和古典研究家来为自己服务。她用亚里士多德、阿奎拉①、西马库斯②、迪奥多蒂翁③、奥利金④、尤西比乌斯⑤和阿波利纳里⑥的著述来解说她的神学教义,一切或多或少有些异端的东西,都为最初的解经学提供了材料。圣西普里安⑦称德尔图良⑧为大师;圣奥古斯丁⑨向泰孔尼乌斯⑩请教;在现代,波舒埃⑪对安立甘宗的布尔⑫的成果大加赞赏;本笃会中教父著作的编辑者都熟悉费尔⑬、厄谢尔⑭、皮尔逊⑮和贝弗里奇⑯的著作。本笃十四世⑰教皇根据不同场合的需要毫无保留地引用新教徒的著作,近期基督教护教者著作的法文汇编也包括了洛克⑱、伯内特⑲、提洛特森⑳和帕雷㉑的作品。既然是这样,在将要讨论的话题上,我也要适当地主动借用新教学校的某些观点。之所以这样做,先生们,是因为我相信,首先,天主教会在其充沛的神圣光照下,向来都在其教诲或

---

① Aquila of Pontus(2世纪),文学翻译家,曾将希伯来《圣经》译成希腊文。
② Symmachus(2世纪),基督教作家,强调希伯来《圣经》的律法,但不强调拿撒勒耶稣的神性。
③ Tlieodotion(2世纪),创作了希伯来《圣经》的希腊版本。
④ Origen(185—254),亚历山大里亚的基督教作家;后来被指控持有异端的观点。
⑤ Eusebius(260—340),教会史家,曾有一段时间与阿里乌斯派的异端有联系。
⑥ Apollinaris(310—390),基督教《圣经》注释家,其观点后来被认为是异端。
⑦ St. Cyprian(卒于258),迦太基殉教的主教。
⑧ Tertullian(卒于230),教父。
⑨ St. Augustine(354—430),希波的主教,基督教早期的教父,《忏悔录》和《上帝之城》的作者。
⑩ Ticonius(卒于约400年),多纳图派异端的代表人物,按照该派的理论,圣事的效力取决于施行圣事的教士的生活和信念之品质。
⑪ Bossuet,Jacques(1627—1704),法国罗马天主教神学家、布道家、主教。
⑫ Bull,George(1634—1710),英国主教、神学家。
⑬ Fell,John(1625—1686),安立甘宗研究教父的学者。
⑭ Ussher,James(1581—1656),安立甘宗研究教父的学者,著名的《圣经》年表作者。
⑮ Pearson,John(1613—1686),安立甘宗研究教父的学者,被广泛参考的一卷教义的作者。
⑯ Beveridge,WilHam(1637—1708),研究教父的学者。
⑰ Benedict XIV(1675—1758),学者,1740年成为教皇。
⑱ Locke,John(1632—1704),英国哲学家,反对"天赋神权观念"论,论证人类知识起源于感性世界的经验论学说,主张君主立宪政体,主要著作有《政府论》《人类理解论》。——译注
⑲ Burnet,Gilbert(1643—1715),英国教会主教,曾写过大量关于政治与教会问题的文章;支持1688年革命后的殖民政策。
⑳ Tillotson,John(1630—1694),坎特伯雷大主教,以理性神学著名。
㉑ Paley,William(1743—1805),研究自然神学的被广泛阅读的作者,对奇迹的证明做出许多论证。

活动中利用任何她所发现的真理或智慧；其次，在某些地方和时代，她的信徒有可能得益于并非她自己提供的外界的启发或教训。

3

在此，我要谈谈在谈论博雅教育的话题时，一开始就借用新教团体之成果的第三个原因，它将有助于阐明我用以从总体上把握我的论题的那种方式。请注意，先生们，我无意在谈论任何问题时，将教会的权威，或其他任何形式的权威引入我的论证中来。我只会从人类理性和智慧的立场出发去看待问题本身。我是在理论上进行研究，并判定理论内部的是非与对错。比如历史，目前我对此一无所知。我知道的，就加以利用。我不关注过去。我发现，这里是我的位置。我只致力于在这里的职责，还会竭尽全力去探讨那些本质上真实和正确的理论和观点，这些理论和观点是天主教徒也认可的，是我自己很熟悉的。我在这样做时，撇开了对那些未参与或在我之前就解决了的问题的考虑。在这里我是某种大原则的拥护者和执行者，然而又不止于此，否则也根本不会来到这里。我之所以被选来担任此职，之所以接受此职，正是因为我从前对这一原则深有感受并心悦诚服。有人肯定地告诉我，我所认为是正确的原则只不过是一种权宜之计。事实上，我从来都是按照事情本身的是非曲直进行论证的，让我到这里来的教会权威给我提供了论证的机会，但他们并不是我论证的基础。

在我要谈大学教育的目的和性质时，还应该在此提及参考新教机构历史的第四个理由。这将有助于提醒你们，先生们，我所关心的问题不仅事关永恒的真理，而且有关实践和实际上要采用的方法。要联系社会状况来探讨这样一个主题，是我力不能胜的，如果它涉及要求助于某些神圣的真理，或者涉及要决定某些强制性行为准则的话，就还有许多东西需要学习。许多权威和名声远远在我之上的人都为此而产生了许多争论。对我来说，像那样行事可能会太武断，而我也不打算那样做。即使是神学与世俗科学相结合的问题（那是问题的宗教方面,抽象地解决是很简单的),在不同的环境下,在不同的时代也有不同的解决办法。需求是没有法则的,而权宜之计常常是需求的一种形式。聪明的人无论持何种观点,都不会一成不变地执著于理论上最佳之事。然而在我们的职责不直接禁止的时候和地方,我们可能不得不去做我们会埋怨和反对的事情,因为这是在某种环境下最好的选择。因为我们看到,尝试愈多成效愈小,而且拒不接受便会一无所得。所以只要做得到,我们就必须妥协,否则就可能损失更大。所以,把神学和科学分离开来的所谓世俗教育体系,在特定的时间或地点,可能是坏事当中最小的坏事。它可能有着长久的根基,去干涉它可能是很危险的。它可能确实是一种世俗性的安排,它可能处于改进之中,其弊端可以被管理者或管理条款淡化。

因此,在先前的各个时代,教会是允许其子民进入非基督教学校以获取世俗知识的,这件事毋庸置疑地有一些弊端存在,这些弊端至少和现在在混合教育中所看到的一样严重。那些最严肃的教父曾向年轻的基督徒介绍异教大师们的价值;那些最虔诚的主教和最权威的博士在青年时代就被信仰基督教的父母送往异教的讲堂。无须赘述,就在这个时代,在这个国家,考虑到那些一向只能获取有限世俗知识的较低的社会阶层,对爱尔兰的主教们来说,在此环境之下容忍被称为国民教育的中小学混合教育体系引进这个国家,似乎就是上策。不过,上述事态已经一去不复返了;至少就大学教育而言,教会的最高当局已经决定,那个在理论上最佳的计划,在这个时候,对这个国家而言同时也是最实际的。

4

在此,我有机会对有关这些演讲主题的精辟见解完全表示认同。但在这次正式认同之后,我想,不再提及它们也可以了。在有关宗教的事务上,教会的权威,而非论证,乃是天主教徒至高的准则和适宜的向导。教会权威总是拥有干预的权力,而且有时,在党派和观点发生冲突时，它还被要求行使这种权力。最近它就在我们自身的事例上行使了这种权力：它插手并表示赞成专为年轻的天主教徒所设立的纯粹的大学系统，禁止任何形式的折中和妥协。当然，它的决定我们必须真心实意地接受和服从，并且不止于此，因为做出决议的不仅是爱尔兰权力显赫的主教们，还有世界上最高的权威，即圣彼得之座[①]。

此外，这个决议不仅要求我们服从，还对我们的信任提出了要求。它不仅是对与之相抵触的举措的禁令，事实上也是对此类论证本身的辩驳。它提出了实际的措施，并对之有一种热诚和预期。比如说，可以想象，先生们，我的听众里一定有人想说，他们愿意原谅我所提倡的教育原则中的任何弊病，除了不可行、不实际这一点之外。可以想象，他们会退一步向我承认说，那些原则大部分都是正确和明白的，从理论上讲无可辩驳，但他们又坚持认为，尽管如此，归根结底，这些原则只不过是些空想，它们只属于那些脱离实际的人，只属于那些看不到要在这个辉煌的19世纪维持天主教于不堕是何等艰难的人。那些原则的确被确证无疑，可是它们毫无用处。不，眼下我只是承认，在某种特定的情况下，很可能出现这样的现象：次好的东西是最为可行的东西，因为事实上最好的东西是脱离实际的。

我听到你们对自己说，眼下这就是事情的实际情形。你们不厌其烦地详述无数大的、小的、棘手的、恼人的障碍，使一个本身正确而且事关教会的原则之实行举步维艰的障碍。你们在辩护中求助于睿智而富有远见的贤人，当然他们远不是天主教或爱尔兰教会领导的敌人，你们不抱希望，确切地说，你们是彻底怀疑，在此时此地能够依据神学原理进行教育，或者，在这个国家的种种条件下，能够对不同宗教的青年实行分离教育。你们对于政治情势、党派地位、阶层感情和过去的经历想得越多，则建立一个以天主教精神为基本原则的大学的目标，在你们看来就会越发显得荒诞不经。然而，事情并非如此。即使这一目标不经意地获得了成功，难道不是弊大于利吗？它前前后后的牺牲或代价将何其巨大，何其繁多！它将给这个国家带来多少或明或

[①] 指罗马教皇。——译注

暗的伤害！此外，如果它像预料中的那样失败了，它对于邪恶的认可将带来双重的损害，而它却无力补救。这些就是你们深层的忧虑；而且，与它们带给你们的压力相称的，是一种担忧和焦虑，即担心那些你们所热爱所尊敬的人，会由于种种原因而拒绝站在你们一边。

5

我重复一遍，这是某些善良的天主教徒会对我说的话，而且远不止于此。他们对自己意见的表达，会比我所能代表他们说的更好——他们会更为真诚和直率，他们的论证会更加有力，细节会更加详尽；我会马上坦率地承认，在坚持从比较保守的神学角度来看待大学时，对于他们对其时下可行性的质疑，我不会试图给予直接的回答。我并不是说无法给予回答；恰恰相反，我相信，那些表现在人们脸上的反对意见也会很快地消失。但是，尽管如此，与那些比我自己更好地理解问题背景的人讨论这件事的，不会是我本人。我对爱尔兰的情况所知甚少，怎敢冒昧地将我那顶多是碰巧正确的观点，与那些土生土长的人的观点并列呢？不，先生们，你们是我们目前所处困境的天然的裁判，而这些困境无疑超乎我的想象和预感。为了下面的论证，让我首先承认你们对我们的事业持有反对意见，而且还要承认更多的东西。你们对这项事业内在的不可能性的证明，就像我自己对于其神学上的可取性的证明一样，都是具有说服力的。那么，为什么我还要如此鲁莽而任性，使自己陷入与己无关的麻烦中呢？为什么我要越俎代庖？为什么我要这样固执而轻率，自讨挫折，自讨没趣，好像我若不四处寻觅，个人的磨难就还嫌不够似的？

这些思考即便对最勇敢、最有才能的头脑来说也是十分关键的，但有一点还需要考虑。在困境之中，我仍有理由抱有希望。虽然只是一条理由，但我想，它已足够代替其他所有的论证来帮助我，在面对责难时使我坚强，在开始灰心时给予我支持，而在讨论可能性与适宜性的问题时，使我百折不挠。这就是圣座的决定。圣彼得曾说过，正是他对那些在我们看来毫无希望的事充满了信心。他曾这样说过,而且还要求我们信任他。他并不隐居世外,不是个离群的学者,不是个沉溺于过去的空想家,不是个食古不化的人,也不是个幻想的鼓吹者。1800年来,他都生活在这个世界上;①他曾目睹各种荣辱盛衰,也曾遇到各种敌手,他还曾改变自身以适应各种各样的事件和变故。如果世上有一种力量能够曾经留意古今之变,克己以求实,因望而愉悦,其言为真,其命应验,那就是历史变迁中的他,他历经世代,高居使徒之座,那就是基督的牧者,神圣教会的博士。②

6

先生们,这并不是冠冕堂皇之词,而是对历史的描述。所有以那位使徒③为伴的人都将获得胜利。长久以来,他就被赋予了他所应得的信任的保证。从最初起,他就能洞察自己负有责任的广袤的世界;并且,根据时代的需要,受到主的激励,他不断地致力于各种事务;但他只从事那些合宜的事,而不是那些枉费心思的事。他出现在一个同我们现在一样优雅而奢华的时代,尽管宗教迫害者花样翻新、残忍无度,他仍然在很短的时间内就感召了一批来自社会不同阶层的人,包括奴隶、士兵、贵妇和学者,足以组成一个荣耀主名的团体。野蛮的游牧部落从北方席卷而来,彼得曾出城去会见他们,并且用他的眼光使他们清醒过来,在得胜的当口从城下撤退。他们掉转矛头席卷了整个世界,但由于他的缘故,却无疑变得更为文明,并且使他的子民十倍于他们所征服的人口。目无法纪的国王们相继兴起,他们老谋深算如罗马人,无拘无束如匈奴人,然而却发现他才是真正的对手,他们七零八落,而他却生气勃勃。世界的大门向东方和西方敞开,人们蜂拥而出抢占财产;他却派遣他的传教士远至中国,远至墨西哥,当那些青年被

---

① 在此意指教皇职位已存在了1800年。——译注
② 这一段所说的,应是作为使徒继承者的一般意义上的教皇。——译注
③ 指第一位罗马主教或第一位教皇,即耶稣的大弟子彼得。——译注

冒险、贪婪和野心所引导的时候,他们却是满怀热情与博爱前往那里。时至今日,他在事业上失败过吗?在我们的父辈这一代,在与日耳曼的约瑟夫①及其盟友的抗争中,在与更了不起的拿破仑及其附庸君王们的抗争中,他可曾失败过?那么,即使是在另一种形式的斗争中,他又怎么会在我们的时代失败呢?② 在上帝的臂膀中,青春像雄鹰一样得到更新、双脚像牡鹿一样敏捷的那位犹大,在他的头上还会长什么白发呢?③

在教会历史的最初几个世纪中,圣座的所有这些实践的睿智只是关乎信仰的事务,但在实际上,每一个世代的人证实他们的信仰,凭借的都是务实的眼光;如果徒有18个世纪的明证,我们的眼光却如此粗陋,以至于看不到圣徒从来都是通过预见看到的那些胜利,那岂不是一种耻辱?我们,这些培育并且传播知识的岛国上的天主教徒,到目前为止,一直在圣座的主持下以特别的方式联合在一起的天主教徒,最不应该在他目前赋予我们类似的使命时,去怀疑他的智慧,预测他的失败。我无法忘怀,在凯尔特人和撒克逊人都还是野蛮人的年代,是圣座给予了这两个民族信仰和文明;然后赋予他们以一种共同的使命,即致力于异教大陆的皈依和启蒙,从而使他们连接成一体。④ 我无法忘怀,光荣的圣帕特里克⑤是怎样从罗马被派往爱尔兰的,他功勋卓著,以至于后来无人能够望其项背。在他死后,所有的圣徒贤达、高人处士、志士仁人的出现,都只不过是受他激励的结果。我无法忘怀,不久以后,在基督的牧者的培育之下,一个异教徒迷信的国度如何成就了奇迹,成为万众的庇护所——它之所以成为奇迹,是由于它在宗教和世俗两方面的知识成就,而当宗教、文学与科学被野蛮的入侵者从大陆上驱逐出去时,它又成为它们的庇护所。我还想起了它的好客,

---

① Joseph Ⅱ(1741—1790),哈布斯堡王朝皇帝,其宗教政策力图对其治下的罗马天主教会的许多方面施予国家的指导。
② 在此作者的叙述应已转向彼得的继承人,即后世的教皇。——译注
③ 《圣经》中名为犹大者甚多,不知此处所指为何。此语出自《诗篇》103:5"你如鹰返老还童",以及18:33"他使我的脚快如牡鹿的蹄"。——译注
④ 同欧洲大陆的日耳曼人相比,凯尔特人和撒克逊人较早皈依基督教。——译注
⑤ St. Patrick(大约389—461),到爱尔兰的著名传教士。——译注

那是香客们有口皆碑的;想起了它的藏书,它把它们慷慨地呈现给外国的学生;想起了它的祈祷、祝福、神圣的仪式和庄严的赞美诗,它们使赐予者和接受者双方都得以圣化。

我也同样不能忘怀,与此同时,我的祖国英格兰如何成为这同一只不倦的慧眼所关注的对象:格里高利七世①如何将奥古斯丁派遣给我们;他如何在我们的暴虐来势汹汹的时候晕倒在路上,而且,倘使不是为了教皇的缘故,就很可能像面临一场万难的远征一般畏缩不前;他是如何被迫"如临深渊,如履薄冰",直至使这个岛国成为基督的战利品。我同样无法忘怀,在奥古斯丁去世,其事业日渐荒疏之际,另一位同样孜孜不倦的教皇,如何从罗马派出三位圣徒,去训导并教化奥古斯丁所感化的民众。三位圣人来自不同的民族,一起出发去英格兰:泰奥多②,一位亚洲的希腊人,来自塔尔苏斯;亚得里安③,来自非洲;本奈特④是唯一的一位撒克逊人。在彼得普世的事业中是没有种族之别的。神学和科学也随他们而来:他们带来了圣物、绘画、教父们的手稿和古希腊的经典;泰奥多和亚得里安在全英格兰建立了学校,包括世俗学校和修道院,而本奈特将他从国外各地收集的大量图书带到北部,并用那些来自法国的草图和装饰,在圣彼得的庇护下,按照罗马的式样,建立了一所石头教堂。"这所教堂,"历史学家说,"甚为他喜爱。"我回想起圣威尔弗里得⑤、贝弗利的圣约翰⑥、圣贝得⑦和其他的圣人是如何在接下来的几个世代中力续伟业,而从那时起,英格兰和爱尔兰这两个岛国,在风雨如晦的年代中,就是基督教世界的两盏明灯,除了在善意的职能上互通有无,在仁爱方面有所竞争以外,它们互不索求,毫无私心。

---

① Gregory, VⅡ(大约 1020—1085),1073 年成为教皇,在中世纪教皇当中,对政治权力提出了范围最广泛的要求。
② Theodore(大约 350—428),与(被视为异端的——译注)阿里乌斯派与聂斯托里派有联系的基督教主教。
③ Adrian(7 世纪),到英格兰的早期基督教传教士。
④ Bennett(约 628—690),英国坎特伯雷的本尼迪克特修道院院长。
⑤ St. Wilfrid(634—709),约克主教,修道院创始人。
⑥ St. John of Beverley(卒于 721),约克博学的主教。
⑦ St. Bede(大约 673—735),修道士,被认为是英国的第一个历史学家。

7

想当初,圣艾旦①和爱尔兰修士前赴林第斯法因和麦尔洛斯教育撒克逊的年轻人,而撒克逊人当中出现了一位圣库斯伯特②和一位圣埃依塔,以作为对他们慷慨劳作的报答,那是何等辉煌的年代啊!当凯尔特的迈尔杜夫③深入南部的马尔米斯伯利,而后者继承其名,并在那里建立了一所著名的学校,而伟大的圣阿尔得赫尔姆④就从这所学校脱颖而出,那和平而充满信心的时日是何等有福!正如圣阿尔得赫尔姆反过来告诉我们的,到爱尔兰去的英格兰人"多如蜜蜂";撒克逊人圣埃格伯特⑤和圣威利布罗得⑥,异教的弗里森人的传教士,则前往爱尔兰为自己的工作做准备;从爱尔兰前往德意志的两位高贵的伊瓦尔德,也是撒克逊人,赢得了殉教的荣誉。在那些时代,福音的统一得到了何等宝贵的确认和见证!诚然,那个充满了恩典、和平、仁爱和善行的时期,只能维系一时;然而,即便在光明即将离它们而去时,这一对姊妹岛屿也注定要将其发扬光大,而不是丧失殆尽。这回轮到邻近的大陆国家来承担它们已实践了很久并且实践得很好的使命了;它们忠于200年的联盟,在把它们崇高的工作转交给欧洲大陆时,它们是统一行动的。阿尔昆⑦既是英格兰学校的学生,又是爱尔兰学校的学生;当查理曼⑧准备在他的法国复兴科学和文学时,正是作为撒克逊人与凯尔特人代表的阿尔昆,领导大家前去向那位伟大的皇帝提供他所需要的东西。巴黎学校由是得以建立,在以后几个世纪中,在这所学校的基础上,产生了著名的巴黎大学,中世纪之光辉。

---

① St. Aidan(卒于651),曾到赫布里底的伊奥纳岛传教的修道士。
② St. Cuthbert(卒于687),赫克斯汉的主教和传教士。
③ Mailduf(7世纪),修道士,曾在马尔姆斯伯里创立学校。
④ St. Aldhelm(卒于709),马尔姆斯伯里修道院院长。
⑤ St. Egbert of Northumbria(卒于729),到爱尔兰传教的修道士。
⑥ St. Willibiod(658—739),到爱尔兰的英国传教士。
⑦ Alciiin(735—804),加洛林王朝的学者,他曾为查理曼大帝创建宫廷学校。
⑧ Charlemagne(742—814),法兰克王,神圣罗马帝国皇帝。——译注

时光无法倒流。历史事件的过程,其始末历久不变,但其表现及形式却总是新的。英格兰和爱尔兰已经面貌一新,但罗马仍伫立在原处,圣彼得也始终如一:他的热诚、他的仁慈、他的使命和他的天赋都未曾改变。从前,他赋予这两个岛国共同的教育使命,以使它们结为一体;而今,他无疑正在给我们安排一个类似的使命。而当我们以热情和爱心履行这一使命的同时,我们也将再一次合而为一。

第二讲 神学——知识的一个分支

先生们,在第一讲的开篇,有两个问题,由于在此有特殊的重要性和利害关系,我曾提醒你们注意:第一,不给神学在它所赞成的诸多学科中间留一席之地,这是否和大学教育的理念相一致;第二,把实用技术和科学作为大学理念最直接、最主要的考虑,而把到目前为止被视为这一理念主要组成部分的博雅学科和心智训练置之不顾,这是否又与这一理念相一致。这两个问题构成了我必须摆在你们面前的主题。现在,我们就进入第一个问题。

1

你们知道得很清楚,建立所谓的大学,却不为神学讲席的设置做出任何安排,是时下的风气。这样的机构在这里和在英格兰都存在。这种做法,尽管上一代作家用了不少似是而非的论据,绞尽脑汁来维护它,在我看来就像是一出心智上的闹剧。这种说法虽有种种唐突之处,但仍然依照了三段论的形式:可以确定,一所大学,从定义上讲,以教授普遍知识为本业;神学肯定是知识的一个分支;那么,一所大学怎么可能在教授知识的所有分支的同时,又将一个至少是和其他分支同等重要的学科从它们中间剔除出去呢?我看不出这一论证的两个前提会有什么例外的情况。

说到大学教育的范围,毫无疑问,大学的本质与任何形式的限制都是不相容的。不论采纳大学这一名称的最初理由是什么(我们对此一无所知①),当我说一所大学应该教授普遍知识时,只赋予这个名称以一种最通俗的、众所周知的含义。在训练心智的最高级的学校中,教授普遍知识有实在的必要性,这一点我不久以后会说明。在此,先说这一点就足够了:在有关这个主题的作家们看来,与其他学术机构相比,这样的普遍性正是一所大学的特点之所在。因此,约翰逊在他的《词典》里将大学定义为"教授所有艺科(arts)和技能的学校"。作为历史学家而写作的莫斯海姆②说过,在巴黎大学建立之前——比如说,在帕多瓦、萨拉曼卡或者科隆——"并未教授所有已知的学科领域"。但是,巴黎的学校,"在各个方面,包括在教师和学生的数量上都超出了所有其他的学校,是它首先兼容了所有的文理学科(the arts and sciences),因此首先成为一所大学"。

如果我们同其他的作者一样考虑到,大学一词还出自于大学向各类学生所发出的邀请,其结论也是一样的。因为,如果知识体系的某一分支受到了排斥,那么渴望研究它们的学生也必然会受到排斥。

那么,一所学术机构在其各种研究中排斥神学,同时又自称为一所大学,这怎能合乎逻辑呢?再者,即使是从理智的角度出发,将信仰或宗教职责放在一边的天主教徒,也会对自称为大学而又拒绝教授神学的现存学校感到不满,他们会因此而渴望拥有一所不但更加基督教化,而且在结构上更为合理,在知识给养上更为广大和深厚的学府,这难道不是很自然的事吗?

当然,上述结论,是基于将神学视为一门学科,而且是一门重要学科的假设。所以,我将以一种更为精确的方式来展开论证。我认为,如果大学理所应当是一所教授普遍知识的机构,如果在某一所谓的大学中,宗教学科受到了排斥,那么,就一定不可避免地会出现下面两种情形之一:要么,一方面,宗教的领域就不能产生真正的知识;要么,另一方面,在这样的大学里,就会缺失一个特殊而重要

---

① 在罗马法中,"大学"一词的意思是"联合"。
② Johann Lorenz von Mosheim(1694—1755),德国教会史家。

的知识分支。我想,这种机构的鼓吹者要么必须想到前者,要么必须想到后者,他必须承认,要么我们对终极存在所知甚少或一无所知,要么他的学府是名不副实的。这就是我要说的主题,也是在这一讲中所要坚持的论点。我再说一遍,宗教派别之间的此类折中办法,就像在建立一所宣称不属于任何一种宗教派别的大学时所涉及的那样,显示出那些派别都有各自的考虑——从道义和实用的角度出发,它们各自的观点未必一定是些细枝末节。这些观点当然不是细枝末节;但确实可以说,它们不是知识。如果他们从内心相信自己个人的宗教见解,无论是什么,都是绝对的、客观的真实,那么不可思议的是,他们竟可以如此贬低这些见解,以至于可以容许它们在学校中的缺失,而这样一所学校理所当然应该——从其理念及其本质上讲——以教授各类知识为本业,而不论是何种知识。

2

我想,你们会发现,这与用词关系不大。所以在此要完全承认,当人们为了一个共同的目标结合到一起时,为了保证得到共同行动的利益,他们通常必须牺牲许多个人的观点和愿望,并撇开次要的分歧,即通常所说的,存在于人与人之间的分歧。我们可能找不到这样两个人,无论他们多么亲密,无论他们的品位和判断多么一致,无论他们如何渴望一心一意,为了和睦相处,却必须为了对方而牺牲自己的许多爱好和愿望。妥协,从广义上讲,是结合的首要原则。任何人若坚持将自身的权利最大化,坚持自己的见解而不宽容其邻人的意见,在一切事情中都我行我素,他就会独占所有的东西,而不容任何人与他一同分享。尽管这一点无疑千真万确,但是另一方面,无论这些妥协之道有多么必要,它们仍然有一个明显的限制;这一点可见于所谓"附带条件",即可作为妥协的那些分歧应该仅仅只是"次要"的,或者,在双方共同做出的让步中,不应对这种结合的主要目标做出牺牲。任何损害这一目标的牺牲,都是对这种结合的原则的破坏,任何一个前后一致的人都不会参与这样的结合。

所以,举例来说,当各种不同宗教派别①的人联合起来传播所谓"福音"书册时,他们是抱着这样一种信念,即,他们联合在一起的目的,正如所有各方所承认的那样,是为了他们的邻人在精神上的利益,不允许任何特定的宗教主张(无论它们具有怎样的特性)干扰这种利益,而这种做法,忠实地坚持了路德的称义理论。此外,如果他们一致赞同一起来印刷并发行新教《圣经》,这是由于他们每个人以及全体人都坚持这样一个原则,即,无论他们在宗教情感上的分歧有多么严重,这种分歧应在这项发行工作所象征的一个伟大原则面前消失殆尽,这个原则就是:《圣经》,整部《圣经》,只有《圣经》,才是新教徒的宗教。与此相反,如果此类团体的某些受托人,在他们销售的上述《圣经》中插入了一些宣传手册,并在这些手册中推介亚大纳西信纲或者其他作品的价值,我以为,赞助人就会有正当的权利,去抱怨这种把个人判断原则作为对《圣经》的真实解释的行径。这些例子,已经足够说明我的总立场,即,为一个目标所建立的联合团体和目标谅解,在实现这一目标时是具有生命力的,而一旦这一目标受到损害或轻视,它们就失去了任何意义。

因此,如果有一群人走到一起来,不是作为政治家、外交家、律师、商人或者投机者,而是为了促进普遍知识这一目标而携手前行,那么,我们可以允许他们牺牲很多东西——野心、名声、闲暇、舒适、党派利益和金钱;但是有一样东西是他们不能牺牲的,即知识本身。当以知识作为目标时,他们当然无须坚持关于古代或现代历史,或关于国家繁荣,或关于权力均衡的种种个人见解;他们当然无须退出与在那些问题上持反对意见者的合作。但是,他们必须约定,知识本身不应受到损害。至于那些可以放弃的见解,无论是什么见解,他们将其视作仅仅是个人意见而不是别的什么,是很自然的事,无论那些意见是何等可贵,无论对于他们来说个人是何等的重要。个人意见固然可以十分精巧,令人钦佩,使人愉快,给人益处,实用得体,但却不能冠以知识

---

① 在此所指的只是新教各宗派。——译注

或科学之名。所以,没有人会坚持认为,马尔萨斯①学说的教学是一个学术机构的必要条件,也没有人会认为,不做一个马尔萨斯主义者简直就是无知的;也没有人会同意抛弃牛顿的理论,因为人们认为它已经得到证实,就像日月的存在一样毋庸置疑。因此,如果在一所宣称要教授所有知识的机构中,有关终极存在的一切竟得不到研究和传授,那么由此就可以公平地推断,赞成此类机构的每一个人,假设他是个前后一致的人,都已明确地认为,有关终极存在的一切都是不确定的,此类事物中没有一件可以被视作世上现存普遍知识储备的重要补充。从另一方面说,如果对于终极存在,我们可以知道一些重要的事情,不论它们是得自理性还是启示,那么即便上述机构宣称包含了每一种科学,事实上却漏掉了最首要的一项。简言之,这一结论看来是如此有力,以至于看不出我怎么能不得出这样的结论。所以请原谅,先生们,我要得出这样的结论:如果上帝存在的话,这样一所机构就不能称为大学。我不愿意进行猛烈的抨击。但是,顾名思义②,显而易见的是,一个神圣的存在和一所如此设置的大学是不能共存的。

3

尽管如此,这个结论对很多人来说仍然显得有些突兀,而不会得到认可。对此,先生们,会有什么样的回答产生呢?可能是这样的:有人会说,知识有不同的种类或领域,有关于人的,有关于神的,有感性的、理性的,如此等等。而且,一所大学当然会将所有类型的知识用自己的方式纳入自己的范围,它必然有自己特有的方式。它策划并拥有某种知识次序和知识平台。对这个评论我十分理解,但我向你们坦率地承认,我不明白怎样能使这种评论适用于手边这件事务。若要在这里包含大学中普遍研究的其他学科,却排除有关宗教的学科,我便无

---

① Thomas Malthus(1766—1834),英国神职人员和经济学家,他的人口学说论证说,人类数量的增加总是超过食物供应增加的速度。
② 此处"顾名思义"推敲的是"神圣存在"(Divine Being)与"大学"(University)这两个词的涵义。前者指"上帝",后者词源为"宇宙",故有"宇宙性(普遍性)"之意。——译注

法界定何为有关大学知识之内容,也不能围绕它划出一些明确的界线。举例来说,要界定关于大学知识的理念,那么,应该是靠感觉的证据吗?那么,就得排除伦理学。应该是靠直觉吗?那么,就得排除历史学。应该是靠耳闻目睹吗?那么,我们就得排除形而上学。应该是靠抽象的推理吗?那么,我们就得排除物理学。而关于上帝的存在这件事情,不正是靠耳闻目睹的见证向我们报告的吗?不正是靠历史向我们传递下来的吗?不正是靠归纳过程向我们显明的吗?之所以深切地感受到这一点,不正是靠形而上的必要性的引导吗,不正是受良知的启发吗?这是自然秩序中的真理,同时也是超自然秩序中的真理。关于这种知识的来源,我们暂时就到此为止。那么,一旦取得了这种知识,它又价值几何呢?那是一个伟大的真理,抑或仅仅是很小的一个?这是一个包罗万象的真理吗?可以说,除了这一点,你没有得到任何别的宗教观念,而你的头脑也足够充实,你立刻就能获得一整套教义体系。"上帝"一词本身就包含一种神学,它是一个不可分的整体,就其含义的广阔性和单纯性而言,它又有无穷无尽的变化。承认一个上帝,就在你的大学科目中引入了一个包罗万象的事实,它迫近,也吸收其他每一个可以想象的事实。如果我们遗漏了那渗入每一种知识门类中的东西,怎么能够研究任何知识门类的任何部分呢?所有真实的原则都与它不可分离,所有的想象都向它汇聚。它的确是开端,也是结尾。的确,在词语里,在观念中,将知识分割为关于人的或关于神的,世俗的或宗教的,并且断言,我们可以致力于其中一样而无须介入另一样,是非常容易的事情。然而,事实上这是不可能的。倘若我们同意,关于神的真理在类别上不同于关于人的真理,那么,关于人的真理也会在类别上各不相同。如果关于造物主的知识与关于造物的知识属于不同的秩序①,那么,类似地,形而上的学科也与形而下的学科属于不同的秩序,物理学与历史学,历史学与伦理学也都各自属于不同的秩序。如果你从神学就开始分割的话,那么你也将把整个世俗知识的体系打成碎片。

---

① 在此,"秩序"是指整个宇宙的秩序。按照纽曼的观点,宇宙只有一种统一的秩序。——译注

我一直在谈论的不过是自然神学,当转而谈论启示的时候,论证当然会更加有力。假设道成肉身的教义是真的,它不就同时具有了历史事实的性质以及一种形而上学的性质了吗?假设天使真的存在,那么,无数的生物可以共存于针尖之上,这不就是自然主义者所宣称的知识的一个组成部分吗?如果地球将毁灭于火的说法是真的,那么,它就和大地深处曾有巨怪嬉戏的说法一样,是一个无可置疑的事实。如果敌基督①真会来临,那么,这件事也就和尼禄②或朱里安③曾是罗马的皇帝一样,肯定会成为历史书中一章的标题。神圣的影响会推动我们的意志,这作为一个思想的主题,并不比意志力对于我们肌肉的影响更加神秘,而对于后者,我们承认它是形而上的一个事实。

我不知道一个有哲理的头脑是否可能做到以下几点:首先,相信这些宗教事件的真实性;其次,赞成无视这些事实的存在;再次,尽管如此,却依然宣称是在教授所有的知识,似乎正无所不知。不,如果一个人打心底相信这些宗教事件缺少真实性,相信它们并非在普遍事实和万有引力为真实的意义上是真的,那么,我就可以理解他在其大学中排斥宗教的原因,尽管他对此另有说法。那样的话,他用以隐藏其态度的各种宗教观点,便不只是他对于公开脱离宗教的辩护,而是他私下里不相信宗教的缘由。他相信,对于世界的起源或人类的终局,没有什么是确知,或是可以被确知的。

4

我恐怕这正是清楚的、逻辑性强的、保持连贯的头脑,从这个论证

---

① Antichrist,基督教名词,指基督的大敌。犹太教关于上帝与魔鬼斗争的观点收于《旧约》的《但以理书》中。作为敌基督原型的历史人物,是迫害犹太人的叙利亚国王安条克四世伊庇芬尼,他的形象长期影响后世关于敌基督的观点。犹太教和基督教启示文学也把罗马皇帝尼禄看做敌基督。宗教改革后,敌基督之说逐渐消失。天命神学和千禧年前派神学仍讲敌基督将于世界末日出现。——译注

② Nero(37—68),罗马皇帝,以残暴迫害基督徒而声名狼藉。——译注

③ Julian(331—363),361年成为罗马皇帝,史称"背教者朱里安",361—363年间在位,宣布与基督教决裂及宗教信仰自由。——译注

的性质中已经得出,或将要得出的结论。而且,更糟糕的是,除了这种表面看似有理的疑问,无论是从其原始的理念着眼,还是从上个世纪在这两个岛国上发生的所谓新教运动的角度出发,新教中还存在着与此相同的事实上的趋势。宗教世界,当它被冠以这一名字时就认为,一般而论,宗教并非存在于知识中,而是存在于感受或情感中。而至今仍在国教会①内保留的古老的天主教观点是,信仰是一种理智的行为,其目标是真理,其结果是知识。因此,当你翻阅安立甘宗②的"祈祷书"时,你会发现有明确的信条,也会发现有明确的议程;然而随着路德宗③的影响逐渐扩大,相应地出现了一种时髦的说法,即,信仰不是对启示教义的接受,不是一种理智的行为,而是一种感受,一种情感,一种挚爱,一种热望。并且,一旦接受了这样一种关于信仰的见解,信仰与真理和知识之间的联系就越发会遭到淡忘或否定。最终,这种把(所谓的)心灵的精神性等同于信仰的美德的说法,从各方面都得到了承认。有些人确实反对上述的虔信主义,另一些人则对之满怀崇敬。但无论他们是敬仰还是反对,两个派别都发现他们在主要的一点上其实是一致的,即考虑到,这本质上就是宗教,而不是什么别的东西;而且宗教并非是以论证,而是以体验和感受为基础,在教义中没有什么是客观的,一切都是主观的。我想,甚至那些看穿了我所说的宗教学校用以包裹自己的伪装的人,也逐渐开始认为,宗教本身存在于某种缺乏理智训练的事物中,即,存在于挚爱,存在于想象,存在于内在的劝导与安慰中,存在于令人愉悦的感受、突然的变化以及庄严的想象里。他们学会了相信并认为理所当然的是,宗教不过是针对人类本性需求的一种满足,而不是外在的事实和神明的安排。似乎是有一种对宗教的要求,于是就有了一种满足;人类的本性不能缺少宗教,这并不比不能缺少面包的状态好几分;满足绝对是必要的,无论好坏,而且,就日常生活所需的物品而言,拥有一件十分差劲的物品,也胜过一无

---

① 指英国国教会,其特点是与其他新教宗派相比,保留有许多天主教的教义和仪式。——译注
② 即英国国教会,新教三大主流派之一。——译注
③ 又称信义宗,系遵循路德教义的新教宗派,号称新教三大主流派之一。——译注

所有。因而宗教是有用的、可敬的、美丽的,是对秩序的认可,是管理的存在,是对个人意志和自我放纵的约束,而这些都是律法无法做到的。然而,归根结底,宗教以什么为基础呢?这是个敏感的问题,不可草率回答的问题。然而,如果无论多么迟疑,都必须谈论这个真理的话,那么,这件事总的意思就是,宗教乃是建立在习俗、偏见、法律、教育、习惯、忠诚、封建制度、明智的策略,以及其他许许多多事情的基础之上,但是根本与理性无关。理性既不是它的保证,也不是它的工具。科学和宗教的关系之远,就像与时代的风尚、天气的状况相去之远一样。

先生们,你们看,一个兴起于16世纪宗教变革时期的哲学理论,是如何走向连那些变革的缔造者都要首先加以控诉的结论的,并且,这些结论是由一个巨大而有影响力的机构以开放和自由主义的名义加以采纳的。在这些结论盛行的地方,在大学里为宗教要求一个席位,当然是极其荒唐的,那就像要求一个人既要有精细的感觉,同时又拥有荣誉感、爱国主义、感激之心、母爱,还要能做一个好伴侣。这类的要求是完全没有意义的。

5

为了阐明我一直在谈的东西,首先,我要求助于一位政治家,他不纯粹是一个政客,不是在选举当中,也不是在股票市场上做交易的人,而是一个哲学家,一个演说家,他的志向和目标一贯在于培养公正、高尚和慷慨的人。我无法忘怀正在提到的这位伟人的伟大的演说;他在政界是首屈一指的,此外(这一点对我的目标来说很有意义),他还尽其所能,为影响这些岛国上的公众对于区分世俗知识与宗教知识的原则的认识,作出了不亚于任何人的贡献。这位杰出的思想家,在为这一原则努力工作的许多年中,曾在一个庄严的公众场合发表了一次演说。在谈到普遍知识对宗教信仰的影响时,他说了下面这样一些话:

"由于人们,"他说道,"不愿再容忍无知的蒙蔽,所以他们将不会再屈服于那个令人厌恶的原则,即不是根据行为内在的美德,而是根据观点或见解的偶然的以及不自觉的巧合,来判断并对待他们的人类同胞。"接下来他特别强调地说,"这样一个伟大的真理终于散布到了地球上的每一个角落,即,人们不应该为信仰的缘故相互诘难,因为信仰不是人自己所能控制的。由此,没有任何东西可以强迫我们去称赞或责备任何人,仅仅为了一件像皮肤的颜色或身材高度一样无法改变的事情。"你们看,先生们,如果这位哲人要对此做出判断,那么宗教观念就毫无真实性可言了,或者无法代表任何超越它们之上的东西,而仅仅只是个人的特质、癖性和附带的属性而已,正如个人可能会有巴塔戈尼亚人的身材,或是黑人的外貌特征一样。

然而,这也许只是一个重要场合中的修辞。先生们,事情远不止于此,否则我就不会如此牢地记住一个思想丰富的人在多年前说出的这些话了。布罗汉先生在 1825 年作为某种原则而说出的这些话,时至 1852 年仍在我们四周成功地回响,而且我们对他所说的这些话越来越有信心。现在给你们看教育咨询委员会于 1848—1850 年间,受女王陛下之命呈给国会两院的会议记录。我发现在第 2 卷的第 467 页里,女王陛下的一位学监,把"优秀小学通常包含的课题"分为四类:关于符号的知识,如阅读和写作;关于事实的知识,如地理和天文;关于关系和法则的知识,如数学;最后是关于情感的知识,如诗歌和音乐。当时,第一眼看到这种分类,在弄清作者自己的解决方式前,我就不由自主地问自己,宗教会被归入这四项中的哪一项,或者它是否已经被归入其中的任何一项?作者把它搁置在一旁,是否因为它太过微妙而神圣,以至于无法和世俗的学科等量齐观?抑或,在做出这种分类时,他是否清楚地考虑过它呢?无论如何,我的确可以为它在第一类、第二类或第三类中找到合适的位置。因为,既然它讲到了自存者①,它就与事实相关;既然它讲到了造物主,它就与关系相关;既然它

---

① the Self-subsisting,意指上帝的存在不依赖其他任何事物,而仅仅依赖自身。——译注

讲到了谈论上帝的适当方式,它就与符号相关。只有一种分类我不能将其归入,那就是情感。因为,音乐和诗歌,只是作者自己情感的一些例证,与真理没有多少关联,然而真理却是宗教的主要目标。当发现这第四类正是上述报告的作者专门选来包含宗教主题的时候,先生们,你们可以想见我的惊诧。"情感的培养,"他说,"包括高层次的阅读、诗歌和音乐,以及道德与宗教教育。"不是因为这位作者本身的缘故而提到他,因为我绝不希望伤害一位绅士的感情,他只是在努力而热情地完成他那些令大家关心的职责。但是,以他为例来说明他所属的那种广为传布的思想流派,我要问,还有什么能比这样一个明确的说法更清楚地证明以下这一点呢:从他的流派的观点看来,宗教不是知识,与知识毫无关联,它被排斥在大学的教学课程之外,不是由于政治或社会的障碍,而恰是由于它在大学里无事可做,因为它应被视作一种趣味、情感和见解,而不是别的任何东西?

作者自己明确地表述了这一点,因为在接下来的解释中,他说:"根据所提出的分类,宗教教育的本质理念存在于对情感的直接培养之中。"那么,当我们进行宗教教育时,我们所思考的问题,以及我们的目标,似乎就不是给予任何知识,而是尽可能满足不知不觉中在头脑里出现的对于未知者的渴望,是为头脑提供一种自我控制的方法,是使它牢记圣徒和贤人所创造的美丽理念,是用天国的虔敬的明亮色彩来装饰心智,是教给心智以虔诚信仰的诗篇、情感和谐的音乐,以及行善的愉悦。至于心智,只要道德的印象已经形成,对它的训练就只不过碰巧是不可避免的,这种不可避免只是由于人类心智的构造。然而,在训练的结果上,在从印象所引出的结论中,心智还是因个人的特质而彼此不同。

这些东西看来就是作者所要说的吧,但是要明了它的普遍意义,我们无须钻研其中更为微细的问题。如果把它视作(我想我们的确可以把它视作)当代哲学的一个样本,视作那些不自觉的不信者,或公开嘲笑宗教者所接受的那种哲学,那么下面的问题就可以得到充分的解释了,即当代哲学如何认可了建立一个普遍知识的体系,并教授有关植物、土壤、爬行动物、兽类,有关各种气体、地壳、大气的变化,有关太阳、月亮、星辰，有关人类及其活动，有关世界的历史，有关知觉、记忆和激情，有关职责，有关原因和结果，有关一切可想象得到的事物，但只有一件除外——那就是，有关创造了所有这一切的神明，有关上帝。我认为这样做的原因很简单，因为他们认为关于造物的知识是不可限制的，但是，关于造物主的存在、属性及其成就的知识，却是不可能存在，也不可能得到的。

6

然而，在此，可能会有人反对我说，这个例子肯定只是个极端，因为事实上，上述学派十分强调天地万象所提供的有关造物主存在及其属性的证据。举例来说，人们可能会提到某位在一个值得纪念的场合发表演讲的人说过的话。我承认，在伦敦大学奠基的时刻，一位博学之士，当时已升任达勒姆的新教领导人（他现在仍居此职），以下述祈祷文来开始那场仪式。当他向上帝祈祷时，正如官方的报告所说，"周围所有的听众均脱帽，肃立于庄严的沉默中"。"主啊，"他以所有在场者的名义说道，"你以一种如此令人惊叹的方式创造了宇宙的浩大结构，如此地安排了它的种种运动，如此地构造了它的种种产物，以至于对你伟业的冥想与研究，既磨炼了追求人类知识的头脑，又将人引向了神圣的真理。"这里显然有一种明确的认识，即宗教领域里存在某种类似真理的东西；而且，如果这段话独立成篇，如果这就是我们得以弄清这位要人所代表的那个强有力的团体的种种感情的唯一材料，那么就其本身而言，它是令人满意的。这一点我承认。此外我也承认，在所引用的这位天才人物的其他著作里，同样包含了对上帝存在及其某些属性的认识。而实际上，这位伟人多才多艺的天赋，始终如一地表现出来的时候，莫过于他献身于知识进步，包括科学和文学的知识进步的时候。在他"关于科学的目的、利益及乐趣"的演讲中，在分别阐述了他所谓"使人满足的种种研究"之后，他顺理成章地提到了"科学研究中最高的满足"，从而将整个论题推向了高峰。

他这样解释说:"这些科学研究提升我们,使我们能够理解造物主在他的所有作品中展现出来的无限智慧和仁慈。""在任何方向上每走一步,都不会不感受到非常明显的设计的迹象。"他继续道:"在每一个地方都很明显的是,在如此浩大的纷纭万象中,都采用了相应的技巧来促进有生命之造物的幸福,尤其是人类的幸福,以至于我们会毫不犹豫地得出结论说,如果知道上天的整个计划,那么每一部分都是和一个绝对仁慈的计划和谐一致的。然而,即使没有这个最使人愉悦的推断,能够用我们的眼睛,去注视大自然伟大建筑师的宏伟作品,去探索在其体系最精细的部分和最宏伟的部分中所展现的不受限制的力量和精湛的技艺,这其中的愉悦也是难以言述的。这一研究所引发的愉悦是恒久的,而且又是那样丰富多彩,永远不会使人倦怠。但是另一方面,它不同于感官上的低层次的满足:前者使我们的本性变得高尚而优雅,而后者却损害健康,贬低才智,败坏情感。这种研究教会我们把一切世俗的事物看做是无意义的,不值得我们注意的,而唯独看重知识追求和品德培养,而这两者正是在与社会相关的一切活动中恪守我们自己的职责;它赋予生活的乐趣以一种尊严和意义,这是轻浮浅薄与卑躬屈膝之辈所无法领会的。"

这就是这位混合教育①的杰出捍卫者的话。倘若逻辑推理正如它所应当的那样是真理的工具,那么毫无疑问,在承认从自然现象推断出神圣的存在及其属性的可能性的时候,这与我的意思是相符的,他已经与众不同地承认了宗教教义有某种真理的基础。

7

先生们,我希望能充分看待这些说法的重要性。这既是由于这个问题本身的严肃性,也是考虑到我所指责的那些人。但是,在确定我能领会他们的意思之前,我必须问一个唐突的问题。那些排除神学教

---

① 混合教育(Mixed Education)指的是纽曼时代英国天主教徒与非天主教徒一起接受高等教育的局面。——译注

育的大学的追随者告诉我,人类的科学可以引向对终极存在的信仰。尽管我不否认这一事实——作为一个天主教徒,我全心相信这个事实——但还是不得不发问:这一说法在他们口中是什么意思?这些发言者如何理解"上帝"一词的含义?如果我问道,它是否在争议的双方看来都具有同样的含义,那么或许会显得不那么冒犯。对于天主教徒,对于第一批新教徒,对于穆罕默德的信徒,对于所有的有神论者,这个词汇,就像我说过的那样,本身就包含了一种神学。在此我不惜提前说说在下一讲中有机会将强调的内容:根据一神论的学说,上帝是一个单一的、无所依赖的、全善的、不可改变的存在,他是有智慧的、活生生的、有人格的、临在的,又是全能的、全知的、全晓的。在他和他的造物之间有着无限的鸿沟。他没有任何本源,完全是自足的。他创造并支撑着整个宇宙;他或迟或早会根据他在我们心中写下的善恶的律法,来审判每一个人。他超越于,又操纵着,并且独立于他所创造的一切;他掌握着一切事物,在每个事件中都有一个目的,对每一个行为都有一个标准,从而在他自身与知识之书所展现的每一个特定学科的论题之间都有种种联系。他以一种值得敬慕的、永无止境的能量,影响着造物的全部历史、自然的构成、世界的历程、社会的起源、民族的命运,以及人类思维的活动。因此,他必然地成为一门学科的论题,远比世俗教育领域内的学科更加广泛,更加高尚。

　　这就是信仰上帝在一个天主教徒心目中所意指的学说;如果它意味着什么的话,它就意味着所有这一切,它不能不意味着所有这一切,不能不意味着远比这更多的东西。而且,即使在前三个世纪的宗教规条中没有任何东西贬低了教义的真理,即使那样,我仍然难以相信一个如此神秘、如此绝对的原则,能够成为对今天全心关注它的人进行教育的课程。相反,在一个类似我们今天的社会环境里,权威、规则、传统、习俗、道德天性和宗教影响都不值一钱,而思想的坚韧和观点的深度与一致性,被嘲笑为微不足道和学究气,随兴的讨论与难免失误的判断被赞扬为每一个人与生俱来的权利。在这种状态下,如果对这个时代的天主教信念做出反应的话,如果对那些对每个公认而未经详察的任何论断所产生的怀疑做出反应的话,那么我必须请求得到原谅。并非理所当然的是,我必须用明确的证据使自己确信,在这个时代精神中终极存在的含义就是天主教中终极存在的含义。不,为下面的说法找到根据将会使我的头脑如释重负,即,受这种时代精神影响的人们对上帝有真切的理解。我不会这么认为,但即使只有类似于真切理解的理念也好。

没有比使用"上帝"这个词同时又毫无所指更容易的事了。异教徒们常常说"上帝要",而他们实际上意指"命运";说"上帝的恩赐",而实际上意指"机会";说"上帝在行动",实际上意指"本能"或"感觉";说"上帝无所不在",实际上意指"自然之灵"。全能者①无限地不同于一个原则,一个行动的中心,一种特性,或对现象的一种概括。所以,如果你使用这个词仅仅意指这样一个存在——他维持着世界的有序,他活动于其中,但只是以普遍天意的方式活动,他影响着我们,但只是通过所谓的自然的法则,他更可能无所作为,而不是独立于这些法则而行动,他的确是可知的,可接近的,但是只能以那些法则作为媒介——那么,这样一个上帝对任何人来说都不难感知,也不难忍受。如果,举例来说,你想要彻底变革社会,那么,你就要彻底变革天堂,如果你将神权统治改为某种君主立宪制(在这种制度中,君主拥有足够的荣誉和礼仪,但是若不通过法定的形式和惯例,若没有内阁成员的副署,便连最普通的命令也不能发布),那么,对上帝的信仰就不过是一种对于种种现存的、可感知的力量和现象的承认,除了白痴以外没有人会否认这种信仰。如果终极存在之有力量或有技巧,只不过就像望远镜显示力量和显微镜显示技巧;如果他的道德律法仅仅为动物躯体的生理过程所感知;如果他的意志由人类事务直接的问题组成,如果他的本质不多不少如同宇宙一样高、深、广、长;如果这就是全部事实,那么我就要承认,不存在任何一门关于上帝的特殊学科,神学只不过是徒有其名,为它所进行的辩护只是一种伪善。那么,上帝就只不过等同于宇宙法则,就只不过是物质或精神世界中的每一个现象出现

---

① 指上帝。——译注

时,这种现象的功能,或相关物,或对它的主观反映和心理印象。那么,在经历着实验的演示和抽象的推理之时,对他的这种思考当然还是一种虔诚,但这种虔诚就只不过是一首思想的诗歌或语言的修饰,对于哲学或科学甚至连一点儿细枝末节的影响都没有,而充其量只是它们的寄生产物而已。

  假如那样的话,我就能明白:为什么神学不应要求特定的教学地位,因为其中没有什么东西会让人弄错;为什么它无力对抗科学的预言,因为它只是这些预言当中的一个;为什么它对异端邪说的谴责是很荒唐的,因为异端并不存在于事实与实验的领域。假如那样的话,我就能明白,宗教意识只是一种"情绪",对它的研究只是一种"使人满意的研究",因为它就像对于美丽的事物或崇高的事物的意识一样。于是,我就能理解,对宇宙的沉思如何"引致神圣的真理",因为神圣的真理不是与自然相分离的,而自然却带有神圣的闪光。于是,我就能理解对形下神学所显示出的热情,因为这种研究只是一种观察有形的自然的方式,一种对自然所持的观点,它是私人的、个体的,一个人有而另一个人无,有天赋的头脑可以想出,而其他人只是将其视为值得羡慕和充满创意的,一经采用,所有的事情都会变得更好。它只不过是关于自然的神学,就像谈论关于历史的哲学或传奇,或者关于童年的诗歌,或者美丽如画的,或者多愁善感的,或者幽默可笑的,或者任何其他抽象的性质一样,个人的天才与狂想,或时代的风尚,或对世界的认可,都可以在任何一系列供其思考的对象中发现这些东西。

8

  这样的宗教观念在我看来是远离一神论的,我并不把这些观念归咎于属于传播这些观念的学派的这个人或那个人。但是我所读到的那些东西——关于在科学研究中认识"大自然的建筑师"的"满足",关于所谓的"赋予生活的乐趣以一种尊严和意义"的满足,以及关于知识和我们的社会责任是唯一值得我们注意的世俗目标的教导,所有这些,我承认,先生们,令我十分恐惧,即使马尔特比①博士对上帝所说的话也不足以使我宽慰。宣称上帝不存在,以及暗示无法确定明晰地认识他,我不认为这二者之间有多大的区别。当我发现,宗教教育竟被当做对情感的陶冶,宗教信仰竟被视为心智附带的色彩或姿态,我虽然不情愿,也不得不回想起形而上学历史上令人不快的一页,即,诸如休谟②等哲学家所暗示的上帝与自然的关系。这位敏锐的,尽管是非常低劣的思想家,在他关于人类理解力的研究中,众所周知地介绍了伊壁鸠鲁③——那是一位信奉无神论的教师,他向雅典人高谈阔论,结果不是维护而是削弱了无神论观点。他的目的是要显示,既然无神论的观点不过是对理论的否认,是对现象和事实的一种精确表述,那么除非现象和事实是危险的,否则这种观点就谈不上危险。他让伊壁鸠鲁出来发言说,哲学的谬论从来都是代表某种超越自然、大于自然的事物,从自然的角度来进行论证;既然上帝,正如他所坚持的那样,只能通过可见的世界来认知,那么关于上帝的知识就完全可以视为关于这个世界的知识,它们之间没有区别,前者只是认识后者的一种模式。由之而来的结论是,假如我们承认(正如我们不得不承认的那样)自然和世界的现象的话,那么是否要进而假设所谓第二存在,就只是用词不同的问题了,这个第二存在是不可见的,但却是非物质的,它与自然平行而又重合,我们称之为上帝。休谟说:"既然神灵是存在的创造者或宇宙的秩序,因此他们拥有极为精确的力量、智慧和仁慈,这些在他们的技巧中都有所体现;除非我们求助于夸张和奉承来弥补争论与推理的不足,否则,就证明不了更进一步的事情。只要上帝属性的痕迹能在今天显现出来,就可以下结论说,那些属性是存在的。对于其他属性的推测只是假想而已;更多的假设是,在相当广的时间和空间跨度内,这些属性,以及更适合于这种假想的品德的统治的方式,已经有或将会有更为壮观的显现。"

---

① Edward Maltby(1770—1859),英国达勒姆的主教,他曾在伦敦大学学院建立时致祈祷辞,他是纽曼还是圣公会成员时的一个对手。
② David Hume(1711—1776),重要的苏格兰哲学家和历史学家。
③ Epicurus(公元前342—公元前270),古希腊哲学家。——译注

这是一个有理智的人,他会毫不迟疑地否定那些可能与终极存在相关的独特的科学或哲学的存在;因为关于上帝的每一件事,都是这一种或那一种,或者是物质的或精神的现象,它们早已分属于这种或那种不同的自然科学。对他来说,不要在大学教育中安排神学课程才是前后一致的。但是,对于那些不愿与他为伍的人来说,这怎么能是前后一致的呢?我很高兴地看到,我曾数次提到的那位作者是反对休谟观点的。在我所引用的他对于科学所作演讲的一句话中,他事实上下了这样一个结论,即,物质世界的现象不足以展现全部的神圣属性,他还提示说,这些属性需要一种补充的过程来完成并且协调它们的证据。但这个补充的过程不就是一门学科吗?如果是这样,为什么不承认它的存在呢?如果上帝不仅仅是自然,神学就有权在众学科中占有一席之地。但是,另一方面,如果你不对这么一些事情确定无疑,你自己怎么能区别于休谟或伊壁鸠鲁呢?

9

我的结尾正如我的开篇一样:宗教教义乃是知识。这是重要的真相,现今很少有人了解这一点。使我感到荣幸的所有听众,希望他们能够允许我请求他们记住这一点。我并不想高谈阔论,而只是想确定严肃的原则。宗教教义乃是知识,这和牛顿的学说之为知识完全一样。没有神学的大学教育,是不符合理性的。神学至少和天文学一样有权在大学里要求一席之地。

在下一讲中,我的目的是要说明,从得到认可的学科名单上漏掉神学,不但本身站不住脚,而且对其余的学科也是不公平的。

第三讲　神学与其他知识分支的关系

1

有这样一种心智很高的人,他们长期坚定而专注地献身于对世俗知识某一分支的研究与考查,他们的精神生活集中于并隐藏在其所选择的事业中,对不与其直接相关的事物不闻不问。当他们最终被迫意识到四周有一种必须倾听的呼声,呼吁重视那些他们不惯于放在知识体系内的学科诸如宗教,并且指责他们对此毫不关心,他们就会为这种打扰所激怒。他们称这种要求为专横,称提出要求的人为顽固不化者或狂热分子。他们很想说,唯一的希望就是能够自由自在。在他们自己看来,他们不想冒犯任何人,或者打扰任何人,只是坚持着自己特定的道路,从未说过一句话反对任何人的宗教,而不管他是谁,也从未打算这样做。我们不能因此而下结论,说他们否定一位神的存在,因为当话题完全不相干时,没有人发现他们在谈论这件事。总的意思就是,世上除了终极存在以外还有其他的存在物,他们的事业就与这些存在物相关。归根结底,造物不是造物主,世俗的事物也并非宗教的事物。神学和人类学科是两码事,而非一体,它们有各自的领域,可能会彼此毗邻或同源而生,但并不相同。当我们沉浸于世俗中时,就想不到天堂;当冥想天堂时,我们就想不到世俗。不同的主题需要区别对待。就像劳动的分工一样,思想的分工是达至有效的应用的唯一途径。"让我们走自己的路吧,"他们说,"你们走你们的。我们无须假装能够教授神学课,你们也无权对科学发表意见。"

带着这种想法,他们力图在那些要求在科学院校中自由引入神学的对手,与意欲将其通通排斥的他们自身之间,找到一种折中的办法。那就是:神学应继续在公立学校中受到排斥,但在私立学校中应该得到承认,只要那里有足够多的人对其心怀向往。他们似乎在说,那些向往神学的人如果是出于自己的意愿,就由他们去吧,这样他们就不会用他们所持有的那些见解来干扰一个综合的、对所有人而言都可接受并且有益的教育系统。

对那种在大学讲堂里教授世俗知识,而将宗教知识打发给教区教士、教义问答手册和私人客厅的做法,我现在就要尝试着给予合理的回应。在这样做的时候,如果主题使我不得不采取一种冗繁而谨慎的思考方式,从而使听众们感到乏味,那么,先生们,请你们一定原谅:我现在就这样来开始。

2

真理是任何类型知识①的目标。当询问真理意味着什么的时候,我想应该回答,真理意味着各种事实以及这些事实之间的关系;真理与它所意味之物的关系就像逻辑上的主词和谓词一样。在由人类心智进行思考时,所有存在着的一切构成了一个大的体系或事实复合体,而这个体系又可分解为无数具体的事实,作为一个整体的各个组成部分,它们彼此之间又会有各种各样无穷的关系。知识就是对这些事实的领悟,或是在它们自身之中,或是在它们的相互位置和关联之中来领悟。并且,由于所有这些合在一起形成了思想的一个完整主题,所以在各部分之间不存在任何天然的或真正的界线,一个部分会渗透到另一个部分之中。所有这些,就像我们的心智所观察到的那

---

① "真理"原文即 truth,也可译为"真相";"知识"原文为 knowledge,也可以译为"认识"或"认知"。——译注

样,都结合在一起,都有着彼此关联的特性,上至神圣本质的内在神秘,下至我们自己的感官和意识,从万物之主最庄严的神意,到一时的偶然事件,从最荣耀的天使到邪恶之徒,再到最低等的爬行动物,都是如此。

请注意,人类心智纵然使出全副本领,面对这样广博的事实,仍不能窥其全貌,或是立即领悟,这没有什么可奇怪的。这就像个近视的读者,他的眼睛仔细注视着这卷在他面前打开、供其阅读的令人生畏的书,缓慢地移动着。抑或,正如对付那种由多部分、多侧面组成的庞大结构一样,我们的心智环绕着它四面端详,按照可能最好的做法,先记录下一点东西,然后再记录下另一点东西,并且从不同的角度去认识它。就这样,一步步地接近对整体的把握。就这样,心智逐步地螺旋式上升,并掌握了对于它所诞生于其中的这个宇宙的知识。

心智借助于这些各种各样的局部观点或抽象的概念来寻求自己的目标,这些观点或抽象概念被称为学科,它们各自包含了知识领域或大或小的部分。有时扩展得广袤,但是肤浅;有时精确地对待各种特殊的部分;有时几个一起从事于一个完全相同的领域;有时共用一个部分;有时在彼此分离的过程中,延伸到这个侧面或那个侧面。因此,光学以所有可见的物体,仅就其可见而言,作为它研究的主题;精神哲学的范围要狭窄一些,却更为丰富;普通天文学和天体物理学都有同样的研究对象,但却以不同的方式来看待或处理这种研究对象;最后,地貌学和比较解剖学的研究对象有相同的部分,也有不同的部分。① 现在,这些观点或学科,作为抽象概念,更多地与事物之间的关系相关,而不是与事物本身相关。它们通过仅仅,或只是在原则上告诉我们事物之间的关系,或是将述语或性质归于研究主体,来告诉我们事物是什么。因此,它们从来不告诉我们关于一件事物所可谈论的一切,即使它们说出了某些东西,它们也不像我们的感官那样,把一件事物完整地带到人们的面前。它们整理事实并对事实进行分类,它们在一条普遍的法则下化约种种分离的现象,它们把种种结果归诸一个

---

① 原文如此。——译注

原因。这样,它们就有助于将知识由记忆的保存,转变为更确切、更持久的基本原理的保护,从而为知识的传播和进步都创造了条件:就学科是知识的形式而言,它们使心智能够掌握它并使其增长。并且,就它们是知识的工具而言,它们使知识易于传递给他人。然而归根结底,是按照劳动分工的原则进行的,即使这一分工是抽象的,不是真的分裂成几个部分。并且,在考虑这个问题时,正如一个马鞍匠或一个肩章的制造工并不具备任何关于战术或战略的学科的概念,因此同样的,不是每个学科都能等同,也不是单独一个学科就能完全地在对事物本身的认识上对人的心智有所启发,或是使心智清楚地认识到它所希望注视的外在的目标。因此,各门学科在重要性上彼此不同,并且根据重要性的不同,其影响也有所不同,不仅在对它们所指向或促成的知识整体的影响上,而且在对相互之间的影响上,彼此也是不同的。

因此,诸学科就是关于单一而同一的对象的心智进程的结果,以及从这一对象的不同侧面来看待它的结果。就它们本身而言,都是真实的结果,然而同时又是分离的、局部的结果。由此可见,一方面,它们需要外在的帮助,一个需要另一个的帮助,这是由于它们自身的不完全性;另一方面,它们又能够相互提供帮助,这是因为,首先,它们自身具有独立性,其次,在对象上彼此有联系。综合观之,它们在人类心智所能达到的程度上,近似地接近于对客观真理的一种表述或主观的反映,而这种心智接近于精确领会那一目标的程度,与它所掌握的学科数量是相应的。并且当某些学科缺失时,心智只会产生一种不完全的理解,其不完全的程度,也和所缺失的学科的价值以及它们在这一领域的重要性成正比。

3

举例来说,将人自身作为思考的对象,那么会立刻发现,我们能够从许多种不同的关系来认识他。与那些关系相对应,就会有以他为对象的不同学科,相应于对这些学科的熟悉程度,就会有我们对关于他的真实知识的把握。我们可以从不同的关系来认识他,比如从他身体的物质元素,或从他的心理构造,或从他的家务和家庭,或从他所属的社会团体,或从创造了他的最高存在出发来看待他。这样一来,我们就是分别以生理学家、心理学家、经济学家、政治学家或神学家的身份来看待他。当通过所有这些关系看待他时,或是将他同时作为我所提到的所有学科的研究对象时,那么就可以说,达到或者是进入以人作为一个对象或外在事实的理念中,这很类似于眼睛获取一个人外在的形态的情况。另一方面,由于我们只是生理学家、政治学家或道德学家,因此,关于人的理念或多或少地总是不真实的。我们并未从整体来认识他,这一缺陷的大小,是和所缺失的关系的重要程度成比例的,无论是他和上帝的关系,他和君主的关系,他和子女的关系,或他和他自身的组成部分的关系。如果有这样一种关系,我们除了知道它存在以外对它一无所知,那么对人的认识,显然对意识而言,就是有缺陷的、不全面的,而且我再重复一次,这种缺陷和不全面性是和这一关系的重要性成正比的。

因此,一般而言,各门学科都不能被视为事物本身的简单代表,或告知事物本身所有情况的东西。这一点对普遍的学科而言都是真实的,我们却往往认为它只适用于纯数学,尽管它对纯数学尤为适用。我们习惯于并且确实认为,纯数学的种种结论经过综合后是实用的、正确的、合适的,但是解剖学、化学、动力学和其他学科的种种结论则也是要靠相互之间来校正和补充的。那样几个结论并不代表完整而独立存在的事物,而只是代表一些观点,就这些结论能够起作用而言,它们是真实的。为了弄清它们在多大程度上起作用,也就是说,它们在多大程度上与它们所涉及的对象相一致,应该将它们与从其他学科中得出的观点加以比较。如果遵照力学的抽象理论,就应该给予抛体一个更广大的距离范围,远比事实上空气阻力所能允许的范围要大。然而,如果将阻力作为科学研究的主题,那么会有一门新的学科,它将有助于,并且会在一定程度上完善关于抛体的科学,并且有利于一些实际问题。另一方面,抛体科学自身,从其关涉到它所考虑的力这个角度来看,即便有这种补充的研究,也同样是不完善的。类似地,若要谈到诸学科的总体范围,一个学科可以出于事实的目的而校正另一个学科,而一个学科若离开另一个学科,也不能成为系统而正确的原理,它只能依据假设和其自身的抽象原则才能如此。比如说,如果牛顿的学说不应只是一种抽象理论或假说的话,那么,它就需要承认某些形而上学的前提。例如,昨天发生的事明天还会发生,确实有物质之类的东西存在,我们的感官确实可靠,存在一种归纳的逻辑,如此等等。现在,形而上学家们姑且承认了牛顿的所有问题。但是,如果是这样的话,对于另一个提出其他问题的人,他们就不再可能做出同样的核准,那么,这个人所有关于物理科学的十分符合逻辑的结论都会无人问津,尽管已经完成,但却永远无法进入事实的领域。

同样,如果除去重力作用的理论,我对物体运动一无所知,如果只是热衷于那个理论,以至于只有用它来度量地下天上的所有运动,那么当然可以得出许多正确的结论,当然会说对许多重要的事实,弄清许多现存的关系,纠正许多普遍的错误;我会得意洋洋地轻视并嘲笑那些陈旧的观点,如轻物上升而重物下沉之类;但是,我也会带着同样的信心去否定虹吸现象。在虹吸问题上我就会犯下错误,但这只是因为我采纳自己的这一门学科而轻视其他的学科。类似地,如果只是致力于研究物体之间外在的作用,我就会嘲笑化学上亲和与化合的观念,把它斥为莫名其妙。如果我只是个化学家,又会否认心理对于身体健康的影响,如此等等。献身于某一学科或某一类学科,而排斥其他的学科的人都会犯这样的错误。他们必然会成为既顽固又轻率的人,一方面,蔑视任何不属于他自己事业的原则和既定事实;另一方面,又想在没有其他领域帮助的情况下影响每一件事。因此,在从前,化学被药物学替代,而且,政治经济学、心智启蒙或经文阅读,均被推崇为对抗邪恶、狠毒与苦难的万灵药方。

4

综上所述,先生们,我们可以得出这样的结论:所有的知识形成了一个整体，因为它的研究对象是同一的。因为宇宙在其广度与深度上是如此紧密地交织在一起，以至于我们无法将一个部分同另一个部分、一个活动同另一个活动截然区分开来，除非借助心智的抽象作用。另外，对于宇宙的创造者而言，尽管他的存在与宇宙万象当然有着无限的区别，而且神学中有着与人类知识不相干的领域，然而他却使他自身和宇宙如此紧密地联系在一起，通过他在宇宙中的存在，他对宇宙的安排，他给予宇宙的印记，以及他通过宇宙发生的影响，他把宇宙纳入自己的胸怀，以至于我们只有通过冥想他的某些主要方面，才能够真实或全面地认识到宇宙。其次，诸学科是心智抽象的结果，正如我所提到过的，它们都是知识的整个研究对象的这一个或那一个方面的合乎逻辑的记录。它们都属于诸客体组成的同一个范畴，因而全部都结合在一起。它们仅仅涉及事物的各个方面，因此，尽管在各自的理念中对于各自的目标而言都是完满的，但它们在自身与事物的关系上又各自是不完全的。由于这两个理由，它们都会既相互需要又相互帮助。进而言之，对不同学科之间相互联系的理解，对彼此的作用，所有学科之间相互的定位、限制、调整，以及适当的评价，我想，这些都应属于一门与众不同的学科，这门学科在某种意义上可称为学科中的学科，在哲学一词的真正含义上，它就是我心中关于哲学的概念，它就是我关于哲学思考习惯的概念，在以下这些演讲中我将用这个名称来称呼这一学科。这就是我在一般的知识和哲学知识方面不得不说的内容。现在就来把这些内容运用于具体的学科，正是具体的学科引导我得出了这些结论。

因此我认为，对学科体系中任何一门学科的忽略，都会损害知识在总体上的精确性和完整性，这种损害与该学科的重要性成正比。尽管神学本身是自上而下产生的，尽管它的真理是从最初就一劳永逸地赐予我们的，尽管这些真理因其给予者[①]而比数学的真理更加确定，但是，就神学与我们有关联，或作为一门关于宗教的学科而言，我还是不能将它从每一种心智实践都无法逃脱的那种法则中排除掉，也就是

---

① 指上帝。——译注

说，神学也是不完美的。这种不完美性必然伴随着想要决定具体事物的任何抽象事物。我也不会仅仅谈论自然宗教，因为即使是天主教会的学说，其某个特定的方面，即它的宗教学说，也确定无疑地受到其他各个学科的种种影响。它对教义的解释并不坚持在术语系统中引入亚里士多德的哲学，而是受到了教会行动和事件的影响，对预言的释义直接受到了历史问题的影响，对经文的注释受到了天文学家和地质学家结论的影响。而它在决疑方面的种种选择①则受到了各种经验的影响，如政治的、社会的、心理的，而这些方面的经验是在每个时代和每个地域都会产生的。

神学给予了什么，它也有权利得到什么；或者毋宁说，是真理的利益要求它得到这种权利。如果我们不要被梦境迷惑，如果要弄清事实的本来面目，那么，假使神学是一门真正的学科，就不能在排斥它的同时，仍然称自己为哲学家。对于宗教真理不同寻常的尊严，我至今还未发一词。我只是说，如果宗教真理存在的话，那么，无视它就必然会损害每一种真理，损害物理上的、形而上的、历史上的和道德上的真理。因为宗教真理关涉到所有这些真理。因此，这样我就回答了我这次演讲开篇时提到的反对意见。我假设这个问题是由今天的一位哲学家向我提出来的："为什么你们不能走你们自己的路，并让我们也走我们的路？"而我则要以宗教学科的名义回答他说："既然牛顿可以与形而上学家合作，那么，你们也可以与我们合作。"在此暂时就说这么多。往下，我要为神学争取更多一点东西，要把它与各种知识分支相并列，把这些知识分支与它相比较。这是一件更郑重其事的事情。

5

现在让我们来看一看，对待一个如此重要的学科的这种傲慢态度（如果上帝存在的话，这个学科必然是重要的），在某种与此类似的情

---

① 原文为 casuistical decisions。"决疑"（casuistical）、"决疑术"（casuistry）为天主教的专门术语，指碰到教义难解时的解决办法。——译注

况下是如何起作用的。那位伟大的古代哲学家,当他要列举世上发生的事物的起因时,在谈到他认为是形下的、物质的事物后,又补充说:"此外还有心智,还有因人而产生的一切事物。"当然,如果他把自己专一的注意力集中在某一种类的发生原则上,并将任何地方所发生的每一件事物都归因于这些原则,那么,当他为他周围的事物分别追根溯源的时候,那就会是一个十分荒谬的方法。如果下结论说地球表面的每一件事物都能用物质的科学加以解释,而不需要关于精神动因的假设,那么,这确实辜负了一个像亚里士多德这样充满了好奇心,这样洞察敏锐、思想丰富、富于分析能力的天才。令人难以置信的是,在对自然结果的研究中,他竟然会忽视这样一种最有影响的存在即人,竟然会忘记知识像无情的自然力与元素的运动一样,也是力量。而且,鉴于道德和精神动因属于另外一个比物质事物更高的秩序等级,问题就更加严重了。这样一来,所说的这种缺失就不仅仅只是就细节方面而言的疏忽,而是一种哲学上的谬误,一种领域划分上的失误。

然而,在我们生活的时代,科学和文学的事业极少受到这位令人尊敬的权威的作为或可能的作为的影响。所以,我们可以设想,在英格兰或者爱尔兰,在 19 世纪中叶,一批知名人士可以聚集在一起,撇开亚里士多德,以便采纳一种他们认为是时代的环境迫切需要的行动方针。我们可以设想一个难题正困扰着有关学科话题的阐释与讨论,这是出于社会中人数众多的阶层——教士和平信徒,对于必要性、责任、道德标准和美德的性质等话题的极端敏感性。派别争论是如此激烈,以至于避免在为问题的某一方面辩护时争吵不休的唯一方法,在我所推测的那些人看来,就是将人类学的研究主题通通禁绝。事情就是这么办的。从今以后,在教育的一般课程中,人会失去他应有的位置。道德和精神诸学科将失去教授席位,对它们的讨论将沦为一种私下的判断,每一个人都可以按照自己的意愿来处理这类问题。我只能想象,这样一种禁绝抽象地说是可能的。但有一件事我想象不出任何可能性,那就是,上述的那些派别,在采取了这种彻底的排斥举动之后,竟然能够在这种排斥的基础之上筹划出版一部百科全书,或建立一所国立大学。①

然而,先生们,为了明白我要提出的解说,想象一下不可能存在的事是很有必要的。我的意思是,我们不妨想象自己正计划去组织一种科学教学的系统,在其中,人在物质世界中的作用既不可能得到应得的承认,又可能未得到正当的否认。在那里,人们仅仅讨论物理原因和机械原因,而意志是遭到禁绝的话题。所提出来的一份计划书列有学科名单,包含了诸如天文学、光学、流体力学、伏打电学、气体力学、统计学、动力学、理论数学、地质学、植物学、生理学和解剖学等,但却只字不提心智及其力量,仅仅是在解释这种缺失时才提到这些字眼。这种解释实际上不过是说,与此有关的各派人士对这个问题进行了长时间焦虑的思考,并且不得不得出结论说,在大学课程的清单中列入关于心智的哲学完全是不切实际的。尽管如此,可以减轻他们不安之心的是这样一种想法,即,家庭的情感和优雅的举止在下列条件下才能得到最好的培养:在家庭圈子里,在良好的社会中,在对联结父母与子女的神圣纽带的维系中,在与公民相关的权利和义务中,在无私的忠诚和开明的爱国主义的实践中。他们就用这样一种辩护理由,将对人类心智及其力量和成就的考虑,在"庄严的沉默"中,从大学教育的方案中抹杀了。

假使这个计划变成了大学章程,然后任命教授,开始上课,通过考试,授予学位,那么,在这样一种缺失了心智构成要素的氛围中形成的那些观点,还有什么精确性和可靠性可言呢?还有什么哲学上的广博性可言呢?那么,对于这样一些偏向于显然是片面不实之物的哲学家的最准确、最完善的成果,其他的国家以及未来的时代又会做出什么样的评价呢?在这里,教授们庄严地讲授着医学、历史或政治经济学,他们非但根本无须承认,反而可以随意嘲笑心智对于物质的作用,心智对于心智的作用,或者人类相互之间的正义以及仁爱的要求。起先,常识和公众舆论的确对这样一种狭隘的章程有所制约。然而,随

---

① 这里的意思是说,缺少了道德和精神学科,百科全书的内容就不会全面,而大学的课程设置也不会全面。——译注

着时光的流逝,这样一个起初不过是权宜之计的缺失,就自视为理所当然的了。最终会出现这样一位教授,他比同行们更加僵化(尽管如此,他自己坚持说,他依然对家庭情感和优雅的举止抱有真诚的敬意),他会站出来全盘否定心理学,宣称心智在可见世界的影响是一种迷信,并且仅仅依靠物理原因的作用来解释世界上的每一件事情。迄今为止,心智和意志被认为是真实的力量,肌肉的动作和它们的运动是科学词语所不能表述的,一块石头从手中抛出的力量和肌肉的推动力都存在于意志之中。但是后来又出现了一场剧烈的变革,或至少是哲学上一种新的理论,然后,我们的这位教授,在向人类的心智表示了最高的敬意之后,就来把人类心智的独立活动限制在思辨的范围之内了。并且,他还否认,在物质世界中,人类心智可以是一种运动的原则,或者能够作为一种特殊的干预力量而发挥作用。他将人类的每一个工作,每一个外在的活动,都归因于物理世界内在的力量或灵魂的作用。他认为,精神的作用是如此神秘和不可理解,它们的规则是如此的不确定,它们的运作是如此的模糊,因而不能为经验所感知,以至于一个明智的人应该对它们保持缄默。它们属于一种不同的因果秩序,他把它们留给了以研究它们为业的人,而将自己限定在对实在的、确定的事物的研究上。人类的开拓、人类的谋略、人类的行为和人类的成果,所有这些都被归入经院的术语,如"天才"和"艺术",以及形上学的观念,如"义务""权利"和"英雄主义"等,而他的职责,只是将这些东西归入其在物理因果关系的永恒体系中来考虑。最后,他就会着手说明,物质文明的全部构造是如何来源于自然元素和自然规则的结构性力量的。他畅谈宫殿、城堡、庙宇、交易所、桥梁和公路,并指出,如果不靠着重力法则和各部分之间的凝聚力,那么,它们永远不可能发展成它们所呈现给我们的那种宏伟规模;如果重心不是落在基础范围之内的话,那么,所有的立柱都会坍塌,越高就坍塌得越快;如果不是靠着关于拱顶的可喜的原理,那么,令人称羡的帕拉迪奥①或克里斯托弗爵士的拱顶就会倒塌。他通观一个私人家庭一整天安排的种

---

① Andrea Palladio(1518—1580),很有影响的意大利建筑家。

种复杂情节：我们的衣着、家具、餐桌等，然后问道，如果不是靠着物质自然的种种法则，它们以后会怎么样呢？那些法则是我们的地毯、家具、游历以及社会交往的原因。细密的针脚有一种自然的力量去合拢分离的布料，而这种力量是与所用材料的韧性成正比的。沙发和椅子不能倒立起来，即使它们想要这样做，而热量能够用一种方式通过水起作用，又用另一种方式通过油起作用，来使动物的肉变软，这就是最讲究的烹饪艺术的全部秘密，等等。还是就此打住吧，我若继续举例就会显得冗长了。

6

现在，先生们，请理解，这种论证在这里是如何运用的。我并不是在假定说神学和心理学的原则是一样的，也并不是在从人类的工作推论到上帝的工作：帕雷①曾这样做过，而休谟则坚决反对。我现在并不是在运用设计论论证②来证明上帝的存在和属性，也不是在证明有关终极存在的任何事情。恰恰相反，我先假定了他的存在，要说的只是：任何人（并非只是大学教授），如果他在物理学的讲授中压抑了意志这一概念，如果他不认为意志是理所当然存在的，那么对于他所讨论的事情，他也许能够避免一种片面的、彻底错误的观点。无论是他自己的定义、原理、规则还是抽象的论述都不会有错，但是他的错误在于，将自己的研究视为世界上所发生的一切事情的关键，以及对人类学③整个的忽视。依我所见，不真实的不是他自己的学科，而是他所谓的知识。他是在通过理论来决定事实。在我们眼前展开的大千世界，是物质的，但它又不仅仅是物质的。并且，在把这个世界的实际体系等

---

① William Paley(1743—1805)，得到广泛阅读的英国自然神学作家，也是为奇迹证明进行论证的宗教哲学家。
② 宗教哲学中论证上帝存在的方法之一，其特点是从自然事物或宇宙整体的结构之精巧或合乎理性来证明一个有理性的设计者即上帝之存在。——译注
③ 纽曼所说的人类学(anthropology)，其意义比今天的人类学广泛得多，意指一切研究人类心理或精神的学科。——译注

同于根据一个特定方面而形成的科学分析的时候，我所设想的那位教授就会显露出一种哲学深度的缺乏，和对大学教育之要义的忽视。他不再是一位教授博雅知识的教师，而只是一个心胸狭隘的顽固派。如果他的学说自称只是以一种假说或局部真相为基础的结论，那么它们是无可否认的。但是，如果它们自称是他能够掌握的各种事实所产生的结果，那么事情就不一样了。假设人的手臂的运动有一个简单的物质起因(事情也确实如此)，那么，当手臂的位置改变时，当然可以就推动手臂像推动花园里的稻草人一样的各种外在力量进行争论。但是，当问题只与事实有关，而并非与一个假设前提的逻辑结果相关时，宣称这个动因是物质性的，就只是在一种情况下的一种假设。此外，与此相类似的是，如果有一个人在祷告，然后出乎所有人的预料，风向就变了，雨也停了，太阳也出来普照了，所收的庄稼可以安全地贮藏起来了，那么，我们的这位教授，如果他愿意的话，就会去研究晴雨表，谈论大气，把所发生的事都归结为一个反应方程式。这很聪明，但却不尽真实。然而，如果他进一步将事实的现象简单地归结于自然的起因，而排斥一位神明，并宣称这个假定的情况实际上属于他自己的学科，因为其他类似的情况也属于他的学科，那么，我们就必须告诉他，请勿越俎代庖(*Ne Sutor ultra crepidam*)。他实际上是在用他那特定的专业技术去僭越、去囊括整个宇宙。这就是我的例证的要旨。如果说，造物在运动中设置了无数物质的因果关系，那么，造物主则设置得更多。而且，正如我们把意志排除出我们观念的范围就等于是否认了灵魂，同样的，我们无视神圣的动因，事实上也等于是否认了上帝。不止于此，假设人能够不顾自然的规律按照自己的意愿行事，那么，否认这个伟大的真理(尽管只是一个真理)，就是使整个知识的百科全书变得支离破碎。同样的，假设上帝能够在他所创造的这个世界里按照他自己的意愿行事，而我们却否认或者忽略这一点，那么，就是把普遍知识的全部体系推向了一种类似的，甚至更糟的混乱之中。

之所以更加糟糕，是因为上帝的观念无限地高于人的观念，如果上帝存在，人类也存在的话。假设人的作用存在的话，那么，将人的作用一笔勾销就是毁损知识之书;假设上帝的作用也存在的话,那么将上帝的作用一笔勾销那又会是什么呢?迄今为止,我一直在致力于说明,所有的学科对我们来说都是一个,它们都关系到同一个不可分割的主题,它们每一个各自都或多或少是一种抽象观念,作为假说它们全部都是真实的,但就具体事物来讲就并非全部可靠,它们切近于各种关系而非切近于事实,切近于各种原理而非切近于动因,它们需要姐妹学科的支持和保证,而在它们彼此获益的同时也反过来彼此给予。由此而来的结论就是,如果我们想要得到尽量接近事物真相的最精确的知识,我们就不能忽略这些学科中的任何一个,而且这种忽略的重要程度,与每一学科所覆盖的领域,与它所探究的深度,以及它所属的秩序等级成正比。因为它的缺失是一种影响力的事实上的丧失,这种影响力对其他学科的校正和完善能够发挥重大的作用。这只是一个一般性的陈述,但是现在具体到神学上来,假设上帝是存在的(这一点不应由我着手来证明),那么,在事实上,它的权利是什么?它的重要性何在?它对于知识的其他分支的影响又是什么?它有众多的维度,还是简单明了?对它的遗漏是无关痛痒的,还是会破坏整个知识体系的平衡?这些就是我要继续探究的问题。

7

那么,什么是神学呢?首先,我要告诉你们神学不是什么。在这里,第一(尽管我当然是作为一个天主教徒来谈论这个问题),请大家注意,严格地说,我虽然认为我是神学的拥护者,但我并不在此假定天主教一定是正确的。迄今为止,我尚未正式地讨论过天主教,出于后面将要谈到的一些理由,我也没有把我现在使用的任何原则归之于它,尽管我当然会使用天主教的语言。第二,我也不会落入时下的风尚,把自然神学和形下神学混为一谈。这种观点认为,如果作为一门学科的话,形下神学是最不成熟的研究,它其实根本不是一门学科,因为它通常不过是一系列从宗教角度对物质世界所作的虔敬的或者论战性的评论;而在另一方面,"自然"一词却恰当地包含了人和社会,以及囊括于其中的一切,就像伟大的新教作家巴特勒博士①给我们展示的那样。第三,我使用神学这个词也并不意指任何一种神学论证法,比如所谓"宗教的证据",或"基督教的证据"之类,因为,即使这些东西构成了对神学进行补充的一门学问,而且就它们自身而言也是必要的,但它们依然不是神学本身,就像军队并不是国家的同义词一样。第四,我使用神学这个词也并不意指所谓的"基督教""我们共同的基督教",或"作为这个国家法则的基督教"之类含糊不清的东西,哪怕有任何人能够说明它是些什么也罢。我放弃它,恰恰是因为它不能形成一个命题。最后,我使用神学这个词也并不表示对《圣经》的熟悉。因为,尽管有宗教感情的人阅读《圣经》不会没有发现自己的宗教感情被唤起,而且还会得到关于历史的许多知识,然而历史知识和宗教情感并不是学问。我使用神学这个词所指的不是这些东西当中的任何一个,而只是指关于上帝的学问,或者是我们所知道的关于上帝的成体系的真理。就像关于星星的学问,我们把它叫做天文学,或关于地表的知识,我们称它为地质学一样。

有一点很重要。我的意思是,举个例子来说,就像人的身躯里有一个活生生的本源,它通过意志作用于身体,并通过身体发挥作用。同样的,在可见世界的帷幕之后,有一个不可见的、有智慧的存在,当他有意愿的时候,就作用于这个世界,并通过这个世界发挥作用。此外,我的意思还在于,这个不可见的行为者绝不是这个世界的一个灵魂(按照同人性的类比来说),恰恰相反,他绝对不同于这个世界,他是这个世界的创造者、维系者、统治者,是至高无上的主。在此,我们立即进入了一个由上帝的观念所体现的教义的范畴。谈到终极存在,我指的是那个自我依存的唯一者,那个唯一如此的存在。而且,他是没有开端或终结的,他是唯一的永恒者。因此他凭着自身而是永生的。因此,他也是全能的,可以满足他自己的以及所有受到福佑的和曾受

---

① Joseph Butler(1692—1752),英国主教、神学家以及伦理哲学家。

到福佑的一切的福祉。此外,我指的还是这样一个拥有所有这些特权的存在:他有着至高的善,他就是至高的善,或者说在无限的强度里有着善的各种属性;他具备所有的智慧、所有的真理、所有的公正、所有的爱、所有的神圣、所有的美丽;他是全能的、全知的、无所不在的;他是不可言说的、绝对完美的;他是这样一个我们既不知道甚至也无法想象的存在,他远比我们所做并且能做的一切更为壮观。我指的是那个掌控他自身意愿和行动的唯一者(上帝),当然,他总是根据那个永恒的善恶的法则行事,而那个法则即是他自身。此外,我指的还是他从虚无中创造了一切事物,并且每时每刻都维持着它们,而且能像创造它们那样十分容易地毁灭它们。因此,他与它们有着不可逾越的鸿沟,并且在其所有属性中是无法沟通的。进而言之,他在创造所有事物的那一时刻就给它们印下了它们各自的本性,并且在它们被指定的位置上,给它们安排了工作和使命,以及或长或短的生命长度。我还意指,他总是和他的作品在一起,一个挨着一个,用他特殊的和最仁慈的意旨面对他所创造的每一件事物,并且根据每个事物的需要向它们显现。他使理性的动物铭记道德的法则,并给予它们服从这一法则的力量,将崇拜的职责和仪式加在他们身上,用他的全知的眼睛一遍遍检查、审视着它们,将现世的考验与来世的审判摆在它们面前。

这就是关于上帝神学所说的东西。正如其研究对象的观念本身(the very idea of its subject-matter)所预设的,这样一个教义就其整体来说是如此神秘,以至于完全超越于任何体系之上,而在那些具体的方面它又是完全外在于自然的,就一些部分来说,它还似乎是与自然无法调和的,是一种无法包含理性所决定内容的想象。它讲授了一个无限的存在,然而又是人格的;他是自足的,然而又是活动的;他与造物绝对分离,然而每时每刻都存在于造物的每个部分中;他在一切之上,又在一切之下。神学讲授了这样一个存在,他尽管是最高的存在,但在创造、保持、统治和惩罚的工作中,又似乎将自己变成了一切事物的管家和仆从;他尽管居住在永恒之中,却允许他自己对时空中的事物抱有兴趣和同情。上帝的存在就是所有的存在,包括可见的与不可见的,以及其中最高尚的与最低贱的。我们诞生于其中的这个有形的自然系统的实质、活动和结果,都属于他。心智精华的种种力量和成就也属于他,他赋予心智以一种独立的机能和创造的天赋。宇宙的法则,真理的原则,事物间的关系,它们的特质与美德,所有这一切的秩序与和谐,所有存在的一切,都来源于他。并且,我们之所以说邪恶并非来源于他(它肯定不来源于他),这是因为邪恶没有自身的实质,它只是那些有实质的事物的缺陷、过滥、败坏或堕落。我们所看见的、所听见的、所接触的一切,从遥远的星空,到海洋和陆地,到组成所有这些东西的元素,到所有这一切所遵循的规律,都是他的。物质的基本粒子,它们的特性,它们的相互作用,它们的布置和排列,电性、磁性、重力、光线以及其他任何为人类的智慧正在探索的,或将要探索的微妙的原理和作用,都出自他的创造。那些震动并改造了地表的运动,每一次都来源于他。最低微和最丑陋的虫豸也来源于他,并且,在它们自己的种类里也是美好的。那多产的、无穷无尽的微生物群落,那无数肉眼所不可见的有生命的微粒,那到处生长蔓延不息如同大地的衣装一般的植物,那伟岸的雪松,那成荫的芭蕉,全是他的创造。鸟群和兽群,它们那优美的形体、野性的姿态、高亢而富有感情的嘷鸣,都是他的杰作。

在心智、道德、社会和政治的世界里,情况也是这样。人类及其动机和成就,人的语言,人的繁衍,人的扩散,均为上帝所赐。农业、医学、生活的各门艺术,都是他的赠礼。社会、法律、政治,都经过他的核准。地上君王的豪华,只是那位永恒君王的外表和祝福。和平与文明,商业与探险,正义的战争,人道的和必要的征服,都拥有上帝的协助和祝福。种种事件的历程,各大帝国的变革,各个国家的兴衰,世界历史上的各个时期和时代,进步和倒退,这些并非司空见惯的偶然的罪恶,而是人类事务的重大概括和结局,它们都出于上帝的安排。道德世界的各种要素、各种类型、各种基本原则和各种建设性的力量,尽管遭到荒废,却仍然应归结于上帝。他"启发每一个走进这个世界的人"。道德感的命令,以及作为惩戒的良心的责备,都来源于他。心智的种种丰富多彩的天赋,天才的闪光,诗人的想象,政治家的精明,以及那些建立并装饰了庙宇,在箴言或寓言中显现出来的智慧(如《圣经》所称的智慧),都应该归因于上帝。各民族的古老格言,哲学的精彩训导,法律的光辉准则,个人智慧的精华,这个世界上的真理、正义和宗教的传统规则,即使它们已为堕落所侵蚀,已为骄傲所腐化,但都表现了上帝原初的作用和他长期苦难的存在。即使在那些对他有着习惯性的反叛,或有着深重广泛的社会堕落的地方,自然美德的潜流,或英雄式的爆发,心灵对其所缺乏之事物的渴慕,及对真正的补救办法的期待,也都应该归因于那个一切美善事物的创造者。对他的荣耀的期盼与回忆,总是萦绕在自满自足的圣贤以及异教的虔诚信徒的脑海中。他的著作写在高墙上,无论是在印度的神庙中,还是在希腊的门廊上。在各种各样的不信、迷信和虚假崇拜的问题上,他按照自己良好的意愿,在他选定的时节,亲自参与进来,他与这些活动同时出现,并且通过君临一切的作用,改变了这些活动的性质。他屈尊接受那些冒牌的圣坛和神龛,尽管他并未批准它们,并用他自己的法令代替了种种巫术。他在巴兰的咒语①中说话,在女巫的山洞里提升撒母耳的灵魂,②借西比路女巫之言预言弥赛亚的到来,③迫使普顿承认他的使者,④并借不信者之手施行洗礼。在对不公与暴政的指责中,他与异教的剧作家站在一边,他用神圣的预言报复了罪恶。即使是在通俗神话的不体面的传奇中,他也投下了他的影子,而我们在古代的颂歌与史诗中也能隐约辨识出他的影子,就像在浑浊的水中或者奇异的梦中一样。一切善良的、真实的、美丽的、有益的事物,不论是大的还是

---

① 巴兰是旧约《圣经》中的一位巫师。据载以色列人出埃及经过摩押地时,摩押王请巴兰去诅咒他们。巴兰在途中遇见上帝的使者,遂按上帝的旨意行事,不但未诅咒以色列人,反而为他们祝福。事见《民数记》22—23。——译注

② 撒母耳是古希伯来人的领袖之一,最后一位士师。他所立的以色列第一个国王扫罗因贪图财利而失去了他的信任,他遂按上帝的旨意立大卫为王。扫罗在他死后令女巫招来他的亡灵,但亡灵却再次宣告废黜扫罗的王位。——译注

③ 西比路是古希腊时期一些异教女巫的名称,《伪经》中的《西比路巫语》借希腊西比路巫语的形式预言过弥赛亚的到来。——译注

④ 普顿意为鬼魂附身的预言者,此处应指被巫鬼附身的使女称保罗等人为"至高神的仆人"的故事。事见《使徒行传》16:16—18。——译注

小的,是完整的还是零碎的,是自然的还是超自然的,是精神的还是物质的,都来源于他。

8

这就是适合于神学的种种教义的纲要(我已经尽力使其有一种实质上的精确),尤其是关于特殊神意的教义的纲要,它与人类的各门学科属于同一个层次,并且是它的一部分。如果是这样,我就完全无法理解,假设它是真实的,那么作为一门知识,它为什么不能对哲学、文学和任何心智的创造或发现发挥有力的影响。我也无法理解,我们怎么可能,就像常言所说的,无视它是真还是假这个问题。它给我们带来了人类心智可以胜任的关于最高真理的事业和建议,它包含了一系列最为丰富多样和相互距离最远的主题。哪一个学科不会发现,在自己所属的领域内,有这一个部分或那一个部分同它有所交叉呢?哲学思辨的哪些结果可以是毫无问题的呢?如果哲学思辨在获得这些结果时没有探究一下神学会对它们有怎样的看法的话。它对于历史学没有任何启发作用吗?它与伦理学的原则没有任何影响吗?它与物理学、形而上学和政治科学都没有任何形式的关联吗?我们怎么能将它排斥在知识的领域之外,而同时又不承认,要么知识领域会因此而受到损害,要么神学的确不是一门学科呢?

如果考虑到,鉴于神学在理智结构上是如此的精确和前后一致,那么,这个两难的推论就更加不可避免了。当我谈论有神论或一神论时,我并不是在整合一些不相协调的教义。我并不是在依靠模棱两可的词语,将任何一种形式的信仰、观点和信条融合成一个不成样子的混合体,并用神学的名义抬高这个大杂烩。我所说的是,以其协调适当的组成部分展现开来,以可以理解的方法得到推进,在种种必要的和稳定的结果中表现出来的那个单一的观念。的确,它在某一时间和地点较在其他时间和地点能被更好地理解,人们在这里或那里对它的持守或多或少带有某种不一致性。但是,归根结底,在它存在的所有时间和地点,我所说的发展,所指的都不是一堆混乱的观念的发展,而只是那个单一观念的发展。

9

现在,为了这一论证本身,我要进入另一个重要的要点——我指的是它得到的广泛的接受。神学,正如我所描述的,不像某些体系那样是一些特定的个别心智的偶然产物,比如,预言解释(prophetical interpretation)的偶然产物。它不是一次危机的突然的产物,像路德宗的理论或卫斯理宗的理论那样。它不是某些很快流行的哲学的辉煌发展,像笛卡尔①的哲学或柏拉图的哲学那样。它不是一种一时的风尚,像某些药物治疗被人们所认为的那样。从太古时起,它就在心智世界中占有一席之地,哪怕不是绝对地占有。它为各种各样的头脑所接受,为相互敌对的宗教体系所接受。乍看之下,它向我们提出了如此蛮横无理的要求,以至于它只会遭到拒绝,因为那些要求不过是强加于人的,就是说,只不过是虚假的。至于对我们自己的国家而言,它充满了我们的语言,它在每一次文学的转变中都与我们相逢,它是我们的所有著作中隐含的前提,是如此自明以至于不必清楚地说出来。而我们自己,若不是由于一种最不自然的顾虑,也不能不设定这样的前提。不论是谁,只要进行哲学思考,都会以这个观念为开端,只要愿意,都会引进这个观念,而不提出任何理由。培根、胡克②、泰勒③、卡德沃斯④、洛克、牛顿、克拉克⑤、贝克莱⑥和巴特勒等(要在英语作家中列举出更多的名字是很容易的,正如要列举出一些更伟大的名字来不容易一样),都对这一观念做过

---

① Rene Descartes(1596—1650),法国理性主义哲学家,解析几何的创立者。
② Richard Hooker(1554—1600),重要的安立甘宗作家,《论教会政治的法律》的作者。
③ Jeremy Taylor(1613—1667),安立甘宗虔诚主义作家。
④ Ralph Cudworth(1617—1688),与剑桥柏拉图主义有关系的哲学家。
⑤ Samuel Clarke(1675—1729),一位以牛顿物理学为基础的英语自然神学著作的作者。
⑥ George Berkeley(1685—1753),爱尔兰教会主教,重要的经验主义哲学家。

反复的强调和说明。那些在教义方面或在思想方面最受人反对的人,如阿迪森①和约翰逊,莎士比亚②和弥尔顿③,赫伯特爵士④和巴克斯特⑤,都预告了它的到来。它也不只是一种英国的或新教的观念。试看整个大陆,试看以往的时代,这个世界几时可以没有它的存在呢?作为一门学问,无神论或泛神论的体系,是否曾在各民族的文学中盛行,是否曾像一神论那样形成一种结构系统,达到了一种完满境界呢?我们在古希腊,甚至在古罗马,以及在犹太和东方都发现了这种观念。我们在通俗文学中,在哲学中,在诗歌中都发现了它,不论是在新教的英国,在分裂的俄国,在穆罕默德的信徒中,或是在天主教的教会里,它都成了一种积极的、确定的学说,它所呈现出来的面貌并没有什么不同。如果存在这样一种思想主题,它已经赢得了在大学研究中获得承认的权利,而且除非是为了占星术或者炼金术之类已被确证的骗术,就不应该遭到拒斥;如果什么地方有这样一门学科,它至少能够要求不受到忽视,而且应得到接纳,要么被明白地接受,要么被明白地拒绝,再或者,如果没有涉及对其真理的明确否认,就不能为普遍知识教学的计划所忽视,那么,那就是这样一门古老的、广泛传播的哲学。⑥

10

先生们,现在我就要结束这一篇有些枯燥的演讲了。我不需要多少话就能概括我的主张。我的意思是,如果作为大学教育内容的知识的各种分支是如此紧密地联系在一起的,以至于不能忽视其中任何一个,而又不伤害其余学科的完整性,而且,如果神学是知识的一个分

---

① Joseph Addison(1672—1719),英国诗人,辉格派散文家。
② William Shakespeare(1564—1616),英国文艺复兴时期主要的剧作家。
③ John Milton(1608—1674),英国清教徒作家、诗人,对18世纪诗歌产生深刻影响,主要著作有长诗《失乐园》《复乐园》及诗剧《力士参孙》。
④ Lord Herbert of Cherbury(1583—1648),英国哲学家,他的思想是自然神论的先驱。
⑤ Richard Baxter(1615—1691),英国内战前后均十分活跃的清教徒神学家。
⑥ 在此指作者在前面作过解释的神学。——译注

支,且又得到广泛的认同,具有合理的结构和不可言喻的重要性,以及最大的影响,那么,我们从这两个前提中又能得到别的什么结论呢?我们只能得出以下结论:在公共学校中取消神学教育将损害其中实际教授的所有内容的完整性,并减低它们的可靠性。

　　但是,我的确一直只是在维护自然神学。这是因为,我希望那些不是天主教徒的人与我同行,而且我始终坚信,如果一个人不能比他现在所梦想的更进一步,走得更远,他就不能真正开始全面地掌握并讲授有关智慧的造物主的教义。其次,我还要说,如果这样一门学问,即使仅就人类理性可以达到的程度而言,可以有权要求讲授普遍知识的教授考虑,并且以不同的方式成为他研究的对象,那么,假设那些构成了天主教信仰并远远高出于自然,且在一个天主教徒眼中最为真实的、揭示了各种事实和原理的体系,从他所受教育的各门科目中被排斥掉,这样的话,一个天主教徒如何能设想,他有可能研习哲学和科学,而又同时关注了其终极目的即真理本身呢?

　　一言以蔽之,宗教真理不但是普遍知识的一个部分,而且是它的一个条件。将它一笔抹杀——请允许我这样形容——就无异于拆散了大学教学之网。按一句希腊谚语的说法,这是将春天从一年中剔除,是对那些没有主角就上演戏剧的悲剧作家的荒唐做法的模仿。

第四讲　其他知识分支与神学的关系

1

　　在这个世界上,将宗教人士,尤其是天主教徒,对于世俗教育与宗教分离所做的抵抗,视作人类科学(human science)①与神启之间真正矛盾的显著标志,没有什么比这更加平常的了。对于那许多得出这一结论的人来说,那些反对这种分离的人是否宣称相信这种矛盾,这并不重要。很多人都相信,仿佛有一点是不证自明的,即,尽管宗教人士可能没有意识到,但如果他们不是本能地觉得知识是他们的天敌,知识若非受到抑制,其进程必定会损害他们所尊重并珍爱的一切,那么,他们就不会对科学这样狭隘和紧张。在世人看来,它很像我们这一方面②的一种疑虑,这种疑虑类似于我们拒绝只用《圣经》来进行教育所引起的那种疑虑——人们说,如果那些神圣的经文不冒犯你的话,你为什么要对它们心怀恐惧呢?类似地,除非世俗教育冒犯你,否则你为什么要害怕它呢?为什么要阻挠与你自己的宗教观点相反的书籍的发行呢?为什么要禁止你的子弟和学生自由地研读那些你害怕会搅乱他们头脑的诗集、故事、随笔和其他大众文学呢?如果你认为你的朋友和你的对手一样,在

---

①　纽曼所言的"人类科学"是指与"启示真理"相对的"世俗科学",既包括自然科学,又包括了文学、哲学、历史学、政治学、政治经济学等。——译注
②　指天主教徒。——译注

他们自身的立场上都有健全的理性,为什么要迫使他们熟知一些人而避开另一些人?真理是无畏而毋庸置疑的。缺少自信乃是虚妄的标志。

  这一反对意见是与所假设的世俗与神圣学科之间的对立相关的,而这种对立正是我现在所关注的主题。就这种相关性而言,我已经在先前的演讲中做出了充分的回答。在那里我说过,为了掌握真理,我们必须拥有完整的真理,而一门、两门科学,一类科学,不,甚至全部世俗科学,都不是完整的真理。启示真理在科学、哲学和文学的范畴中占有相当大的分量,赞颂世俗科学而将启示真理弃置不顾,实际上是在赞颂的外衣下极大地损害了科学。我不是说每一门科学都会受到这种忽视同等的影响,理论数学完全不会受到损害,化学比政治学受到的影响要小一些,而政治学又较历史学、伦理学或形而上学受到的损害为小。然而,由于科学的不同分支相互紧密联系,形成了一个整体,因此,任何一种重大的知识缺损,都会使这一整体受到程度无法限制的损害。而我认为,不可否认的是,启示知识绝非一个无足轻重的知识部门。由于上帝的成文和不成文的话语组成了启示这一整体,而成文的部分,就其自身而言,仅仅是那个整体的一部分,所以反过来,启示本身可以被看做是人类知识的组成部分(如果将人类知识看做一个整体的话),对它的忽略也是对人类知识组成部分之一的忽略。启示宗教向其他科学提供了这样一些事实,而这些事实是其他科学自身所无法达到的。启示宗教使那样一些表面的事实失效,而那些事实是其他科学自身所能够想象的。因此,在历史科学中,人类在诺亚方舟中得以保存是这样一个历史事实:若无启示,历史就不会展开。而且,在生理学和道德哲学的领域内,人类的进步和完善是一个梦想,因为启示是与之相矛盾的,不论在科学探究中为之所作的论证看似多么有理。因此,不是天主教徒害怕人类知识,而是他们为神圣知识而自豪,而且他们认为,对任何一种知识(无论是人类的知识还是神圣的知识)的忽略,就其本身而言,就不是知识,而只是无知。

2

　　我在上周就已经说过了这种反对意见,现在就要以它为楔子,更深入地探讨世俗知识和神圣知识的关系。我已经注意到,如果你在知识的领域中剔除一门科学,那么你就无法使它留下的地盘保持空白,那门科学会被遗忘,其他科学会蜂拥而至。换言之,它们会逾越自己的界限,侵入非分之地。举例来说,假设伦理学受到摒弃,它的领土将会在法律、政治经济和生理学[①]的可称为"三家分晋"的协议中迅速消失。如果把实验科学的领域交给古典研究学会,那又会出现什么状况呢?或者假如历史学完全屈服于形而上学家,那又会怎样?对于神学的研究主题而言,也是如此。如果神学受到排斥的话,它将成为十几个不同科学的牺牲品。不止如此,在扑向这个牺牲品的时候,那些科学实际上会超越自身的权利和能力。在它们根本没有教育使命的地方,它们所进行的必将是错误的教育。天主教的敌人可能最不愿意承认这一点:他们对于神学家方面的类似的僭越(就像他们自己所称的那样),一向都是保持警惕的;那些指责我们为了与《圣经》的说法保持一致而希望太阳围绕地球运转的人,并不是那些否定一门科学因逾越其本分而误入歧途的人。

　　因此,我既不能够也不愿意去否认,而是宁愿去肯定这个事实,并且今天还要对这个事实做出解释,即,对任何世俗科学给予单一或排他的关注,对宗教而言都会是危险的。我对这个事实的解释是以下述宽泛的原则为基础的:无论什么科学,无论它所包含的内容有多么广泛,如果被弄成为天上人间一切事物的唯一解说者,它多半会误入歧途。原因很简单,它侵占了不属于它的领地,承担了它无力去解决的问题。下面我就来解释这一点。

[①] 原文如此,疑为"哲学"之误。——译注

3

　　人类心智的最初行动之一就是掌握并利用感官所接触到的东西,人类和兽类对于感官的利用之主要区别正在于此。兽类所注视的是形象,并且受到声音的局限,它们所看到、所听见的仅仅是形象和声音。相反地,人类的心智却像他的眼睛或耳朵那样充满活力,可以感知到超越形象和声音的东西。它领会并综合了感官呈现给它的一切,它理解并形成了一些东西,而除了它的组成部分以外,这些东西无须被看到或听到。它能够从外形、颜色和音调上,辨识出什么东西美、什么东西不美。它给予它们一种意义,并赋予它们一种理念。它将一系列音符汇集成一个整体的表达,并称之为旋律。它对角度与曲线、光线与阴影、色泽与轮廓有一种敏锐的感觉。它能区分规则与例外、巧合与计划。它把各种现象归于一种普遍的法则,把性质归于主体,使行为有理可循,把结果归于原因。一言以蔽之,它能够使一切都哲理化。因为我认为,科学和哲学,就其基本理念而言,不过就是这种对于感官传递给心智的对象(可以说)进行观察的习惯,是将这些对象纳入系统的习惯,是将它们以一种形式结合起来或赋予它们一种形式的习惯。

　　就像我所说过的,这种方法对于我们是如此的自然,以至于几乎是自发的本能。而当无法运用这种方法时,我们总是十分急躁。结果,总是等不及掌握正确使用它的方法,而常常将就那些对所遇到的事物不恰当或者荒谬的见解或解释,而不是不要任何见解或解释。我们将我们所碰到的各种不同的材料,包括物质的或精神的材料,归因于恰好已经知道的原因,或归因于想象中的原因,而不会不归因于任何东西。如果我们不能做到这一点,由于我们的心智是活跃的,我们就会感到痛苦,开始烦躁。在此,我们对这个世界上盛行的冲动的言论、轻率的判断和肤浅的概括都可能得到一种解释。心智不得不在缺少充分论据的情况下做出判断,不是仅仅出于固执己见,也不是出于恶意,而是出于悬而未决所造成的刺激。举例来说,对于公众人物或公众事件,有谁不会形成这样或那样的看法呢?不仅如此,甚至在某些情况下还会对人物的外表或事件的环境做出一种心理上的描述呢。然而,甚少有人能够形成正确的见解。因此,我们对人物会产生误解,对言论或者行为会产生错误的印象,做出错误的转述,而这些全都是世上的常态而非例外。因此,我们才会滥用未经训练的才智,才会有因自负的无知而造成的褊狭。这是因为,尽管正确地判断事物殊非易事,但活跃的心智却总是在做出判断。我们不能没有判断,而当我们无法得知真相时,便以错觉敷衍了事。

4

现在,让我们来看看这种急躁如何影响了研究和思考的内容。那些发生在无知的或性急的人身上的事,也会发生在每一个其教育和职业都已确定的人身上,无论这种教育或职业是否是纯粹专业性的、纯粹科学性的,或者是具有任何其他特定的性质。那些投身于钻研一门学科的人,或者致力于采用一种思想方法的人,尽管常常有更多的野心,但比起小学生或庄稼汉来,却没有更多的权利以自己的职业为依据而又超出自己的职业之外,去对一位首相做出判断。但是,他们却必须对每一个话题都发表意见。习惯、风尚和公众都要求他们这样做。并且,既然如此,他们就只能根据自己的知识去发表意见。你可能会认为,这会使这样一个人在阐述中保持谦逊。但事实并非如此,经常发生的情况是,与他的知识的狭隘相称的,不是他对这种知识的不信任,而是这种知识对他的控制,他对自己结论的深信不疑,以及他的固执己见。他有着他所蔑视的那种盲从教义者的倔强,但没有他们的那种理由,即认为自己所接受的教义来自上天。于是,他变成了通常所称的死心眼的人。这本来意指一个从事单一科学的人,一个只属于这样一种观点的人,这种观点部分是正确的(但却较次要),部分是错误的,这种观点不过是可以出自于任何局部事物的东西。因此,我们有了效用原则、结合原则、递进原则和慈善原则,或者,在物质科学(material sciences)方面,比较解剖学、骨相学、电子学,都被提高到领先的理念之列,成了如果不是全部的知识,至少也是很多事物的关键,而不是从属于它们。所有这些原则,在某种程度上都是正确的,却又全都沦为谬误和骗术,因为在它们需要从其他领域而来的解释或者限制的地方,它们都做得过了头,也因为它们被用来处理它们不能胜任的事情,正如少许的科学不是深刻的哲学一样。

培根爵士记录下了我所说的在科学进步的障碍中有这样一种滥用,他注意到:"人们惯于使自己的思想、观点和学说受到某些他们最为欣赏的观念或最常应用的学科的影响,并根据它们而给予其他一切事物以一种完全错误且不恰当的意味……因此,炼金术士从几个熔炉的实验中就总结出了一套哲学。而我们的同胞吉尔伯特①,根据对磁石的观察就总结出了一套理论。所以,西塞罗②在引用一些关于灵魂性质的观点时发现,有一个音乐家坚持认为灵魂只是一个和声,于是他愉快地说:'他忠于他的艺术。'但对于这些自负的想象,亚里士多德却严肃而明智地说:'想得少的人当然不难做出决定。'"

5

现在,我已经就我所料想的拒绝在普遍知识的课程中认可神学真理必然会引起的不便做了足够的说明——这不仅是神学的损失,也会将其他的学科引入歧途。它们不当地攫取了它被不当地剥夺了的东西。它们本有属于自己的领域,却越俎代庖,去尝试它们力所不能及的事情。而且,因为尽管它们在越界时会有曲解或过分之处,所教授的东西并不正确,但它们在自己的领域内所教授的东西却是正确的,这就更为有害了。而且,由于并非每一个人都具备去伪存真的能力,它们就通过强调正确的事情,使世人相信了错误的事情。我们所面对

---

① William Gilbertus(1540—1603),科学革命的重要人物,其成就主要在电学和磁学方面。
② Marcus Tullius Cicero(公元前106—公元前43),古罗马政治家、演说家与哲学家。

的,并不只有公开的敌人,有时还有朋友。有时还有这么一些人,他们即使不是朋友,至少也是无意反对宗教的人,即使他们反对宗教,也并非出于故意。如果我举出一些例子来说明,或许可以更完整地表达我的意思。

说到朋友,也许我可以以美术、绘画、雕塑、建筑的熏陶为例,或许还可以加上音乐。这些为美丽与高尚服务的高级使臣,显而易见,是宗教的特殊的仆役和使女。但同样显而易见的是,除非受到有力的限制,否则它们很容易忘记自己的位置,从而喧宾夺主,不想再做仆人而想成为王公。从教会的观点看来,它们的较为初级的状态是有利的,我指的是式样古老的建筑、哥特式的雕塑和绘画,还有所谓的格里高利音乐,这些新生的学科还没有那么多内在的活力和生命,因此还没有越界的危险,不会对宗教发号施令。但当天赋唤醒了它们自然的要素,并将它们变成我所谓的心智的时候,情况就大相径庭了。举例来说,当绘画作为一项模拟的艺术已经发展成熟时,它就立刻不再是教会的附属品。它有了一个自身的目标即世俗的目标:自然是它的原型,它所追求的目标就是自然之美,甚至在它成为一种美的范式(an ideal beauty)的时候,那仍然是一种自然之美。它无法模拟不可见的天使或圣徒之美。起先,它确实是通过轮廓和特征来勾勒出那些不可见的事物,而技艺的匮乏变成了表达敬畏和谦逊的方式。然而,随着时间的流逝,它作为一门艺术已经发展成熟,它便转而使宗教隶属于自己的目标,而不愿服务于宗教的目标。而且,在它的长廊或庄严的展厅里,将可敬的形象、神圣的历史与大量世俗的,且不用说是不合时宜的形式掺杂在一起,这种形式是技艺自身的创造,它只是从那个糟糕的伙伴①那里借用了一副外表和一个身份。由于不满足于支持其发展的中性立场,它受到宗教主题之庄严的吸引,进行野心勃勃而又危险的尝试。我无须再多言,先生们,你们就能明了,在这样的情况下,宗教应该发挥它的作用,以免使世界凌驾其上。如果在绘画院校中无视严肃的天主教教育,就像人们在哲学研究中忽视它一样,那么用不

---

① 指技艺或技法。——译注

了多久,就会出现一个确实有着极高天赋,有着强烈的、令人目眩的、有摄魂夺魄之美的作品,用某种异教的神话,假以神圣的名义,取代教会的制度、修道士和殉教者、神甫和博士,取代众天使、圣母玛利亚,取代十字架和永恒的三位一体。而这种作品尽管有着天赋和美丽,却无助于促进宗教的事业;另一方面,却有可能直接或间接地服务于堕落的自然和黑暗的力量。

6

尽管如此,绘画的技艺是具体的,而音乐和建筑更加具有理念性,它们各自的原型,即使并非超自然的,至少也是抽象的、非尘世的。然而我想,我针对绘画所说的那些,也大致适用于上个世纪音乐学科所经历的惊人发展。毫无疑问,在这个领域,最伟大的天才也可服务于宗教;同样,在这个领域,较绘画的情形更为明显的是,音乐这一学科拥有一个自己的、完全纯净的领域,而这个领域宗教是不会而且无须涉足的;在另一方面,音乐中的情形和绘画中的是一样的,在音乐领域,毫无疑问,宗教必须活跃起来,自我保护,因为如果它的仆人们麻痹大意,那么它就会为一种潜在的魔力所侵蚀。尽管现在不是进一步扩展论述的时候,我仍然要说,音乐有它自身的目的,就像数学学科一样,它是对于那些较之于可见世界中的任何东西都更伟大、更深邃的理念的表达。这些理念在天主教所展现的神明那里会聚,而神明正是所有一切美、秩序与完善之所在。然而,说到底,这些理念还不是启示本身直接并且首先吸引我们视线的理念。因此,如果这一神秘学科中的一位大师(如果我可以就这一似乎超乎我自身领域的话题发表意见的话),完全依赖他自身的天赋,信赖他的灵感,并将他自己融入那些尽管以自然的方式而生却属于超越自然事物的思想,那么很明显,他将会无视其他的一切。他将依靠他自己的力量脱颖而出,冲破语言的桎梏,将人类的声音,哪怕是最甜美的声音弃之若浮尘。只有那些最浩大的音响的洪流才会打动他,而正是艺术促使他从机械的器械中引出这些音响的洪流。他将如巨人一般大步前行,一直走到他的器械所能及的地方,从它们那神秘的深处挖掘出美与庄严的日新又新的元素,将它们一起注入越来越壮丽和令人心醉神迷的结合体——在他恪守自己的那条界线时,这一切确实是正当的。然而,如果他碰巧,就像可能发生的那样,被天主教教义和仪式的庄严(它们和他是如此的相投)所吸引,如果他致力于神圣的主题,如果他决心借助他的艺术来为弥撒或者神职增添荣耀(他不可能有比这更虔敬和更美好的目的,而当他真诚地呈献时,宗教也会真诚地接受),然而,从这一事例的种种外部情形看来,除非宗教在自己的领域内足够强大,并且能够提醒他,如果他想要给至上的存在增添荣耀,他就必须做它的学生,必须谦卑地跟随赋予他的那些思想,必须以那伟大的赋予者的荣耀而非以他自己的天赋的荣耀为目标。否则,他是否一定不会去利用宗教,而是去服务于宗教呢?

7

至于建筑,如果我的回忆不出错的话,费奈隆①和贝克莱②两位如此不同的人都曾评论说,建筑比那些大名鼎鼎的人物的名字具有更丰富的内容。哥特式建筑并不仅仅是适应了教会的结构。我认为,这与我对绘画和音乐培养所做的判断是相似的。就我自己而言,毫无疑问,我认为那种被称做哥特式的风格,不论其源头何在,都被赋予了一种深刻而震慑人心的美,我们所熟悉的其他任何风格都不具有这样一种美,也许直到教会到达天国为止,都不会有任何别的风格能够超越。现在用于宗教目的的任何别的建筑看来都缺乏一种成熟的理念,然而哥特式建筑却有着与它的优雅相称的和谐和智慧。但这一感觉应该使我们警惕到而不是看不到这样一种危险,即,一种神圣的天赋被不

---

① Francois Fenelon(1651—1715),法国罗马天主教主教。
② George Berkeley(1685—1753),爱尔兰基督教新教主教、唯心主义哲学家,认为"存在即被感知",主要著作有《视觉新论》《人类和知识原理》。——译注

谨慎地当做目的而不是作为手段。三个世纪以前的文艺复兴,尽管有教会存在,仍然将那个时代带进了文学与艺术过剩的境况,这使得一种几乎被遗忘的建筑得以复活,而这种复活现在正发生在我们自己的国家,以及法国和德国。除非我们留神它发生的过程,否则我们极有可能被它以各种方式带入歧途,而一头栽进这样或那样的谬误之中。我这番话并非针对爱尔兰,但是至少对英国天主教徒而言,如果这种复活成为过去的宗教仪式或过时的民族主义的象征或鼓吹者,那将是一个严重的错误。我们并非生活在一个只有财富和忠诚,浮夸和气派,只有古老的制度,朝圣和苦修,只有野外的隐居地和修道院的时代,在那个时代,赤诚的民众用爱来填补教育的匮乏,在形式和象征里领会他们所无法阅读的书籍的内容。现在,我们的规则和习俗都已改变,以便适应时代的需要,因此,一套过时的戒律在今天就可能成了异端。

8

我已经指出,美术在它们应该效力的地方成为立法者,就有可能损害宗教。这一例子与我的演讲主题相类似,但并不只是这一主题所特有的,然而我认为它切中了要害。如果教会里大多数忠诚而又恭顺的子民们在赋予一些科学一个神圣的目标时(这些学科就像堕落的人所发展起来的任何科学一样卓越和神圣),必须也确实进行了自我否定,那么,当我们转而谈论那些不同性质的科学时(它们的目标是可见的、物质性的,它们的原理属于理性而非想象),我们就会发现,一点也不令人感到奇怪的是,这些科学中的门徒,如果无意于天主教信仰,就会与它分庭抗礼,而且,就像通常所发生的那样,尽管这样做有违他们的愿望和意图。有很多执著于某一特定思想主题的人,将这一思想主题的原则作为衡量一切事物的尺度,在他们还未意识到之前,就已成了启示宗教的仇敌,只有随着时间的流逝,他们才能清醒地认识到自己的思想状况。这样的人,如果他们是作家或者演说家,在处于无意识或半意识的无信仰的状况下,就会披着基督教的外衣散布无信仰的理论。这仅仅是因为,他们使自己的科学,无论它是政治经济学、地质学还是天文学,忽略了神学,而变成了一切真理的中心,并且把知识的每一部分或主要部分视为从自己的那门科学中发展起来的,此外还以自己那一门科学的原则来进行检验,并由自己那门科学的原则来决定。另外一些人,尽管对自己的反基督教观点十分清醒,却有着如此之多的善意情感和良好品位,以至于不会将这些观点强加于世人。他们既不希望让公众震惊,也不想为他们自己博得一个无利可图的圣人之名。他们知道偏见的力量,也知道创新的恶果。他们希望平静地度过一生;他们鄙视争论。当卷入一场宗教论战时,他们会退避三舍,就像躲避一种真正的羞辱一样。他们对那样的名声感到羞耻。尽管如此,他们有时会有机会出版一些有关文学或科学的著作。他们原本无意冒犯他人,但是最终使他们大为恼火的是,在他们最不希望的时候,或是在他们殚精竭虑力图避免的时候,他们的著作却偏偏激起了某一群人的,他们称之为顽固不化或者激烈敌视的情绪。这个不幸是不难想象的,它已经降临到许多人身上。一个人还未意识到他自己身处何方,周围就响起了一片喧嚣。而他对我们所谓的"地势"所知甚少,以至于他进行辩解的种种尝试,也许只会使事情变得更糟。换言之,一种排他的研究路线使得他与宗教的原则背道而驰。不论他愿意与否,他从未把这些原则作为他的路标,而无论它们对他有什么样的影响,如果它们曾被权威地展示在他的面前,那么它们至少就会警告他不要干涉他人的信仰。

9

这类例子并非凤毛麟角。年长的人都会记得有一个人曾经惹下的麻烦,甚至在那个久远的年代,他就作为伦敦的一名专业人士而声名远扬。然而令他更加备受瞩目的是,他在其著作中以那样一种方式来处理比较解剖学的对象,似乎是在否认灵魂的非物质性。我在此并非力图为这些观点辩护或对它进行谴责,因为我无法对这些问题做出判断。我所听到的有关那个人的一切使我带着莫大的兴趣和敬意提到他的事迹。无论如何,我可以肯定,如果有这样一个职业,它认为它的地位和尊严就在于远离争执,并在持不同观点的人身上培养善意的情感,这个职业就是医学。我不能相信,上面谈到的那个人会故意引起对宗教界的愤懑情绪或者从信教的公众那里招致责难。那么,他的错误或失误究竟是什么呢?那不过是,他毫不怀疑地投身于他自己特殊的科学领域,这一科学具有物质的属性,他让这门科学把自己带进了这么一种研究主题之中,而在此它并无权力制定规则,那是一个有关精神存在物的问题,而这个问题是直接属于神学范畴的。

另一个事例发生的年代较晚。英国国教会的一位在世的显贵写了一部犹太人的历史。在其中,他运用一种在我看来至少是糟糕的判断,仅仅从外部来看待犹太人的历史,这就导向了这样一个结果,即把它尽可能地与世俗历史等同起来了。于是,这在他自己的教会成员之中引起了轰动,而他至今仍然不得脱身。从这位富有才华的作者所表现出来的对护教论证的轻视和厌恶来看,我只能得出这样的结论,即,他只不过是被所谓历史哲学那不可靠的魅力所惑,而迈出了错误的一步。历史哲学在其自身的范围内是无可非议的,但在全能上帝废除了社会与历史的自然法则的地方,它却鲜能适用。如果他是天主教徒的话,他就有可能避免这一谬误。但在国教会中,他对他必须遵循的教导,那一可以矫正那些依靠华而不实的外表吸引他的谬误的教导,却是一无所知。

10

我现在将以另一门科学为例,对这个问题再说几句。在我眼里,政治经济学是一门关于财富的科学,一门正当而且实用的科学,因为赚钱并不是罪过,并不比追求荣誉更糟糕。不过,就像追求荣誉一样,它也是一门危险的、有可能导致罪恶的科学。因此,如果任其发展,任其脱离启示真理的控制,就会使一个思想者产生不符合基督教的结论。《圣经》明确地告诉我们,"贪婪",或说得更准确一些,对金钱的热爱,"是一切罪恶的根源";"发了财的人会陷于诱惑之中",而且"富人很难进入天国"。在对那些兴旺发达的腰缠万贯之辈进行一番描述之后,《圣经》补充道:"他们称拥有这些东西的人为有福,但那些以上帝为主的人才是有福的人。"而在另一方面,它同样明确无误地宣称,"一日不作,一日不食"。还有,"人若不关心他所有的,不关心他家里的人,他就背离了信,比不信者更坏"。下面这两个彼此相反的要求在那位贤人的祈祷中得到了很好的总结,他说:"不要让我行乞,也不要给我财富,只给我生命所需的东西吧。"这是对一个基督徒职责的精确描述,即我们的确要劳动,但只要能满足自己和家人一定的生活条件即可,要珍惜财富,无论是个人的还是国家的。正如我们可以预料到的,神圣的教父们在这个观点上保持着单纯的和谐一致。圣克里索斯托姆①说:"犹大那时同他在一起,他不知道在哪里可以枕头休息,然而又不能克制自己。你如何能希望,不通过奋力挣扎就可以逃离它的传染呢?"圣哲杰罗姆②说:"把向造物奉献应归于上帝的赞美称做偶像崇拜,同时却不把向造物奉献一生的劳作称作偶像崇拜,是十分可笑的。"圣利奥③说:"如果心灵只满足于获取的乐趣,那么这样的心灵中就没有正义可言。"那些完美的智慧,以及世界各地每一个拥有那些智慧的圣洁的修士和修女们所教给我们的,也正是这样一些东西。不过,既然《圣经》上已经写得很明确,我就无须再搜集论据了。

现在,先生们,请注意一下我将《圣经》和教父与政治经济学对立起来的意思。毫无疑问,如果存在一门关于财富的科学,它就必须给出获取财富和处置财富的规则,除此之外便无法再有所为了。它不会自己站出来宣布自己是一个从属性的科学,不会宣布它的目标并非一切事物的终极目标,而且它的结论只是决定于作为其前提的假设,因

---

① Saint John Chrysostom(约347—407),又称"金口约翰",君士坦丁堡主教,小亚细亚希腊教父。——译注
② St. Jerome(约342—420),基督教学者和《圣经》拉丁文通俗译本的翻译者。
③ St. Leo(390? —461),天主教早期的重要教皇,天主教统一性的维护者。

而容易为一种更高级的学说所支配。我不会为了从政治经济学的理念本身所派生出的任何东西,从它被视为一门科学起的那一刻所发生的事情而指责政治经济学家。政治经济学家当然必须使他的研究适合于他的目标;但我们同时不能忘记,迄今为止,政治经济学家并不那么务实,他只是在进行一项抽象的研究,致力于从无可争辩的前提中推出合乎逻辑的结论。假设财富是应当追求的,那么就会有这样或那样的获取财富的方法。这就是政治经济学家有权涉足的范围。但他却无权断言,在任何情况下财富都是应当追求的,也无权断言,财富就是通向美德之路,就是幸福的保证。我想,这样断言,就是逾越了他所从事的科学的界限,无论他做出这样的断言正确与否,都是如此,因为他所关注的仅仅是一种假说。

举一个类似的例子:一个医生可能会告诉你,如果你要维持你的健康,你就应该放弃你的工作,隐居田园。这里的独特之处是他会说"如果",而那就是他所关注的全部事情,他不会判断是否会有另外一些目标比维持健康对你来说更加宝贵、更加急迫。他并不考虑你的处境、你的职责、你的义务,以及那些依靠你的人。他并不清楚什么是可取的而什么不是。他只是说:"我是以一个医生的身份来说话。如果你想要好起来,那么,无论如何,都应放弃你的工作、你的职业、你的职位。"尽管他也许这样希望,但如果他再多说一些,那对他来说就不合时宜了,除非他是以一个朋友的身份而不是医生的身份来说话。如果他声称身体的健康是至高无上的善,而且身体状况不佳的人就无法成就道德,那就是十分夸张的了。

11

但是,现在让我们转向那样一个实际的政治经济学家以其目前流行的形式呈现的学说。我将举一个有关政治经济学家的十分受人欢迎的例子:在此的代表是一位有着崇高品格的绅士,他被这样一所大学的有关科系特别地选中,而这所大学较之于时下其他任何新教的机构,在有关挣钱的主题上清除了更多污秽和非基督教的原则。这样一个特殊的选择对我们来说就是对他的宗教观念的充分保证。在我看来,如果有这样一个地方,在那里政治经济学能得到有序的发展,既不会偏离大路,又不会侵犯其他学科的园地,这个地方就是牛津大学。如果在什么地方能够找到这么一个人,他具备极好的品味,不会去冒犯这个地方的宗教感情或者允许自己说出任何有违启示的话,我想,这样一个人就应该具有我要提请你们注意的那种温和的气质和周密的倾向,就像一般认为的那样。这种气质并不像我迄今所提出的例子那样,会引起无论是学术群体还是宗教群体的轰动。当我选择上述大学中政治经济学的第一位教授的就职演说为例时,我实际上给了政治经济学在独立而不受约束的行动方面以很有利的地位。然而尽管有这些有利的环境,先生们,你们仍将看到,一位严肃的律师在颂扬他所选择的学科时,仅仅从他所关注的那些外在条件,被引入了怎样一种我必须称之为夸张的东西,直到他忘记了仍有比它更高且更为神圣的思想主题存在。你会准确无误地发现,他的目的就是要推荐这门关于财富的科学,他声称这门科学有一种伦理性质,换言之,他把这门科学吹捧为通向美德和幸福的道路,而完全不顾《圣经》和圣人们会有什么相反的说法。

他在一开始就预言了政治经济学在今后几年中的发展状况:"无论从利益还是从实效出发,它在公众的心目中都将跻身于各种道德学科之首位。"随后他明确地阐述了它的目标和职责,将它视为"介绍财富的构成,创造财富的力量,分配财富的法则,进行生产和调节分配的体制和习俗,以使每个个体获得最大可能数量的财富的学科"。然后他详细论述了伴随这种研究的利益,"无论英格兰是否已尽全力追求财富和发展,无论保持静止不变是否可能,她现在的处境都是安全的"。在这之后他也注意到了某些反对意见,我将会用他自己的话把这些反对意见展现给你们,因为加上我的说明之后,它们就会有助于我的论证。

这一反对意见,用他自己的话来说是这样的:"由于对财富的追求是人类事业中最为微不足道的一种,它远比对美德、对知识,甚至是对名声的追求都要低级,由于对财富的占有并不必然与幸福相连(也许应该说并不导致幸福),因此,一门以财富为唯一主题的科学就不能被列为各种道德科学之首位,或者接近于首位的科学。"①当然,对于代表任何一门科学的某位热心的辩护者而言,要对贬低这门科学的尊严和价值的反对意见做出回应,自然会是一种强烈的冲动。然而,从上述反对意见的形式来看,只靠这一科学本身是不可能对之做出一种令人满意的回答的。上述反对意见是从该科学之外的立场提出来的,它使我们想起了培根爵士下述评论所包含的真理:"在一个平面上或者一个层次上是不可能做出任何完美的发现的;如果你只站在该科学的层面上,而不向一种更高的科学上升,你就不可能发现任何科学的更远和更深的部分。"认为政治经济学低于道德科学或并不直接导致幸福,这一反对意见是一种伦理学或神学的反对意见;科学的"等级"问题属于知识系统学或哲学的问题,而知识系统学或哲学在这个问题上乃是所有真理的仲裁者,它安排各种主张的位置,并排列人类所能掌握的各个知识部门彼此之间的地位。所以,当某一具体科学的反对者主张它并不引向幸福的时候,尤其是当这门科学的拥护者争辩说它肯定会导致美德的时候(就像我们所说的这位作者②所作的争辩那样),人们就会自然地要想这样一个明显的问题:宗教和启示在这一问题上会说些什么呢?这时不应该由政治经济学来提出对自己有利的判断,而应该让它站到一个更高的裁判面前。上述反对意见是诉诸神学家的,但是那位教授并不这样看问题,他并不认为这是一个哲学的问题;另一方面,这确实也不是一个政治经济学的问题,甚至根本不是科学的问题,而只是私人判断的问题。于是,他就自己来回答这个问题,他的回答如下。

---

① 这里所提到的政治经济学家是牛津大学第一位政治经济学教授塞尼奥(Senior, Nassau William,1790—1864)。——译注
② 指前注所说的塞尼奥教授。——译注

12

他说:"我的回答是,首先,对财富的追求即为将来的生活和享受积累手段的努力,对于民众来说,是道德改善的伟大源泉。"先生们,请看看这是多么精确地印证了我所说的话。正如这位作者可以用这样一类方式做到的,人们确实可以向他人灌输一些错误的东西。这是千真万确的。我承认,一般说来,乞讨并不是道德改善的手段。而且,经常同对财富的强烈追求相伴随的有条不紊的习惯,不仅会形成一种外在的体面,而且至少还可能帮助灵魂抵抗罪恶的种种诱惑。不仅如此,这类保持良好秩序的习惯还能在家庭成员或家庭事务当中保证某种条理性,因此也就附带地成了达到善的手段。此外,这些习惯还可以导致对年轻一代的教育,因此也就附带地向正在成长的一代提供了现在所缺乏的某种美德或某种真理。但是,现在我们暂且撇下这些考虑,不再泛泛地承认它们在某些环境下的价值,而是要来思考一下这位作者直截了当地断言的是些什么东西。他说到了"积累的努力",因此我们要来掂量一下这两个词:到底是为什么而积累呢?"为了享受"——"为了未来的生活和享受而积累手段,对于民众来说,是……的伟大源泉",不仅仅是一个源泉,而是"伟大"的源泉。① 是什么东西的源泉呢?是社会与政治进步的源泉吗?(这样来回答本来应该是属于他所从事的科学的分内之事。②)不,仅仅是某种个体的或个人的东西,是"道德改善的"源泉。在"民众"的情况下,灵魂在道德卓越方面的进步竟然不是来自任何其他东西,而是来自于为在将来享受这个世界而积累手段!先生们,不管从哪个方面说,如果我言过其实,我都会真正地感到遗憾并为此道歉,但是,当一个人在上面这样的命题中看到了同我们的主③,同圣保罗,同圣克利索斯托姆、圣利奥和其他所

---

① 英文原文为 the great source,前面的英文定冠词含有"确定的"或"唯一的"意思。——译注
② 纽曼在此意思是,政治经济学应该考虑的是社会和政治即社会整体的利益,而不仅仅是个人的利益。——译注
③ 指耶稣基督。——译注

有圣徒所说的是如此矛盾的一种说法,他的确会深感惊讶。

他继续说道:"对于下层等级(即任何民族中至少十分之九的总体人口)的道德来说,最为有利的体制莫过于这样一种体制,它应该增进他们进行积累的力量和愿望;而最为有害的则莫过于这样一种体制,它会减少他们攒钱的愿望和手段。"最有利的体制莫过于一种增进积累的愿望的体制!那么,基督教绝不是这样一种有利的体制,因为它明白地说:"不要为你自己积攒财宝在地上……因为你的财宝在哪里,你的心也就会在哪里。"——最有害的体制莫过于一种减少攒钱的愿望的体制!那么,基督教就是这种有害的东西之一,因为那段受圣灵感动的经文继续说道:"只要积攒财宝在天上,天上没有虫子咬,不能锈坏,也没有贼挖窟窿来偷。"

道德和幸福被弄成是依赖于收入和积累的了,但这还不够;宗教的践行也被以这样一种方式归之于这样一些东西:财富依赖于对财富的追求,教育依赖于财富,知识依赖于教育,宗教依赖于知识,于是,宗教就依赖于对财富的追求了。在谈到穷人和野蛮人之后,他说道:"这样一些人必然是极其无知的。对知识的渴望是优雅的最终结果之一。一般来说,这种渴望需要从孩提时代就被灌注到心智之中。以为处于这种境况的人会有能力或有意愿去关注其子女的教育,这是十分荒唐的。一个进一步的结果就是一切真宗教的匮乏。因为,如果极其无知者有什么宗教的话,他们的宗教也往往不过是一种降低素质的迷信。"于是,对利益的追求就成了美德、宗教、幸福的基础。尽管正如基督徒所知道的,这种追求同时也是"罪恶的根源",而且,正相反,"贫穷的人有福了,因为天国是他们的"。

对于我所引用的上述连环诡辩中包含的论证,我刚才已经提前说了一些应该在回答它的时候再说的东西。在此我可以再说一遍,毫无疑问,正如智者所言,乞讨是不可取的;毫无疑问,如果人不愿意工作,也就不应该吃饭;毫无疑问,人们有这样一种感受,根据这种感受可以说,纯粹的社会或政治上的美德会倾向于导致道德上或宗教上的卓越。但是这种感受需要加以解说,这种说法应该限制在一定的范围之内。我一直坚持的也正是这一点。我并不否认,相反地,还十分赞成,而且一直认为,在科学人士的所谓"引导性的观念"中,在他们的"重大观点"中,既有理性也有真理。我只是说,尽管他们说出了真理,但并没有说出全部真理;他们说出了某种狭隘的真理,却认为那是一种宽广的真理;他们的种种推论必须和已被公认的其他真理进行比较,以便证实、完成和矫正它们。除了一些必要的例外,他们说出了真实的东西;真实,但是需要捍卫;真实,但是不能用得过头或者被弄成某种癖好;真实,但并不作为一切事物的尺度;真实,但如果被不加节制地、过分夸张地,甚至有害地加以推行,而不顾其他的学科,也不顾及神学,那么,就肯定会变成一个巨大的泡沫而归于破灭。

13

这一讲已经快要结束了,我才注意到我可以用来说明其主题的例证才用了十分之一,否则,我会想要多花一些时间在那种并不少见的歪曲方面,即古典学和历史研究常有的对于神学的偏见。不可否认,关于过去时代的历史记载对于确定天主教的教义是非常重要的。还有一点不可否认的是,在那些记载中,关于天主教教义的某些部分有一种可以抽象地想象的沉默或矛盾,那似乎足以否认该部分教义要求人们接受的权利;但是同样不可否认的是,对天主教和基督教的现存文献证据也可能被不适当地进行了评价,因此而被当成了衡量启示的绝对尺度,以至于神学教导中似乎没有一个部分是真实的,只要它们不能从《圣经》中找到所谓的直接的经文,或者从教父们或世俗作家们那里得到权威的支持。而在另一方面,在过去的时代中确实有数不清的事实是我们无法否认的,尽管历史对这些事实保持沉默,但它们却是无可争辩的。我想,就这一点来说,我们应该否认这个国家的那些圆塔有任何起源,因为历史并没有揭示出什么起源;或者,我们应该否认任何不能写出祖先家谱的人是出自亚当。然而,吉本反对耶稣受难时天色变暗的说法,其理由就是,没有异教的历史学家提到过这件事,这一偶然事实——正如他也可以反对基督教在第一世纪的存在这一事实,因为塞涅卡①、普林尼②、普鲁塔克③、犹太教的密西拿④和其他权威在这件事情上都没有说话。新教徒采用类似的方式来反对实体转化说,阿里乌派⑤也这样反对耶稣的神性,即以某些教父的现存著作并未使他们满意地提及这一学说为理由——他们也可以说基督教不是由十二使徒传播的,因为我们对十二使徒的工作所知甚少。我要说,历史学的证据在其领域之内是极其有价值的。但是,如果认为它就是获得宗教真理的唯一手段,那就越出了它自己的范围。如果我们支持这种僭越,实际上就是把一种其所不能胜任的更大的任务放到历史学的肩上,就是在把一个真正的向导和好东西变成一个莫名其妙的怀疑和无休无止的难题的源泉。

其他的科学也是这样:正如比较解剖学、政治经济学、历史哲学以及古典研究都可能会也确实会被用来反对宗教,正如我所表明的,其方式就是从它们自身中引申出对宗教有害的东西,同样的,类似的错误也可能发生在任何其他科学当中。例如,语法学乍看之下似乎不会造成曲解,然而霍恩·图克⑥却把它弄成了他所特有的那种怀疑主义的工具。法学似乎与它自己的服务对象及其事务有足够多的关联,然而边沁⑦先生却把一篇关于法律证据的论文弄成了对启示奇迹的一种隐蔽的攻击。类似地,生理学也可以否定道德罪恶和人类的责任,地质学也可以否定摩西,逻辑学也可以否定神圣的三位一体,而且其他的种种科学,正在引起人们注意的种种科学,也可以或将会成为类似的误用和滥用的牺牲品。

---

① Seneca(1世纪),尼禄时代的罗马剧作家和道德哲学家。
② Gaius Pliny(the Younger)(62—113),罗马作家和政治家。
③ Plutarch(1世纪),希腊历史学家,曾写过许多重要的希腊和罗马人物的比较传记。
④ 犹太教口传律法集《塔木德》的前半部和条文部分。——译注
⑤ 古代基督教异端派别,反对基督神人二性说。——译注
⑥ John Horne Tooke(1736—1812),与激进派政治有关联的英国语言学家。
⑦ Jeremy Bentham(1748—1832),英国哲学家、法学家,功利主义伦理学的代表,认为利益是行为的唯一标准和目的。主要著作有《道德及立法原则》《义务论或道德科学》。——译注

14

现在让我用几句话来总结我所说的东西。我的目的十分清楚,不是要表明各种不同的世俗科学会采取一种敌视神学的立场(这是这篇演讲开始时我所引用的那种反对意见的基础),而只是想指出所有各方都能看见的一种敌意的原因。因此,我一直坚持认为,这种敌意一旦产生,就是伴随着科学从自己特有的轨道上的一种明显的偏离或越轨。而且,如果神学不出来保卫它自身的边界并制止侵犯,这一类的越轨就肯定会发生,就几乎是这种情况下的必然。人类的心智总是难免要进行思辨和系统化的思考。所以,如果神学不被允许去占据它自己的领域,那些相邻的科学、那些对神学来说相当陌生的科学就会来占据这个领域。而这种占据已经被证明是由于这样一种环境而发生的僭越,即,那些陌生的科学会假定某些原则是真实的并作用于它们,而它们既没有权威来自己确定这些原则,又不会诉诸任何别的更高的学科来为它们确定这些原则。例如,如果一位研究古代的学者说,"除非能在历史文献中被发现,否则没有事情真的发生过",那么,这就是一种完全没有根据的假定。又如果有一位历史哲学家说,"犹太教当中没有任何东西不同于其他的政治体制",或者一位解剖学家说,"在大脑之外没有任何灵魂",或者一位政治经济学家说,"舒适的环境使人具有美德",这些都不是出于科学的解释,而只是出于私人判断的解释。正是私人的判断用一种对神学的敌意影响了其所接触到的每一门科学,而这种敌意本来不属于任何科学本身。

所以,先生们,如果我现在要把这类行为作为某种非哲学的东西加以抵制,这同科学界的人士在自己的研究兴趣受到威胁时所做的事情不是一样吗?他们对于一个要用摩西五经①来决定木星的运行轨道的神学家肯定会进行抵制,在此情形下,如果我不能容忍他们根据天文学来做出神学结论的做法,那么为什么我就应该被指控为胆小或褊

---

① 指旧约《圣经》的前五卷书,据信为摩西所作。——译注

狭呢？如果我企图在天文学系和医学院确立托马斯主义哲学的地位，实验科学家们肯定会出来大声抗议。既然如此，当神学遭到放逐，当拉普拉斯①、布丰②或洪堡③在神学的席位上坐下来的时候，为什么，为什么我就不能对这种排他性提出正当的抗议，并要求神学的解放呢？

15

现在我想，我已经充分论证了我所主张的第一点，那就是，神学有权利在一所大学的教席中占有一席之地。我已经表明了，事实上，并不是支持这一主张的人，而是反对这一主张的人才具有排他性。我已经代表神学提出了论证，而我的论证首先是基于这样一种考虑，即教授所有的科学正是一所大学的职责，基于此点，它就不能排斥神学而又还在忠实于自己的职责。其次，我也说过，所有的科学都连接为一个整体，都是彼此紧密相关的，除非考虑所有的科学（神学也在其中），否则就不可能透彻地教授所有的科学。此外，我还坚持认为，神学事实上而且也必然对许多不同的科学发挥着重要的影响，在完成着并矫正着它们。因此，承认它是以真理为基础的一门真实的科学，就不可能排斥它而不同时大大地损害其他科学的教学。最后，我坚持认为，如果不教授神学，那么它的领域将不会仅仅是被忽略，而会在事实上被其他科学所占据，在一个需要其自身特有的原则来进行适当的建构和取向的研究主题之内，那些科学就会毫无根据地教授它们自己的种种结论。

抽象的陈述总是不能令人满意的。正如我已经注意到的，如果分配给我讲这个题目的时间允许的话，对以上陈述本可以解说得更加充分。我希望，我就这个问题所说的，已经足以引人思考，对此感兴趣的人可以自行将这些思考继续进行下去。

---

① Pierre Simon de Laplace(1749—1827)，法国科学家，以其星云假说而闻名，这种假说暗示宇宙起源于物质的偶然，而不是神圣的设计。
② Georges Louis Buffon(1707—1788)，法国博物学家。
③ Alexander von Humboldt(1769—1859)，普鲁士科学家，以其探险和地理学著作而闻名。

第五讲　自为目的的知识

对于一所大学,我们既可以从其学生方面来考虑,也可以从其研究方面来考虑。而所有的知识既是一个整体,又是一个整体的相互分离的组成部分即各门学科。这是我一直从大学的研究方面来使用的原理,在我们把注意力转向其学生的时候,这一原理是同样重要的。现在我要把注意力转向学生一面,并将借助于这个原理来考虑大学会给予学生的教育;然后,先生们,我就要进入我准备讨论的第二个问题,即,在与受教育者的关联中来考虑,大学的教育是否会,并且在何种意义上会把实用性的特点带到其中来。

1

我已经说过,知识的所有分支都相互联系,因为知识的研究主题是相互紧密地连接为一个整体的,就像造物主的所有行动和作品那样。因此,各门学科(可以说,我们的知识是在其中成形的)彼此之间有多种多样的关系,而且还有一种内在的和谐,它们允许,更不如说是要求进行相互比较和相互调节。它们相互完善、相互校正、相互平衡。这种考虑假如有充分的根据,就必须得到认真的思考,不仅在谈及真理的获得(这是各学科的共同目标)的时候,而且在谈及各学科对那样一些人(他们的教育,就在于研究这些学科)的影响的时候,都是如此。我曾经还说过,给予一门学科以不适当的突出地位,就是对另一门学科不公平,忽略或抹杀一些学科,就是使另一些学科脱离其适当的目标。那样做,就是取消学科与学科之间的界线,就是扰乱它们的运作,就是破坏把它们连接在一起的那种和谐。这样一种做法被引进到一个教育机构时,也会造成相应的结果。任何一门学科仅从它自身来看时,特别是在不给予别的学科以安全保证①(如果我可以这么说的话)时,所说的是一回事,而在将其视为某个整体的组成部分时,所说的又是另外一回事。

  让我来举例说明。在各种颜色的结合中,其不同的效果本身是由各种颜色之选择和排列上的不同造成的:红色、绿色、白色,根据它们所提供的对比而改变其色调。类似地,一门知识分支的要旨和意义,是随着把它向学生介绍时的知识配搭情况而不同的。如果一位学生的阅读被局限在一个单一的科目上,不论这种劳动分工可能会怎样有利于一种具体研究的进展(我在此暂不进入这一论题),它肯定会有一种走向与这位学生的心智相矛盾。如果这个科目与其他的科目是结合在一起的,那么,它对那位学生发挥的影响,就取决于另外的那些科目了。所以古典学在英国是提高人们品味的手段,而在法国却促进了革命理论和自然神论的传播。类似地,在形而上学领域,巴特勒关于宗教的类比,同牛津大学的许多成员改宗天主教信仰很有关系,但是在接受了一种不同教育的皮特②和其他一些人看来,却只是在导致不信的方向上起作用。还有,兰达夫主教瓦特生③在他关于自己生平的叙述中,曾告诉我们说,他发现数学科学会使心智讨厌宗教信念,而另一些人却在对数学的研究中,发现了同基督教的神秘最相似的东西,因此也发现了为基督教的神秘进行辩护的方法。与此类似,我想,阿瑟希拉斯④是不会像亚里士多德那样玩弄逻辑的,而亚里士多德也不曾批评柏拉图一类的诗人。然而,逻辑推理和诗歌都服从于科学的规则。

---

① 意指不考虑对别的科学的范围造成侵害。——译注
② William Pitt the Younger(1759—1806),英国首相。
③ Richard Watson(1737—1816),剑桥大学钦定神学教授。
④ Arcesilas(公元前316—公元前241),柏拉图建立的雅典学园的负责人之一。——译注

所以，扩大一所大学所从事的研究范围是很重要的，即使只是从学生的角度来看也是如此。即使学生们并不学习对他们开放的每一个科目，由于他们生活在那些代表着整个知识范围的人当中，并且在他们的指导之下生活，他们也会获益匪浅。我认为，这正是被视为教育场所的普遍学问的探究之地的长处所在。那些热衷于他们自己的学科而又彼此竞争的饱学之士组成了一个集体，他们由于十分熟悉的相互交流并因为在思想上维持和睦的缘故，一起协调着他们各自的研究科目的种种主张和种种关系。他们学习相互尊重、相互咨询并相互帮助，这样就造就了一种单纯而明净的思想氛围，学生们也可以在其中呼吸，尽管他们自己仅仅从事那许多学科中的很少一部分。学生们从一种思想传统中获益，这种思想传统独立于特定的教师，指引学生选择科目，并对他已经选择的科目做出恰当的解释。倘非如此，学生就不能很好地理解知识的总体轮廓，知识所依赖的那些原则，其各个组成部分的规模，其光辉与色调，以及其大大小小的要点。正因为如此，对学生的教育才被称为"博雅的"（liberal）。这就可以形成一种终生受益的心智习惯，属于这种习惯的特点有自由、公平、冷静、温和与智慧，或者像我在前面某一讲中冒昧地称呼的那样，是一种哲学的习惯。那样的话，我要说，这是一所大学所提供的教育的独特果实，尤其在与别的教学场所或教学方式相比较时，更是如此。这就是在对待学生方面一所大学的主要目的。那么，现在也许有人会问我，这样做有什么用处呢？我对此的回答，将构成以下几讲的主要内容。

2

我想，一些谨慎而务实的思考者会问我，我做了如此说明又对之抱有如此期望的这种哲学究竟会有什么益处呢？即使设想它能使我们建立确切的相应于每一门学科的不同程度的信仰，又能使我们精确地评价在任何地方所发现的每一种真理的价值，你一直在大力赞扬的这种了解事物的观点如何能够使我们变得比以前更好呢？这样一种哲学难道不是颠倒了劳动分工的原则吗？靠它进行教育是更有利于还是更不利于达到实际的目的呢？它会把我们引向哪里呢？哪里是它的尽头呢？它能做些什么呢？它如何带来好处呢？它能向我们承诺什么呢？具体的各门学科分别都是一些特定的技术的基础，它们都会把作为知识主体的那些真理引向一些实在而有益的结果。那么，这种诸学科中的学科，和它相关的技术是什么呢？这样一种哲学的果实是什么呢？当我们着手建立一所大学的时候，我们是想要达到什么结果呢？对于天主教社会来说，我们又抱有什么动机呢？

  人们问我，什么是大学教育的目的？什么是我认为会有益于人的心智的博雅知识或哲学知识的目的？我想回答说，我已经说过的一切已经足够表明，它确实具有一种非常实在、非常真实、非常充分的目的，尽管这种目的不能同知识本身分开。知识完全能够成为它自身的目的。人类心智的结构就是这样的，以至于任何一种知识，只要它真的是知识，它就是对自身的回报。而且，如果对于整个知识来说是如此，那么，对于这一特殊的哲学来说也是如此。我已经说过，构成这一哲学的是一种对所有知识分科中的真理的总的观点，对学科与学科之间关系的总的观点，对学科之间的相互依赖的总的观点，以及对各门学科各自的价值的总的观点。同我们所追求的其他目标相比较，例如同财富、权力、荣誉或生活之方便与舒适相比较，这样一种收获有什么价值，对此我无意在这里讨论；但是我坚持认为，并且要在此表明，这样一种收获就其自身的性质而言，就是如此真实而又如此不可否认的美好的目的，足以补偿在追求它的时候所作的大量思考，足以补偿在到达它的途中所付出的大量辛苦。

  在此，当我对大家说，知识不仅仅是达到它后面的某种东西的手段，或者是它自然会消失于其中的某些技术的准备，知识就是一种目的，是足以安身立命，或者足以为其自身的缘故而继续追求的目的。我这样说绝没有什么自相矛盾，因为我所说的这些，一方面就其自身是可以理解的，另一方面又一直是哲学家们的共同判断和人类的普遍感受。如果考虑到在前些年里，我们听到了多少与宗教相对立的关于有趣的、奇妙的和形形色色的知识的言论，我所说的东西就不过是今天的公众意见至少不会匆匆拒绝的东西。我所说的不过是许多的大部头著作已经做过解说的东西，也就是说，"在哲学、文学和艺术的种种记载中，在所有时代和所有国家的这类记载中，在大量的例证中，都可以选出一些东西来表明，即使是最不利的外部环境也从来不可能压制一种获取知识的热望"。我确实不能否认，知识的掌握自然会给我们带来种种进一步的利益，也会对别人有所帮助，这是超越于知识之上的。但是，撇开这些不谈，事实上，我们还在知识的获取中满足了我们天性上的一种直接需要。并且，我们的天性不像较低级动物的天性，不会一次性地就达到自身的完善，而是要依靠大量的外在的帮助和手段以求达到那个目标，而知识就是这些帮助和手段中最主要的。就其在我们心中就像某种习惯那样造成的效果而言，知识是极有价值的，即使没有任何进一步的理由，即使无助于任何直接的目的，也是这样。

3

所以，西塞罗在历数各色各样心智卓越的特征时，把为着知识的缘故而追求知识列为它们之中首要的一项。他说："这与人性有最大的关系，因为我们所有的人都倾向于追求知识。靠着它，我们可以超群出众，而我们认为这就是卓越；相比之下，错误、失误、无知和受骗，不仅是一件坏事，而且是一种耻辱。"而且，他认为，在我们的物质需要的供应之后，知识乃是吸引我们的首要对象。他还告诉我们，在有关我们自身、我们的家庭和我们的邻人方面，紧接着我们的动物性生存的需要和职责而来的，就是"对真理的探求。因此，一旦我们摆脱了关注生活必需品的压力，我们马上就会想要去看，去听，去了解；所以我们应该把认识那些隐秘的或奇妙的东西，视为我们的幸福的一个条件"。

这段话不过是许许多多作家所写的类似的话当中的一段，我引用它不过是因为我们大家对它都非常熟悉。先生们，我希望你们能够注意到这段话是多么清晰地把对知识的追求同那样一些外部的目标区别开来了。知识肯定是有利于促进那些外部目标的,我想,那些会问我大学教育或博雅教育有什么用处的人,所考虑的也仅仅是那些外部目标。这位伟大的演说家远远没有把吸纳知识设想为直接或主要是为着物质上的舒适和享受的,是为着生活和个人,为着健康,为着夫妻与家庭关系,为着社会纽带和公民安全,等等。他指出,只有在物质的和政治的需要得到满足之后,只有当我们"摆脱了必要的职责和关切之时",我们才有可能渴望"去看,去听,去了解"。至少,他并不考虑在我们获得知识以后,它对于我们在寻求它以前就已着手追求的那些物质利益有什么影响或作用。正相反,他直截了当地否定了知识对于社会生活有什么关系,尽管这在生活于培根哲学兴起之后的人们看来是十分奇怪的,而且他还警告我们要提防这种对知识的吸纳,因为它将妨碍我们对于我们周围的所有造物的责任。"所有这些方法,"他说,"都是在从事对真理的考查。脱离种种公众职业而去从事这样一种追求,乃是对职责的背离。因为对美德的赞扬完全存在于行动之中,然而不时会发生追求中断的情况,而后我们又会重新进行这种追求。更不用说心智的不间断的活动是如此的不倦不怠,总是把我们带向对知识的追求,即使在我们自己不主动行动时也是如此。"通过"追求科学和知识"而造福于社会,这样一种观念在西塞罗看来,完全无法成为吸纳知识的动机。

当卡尼阿德斯①及其同伴在某一场合用他们就此观念所作的滔滔雄辩吸引了罗马的年轻人时,恰恰是这一点,成了老加图②反对向他的同胞们引进希腊哲学的理由。作为一个务实的民族的恰当代表,加图总是根据事物能够产生什么东西来评价每一件事物。而对知识的追求,除了能获得知识,便不能带来任何别的东西。所以对于他从未体验过的心智之扩充或优雅,他抱着一种蔑视的态度。

---

① Carneades(公元前214—公元前129),希腊哲学家,他的著作曾影响了西塞罗。
② Marcus Porcius Cato(the Elder)(公元前234—公元前149),古罗马政治家、演说家,他赞成严谨朴素的罗马生活方式,反对引进希腊哲学和外国的奢侈。

4

倘若一种事物能够经受得起同每一件别的事物的分离而仍然能够在生活中持续下去，那么，它必定在自身之中就有着一种生命力。这样一些追求并不产生任何东西而又能在不同的时代维持自己的地位。尽管它们并未证明自身有用，它们却被认为是可取的。如此一来，它们必然在自身之中有着充分的目的，而不论这种目的到头来是些什么。考虑一下通常用来称呼我们所说的这种知识的名称的力量，我们也能得出同样的结论。我们通常用"博雅知识"（liberal knowledge）、"博雅学艺或课程"（liberal arts and studies）以及"博雅教育"①等名称来表示一所大学或一个绅士所特有的品格或性质。用这样的词语究竟是什么意思呢？首先，在其语法意义上，它同"奴隶式的"（servile）相反。"奴隶式的工作"正如我们的教义问答告诉我们的那样，是被理解为肢体的劳动、机械的利用之类的东西，其中几乎毫无心智的地位。与这类奴隶式的工作相适应的是那样一些技术（如果它们配得上技术这个名称的话），正如一位诗人所说，其起源及其方法都出于某种危险的事情而不是出于技艺。例如，体力劳动者的练习和操作便是如此。就这一对比可以被视为有助于了解这个名称的意义而言，博雅教育和博雅追求就是心智的操练，理性的操练，反思的操练。

但是，我们对这个名称还需要做更多的解释，因为有一些肢体的操练是博雅的，同时有一些心智的操练却并不博雅。例如，在上古时代，医务方面的从业人员通常都是奴隶。然而这一职业就其性质而言却是心智的技艺，尽管它在那时正如在今天一样，会由于冒充、欺骗和诈术而堕落，另一方面就其目的而言却是高尚的。类似地，我们也可以把博雅教育与商业教育或专业教育进行对比，尽管没有人能够否认，商业和种种专门性职业（professions）也能够为最高级和最丰富多

---

① 在这些词语中，"博雅"一词的原文是 liberal，亦可译为"文科的""开明的""自由的"，甚至"通识的""通才的"等，但所有这些译法都无法充分地表达作者的原意。——译注

彩的心智力量提供用武之地。所以,有许许多多心智的操练准确地说并不被称为"博雅的";而在另一方面,有一些身体的操练确实配得上这一名称。例如,古典时代的健身学校就是如此,奥林匹克运动会也是如此。在那里,身体的力量和灵巧像心智的一样得到奖励。在色诺芬①的书中我们读到,年轻的波斯贵族既被教授如何骑马,又被教导要说真话,两者都属于一位绅士应该达到的成就。而且尽管战争是一种残酷的职业,也被视作是博雅的职业,除非它变成了一种英雄行为,而那会是另一个话题了。

现在,把这些例子合起来做比较,我们就不难确定这样一个原则来决定这里所考虑的博雅一词的应用中十分明显的纷繁多样了。很多有男子气的竞技,或一些技巧竞赛甚或军事本领,尽管看来属于身体方面,但却可以算作博雅;另一方面,纯属专门性职业方面的东西,尽管是高度心智性的,尽管同贸易和体力劳动相比是博雅的,但却不能称为博雅,而纯商业性职业(mercantile occupations)则根本不属于博雅。为什么会有这样的区分呢?因为只有一种知识才是博雅的,这种知识因其自身的理由而成立,它不依赖于任何结果,它不需要任何东西作为补充,更不需要靠任何目标来提供支持,它也不会为了出现在我们的思考中而完全为任何技艺服务。绝大多数普通的知识追求都具有这样一种特点,假如它们是自足的和完全的,当它们服务于超出它们自身的某些事物时,它们就丧失了自己的精华。就价值和意义而言,用板球游戏或狩猎狐狸去与一篇论减少裂纹的论文做比较,那是极其荒唐的。然而,在这两者之中,属于身体操练的游戏,倒是具有我们所谓的"博雅"的性质,而属于心智操练的那一项却并不具有这种性质。而且如果仅仅从专门性职业来看,那些具有高深学问的专门性职业(the learned professions)也完全如此。尽管这些专门性职业当中,一个可能是广有裨益的,另一个可能是政治上十分重要的,第三个可能在人类的事业中是最为神圣的。然而,它们的目标的重要性本身,例如身体的健康、社会的健

---

① Xenophon(公元前4世纪),古希腊历史学家与将军。

康或灵魂的健康之类,却只是使它们更无权,而不是更有权要求得到"博雅"这一称呼。而且,如果它们被削减得只剩下对那一目标的纯粹追求的话,那就更配不上这个名称了。例如,假如神学不是作为一种思考来研究,而是被局限于为了教堂里讲道的目的,或为了在教义问答课上讲授的目的,那么,它也就丧失了——不是丧失了它的有用性,不是丧失了它的神圣性,不是丧失了它的美与长处(由于这种仁爱的自我降格,它反而更有权具有这些性质)——确实丧失了我一直为之做出解释的那种特有的属性。正如一张脸由于长期以泪洗面和禁食的缘故而丧失了其美丽,或一个工人的手由于劳作而丧失了其细腻,这样来运作的神学就不再是单纯的知识,而是一种技艺或利用神学的事务了。于是,即使是超自然的东西看来也不需要成为博雅的,即使是一个英雄,看来也不需要成为一个绅士。理由很简单:一个观念并不是另一个观念。类似地,培根主义的哲学通过在为人类服务时运用其自然科学,就把那些学科从博雅追求的层次转移到了独特的(我不会说是较低的)有用性的层次。而且,换一个说法(这样说还是十分清楚的),只要动机在于个人的利益,它就会对任何给定的这类追求之性质带来更加明显的这类效果。例如,在古希腊曾经是一种博雅操练的赛跑,随着时间的推移,当它像别的运动一样被弄成了赌博的手段时,它也就丧失了自己在博雅等级中的地位。

在此所说的这一切可以用那位伟大哲学家的几句很有特色的话来总结。他说:"在人拥有的东西当中,那些会结出果实的就是有用的;而那些倾向于使人喜悦的就是博雅的。说会结果实,我指的是会带来收益;说使人喜悦,则是在有用之外不会产生任何东西。"[①]

5

请不要以为,我像这样求助于古人,好像在把世界抛回到两千

---

① 亚里士多德:《修辞学》(*Rhetoric*) Ⅰ,5,Ⅱ。

年前去,好像在用异教的推理来束缚哲学。只要这个世界继续下去,亚里士多德在这些问题上的理论就会一直有效,因为他是自然的贤者,是真理的贤者。只要我们还是人,我们在很大程度上就不能不是亚里士多德主义者,因为这位伟大的导师的确分析了人类的思想、情感、观点与见解。在我们出生以前,他就告诉了我们关于我们自己的语词和我们自己的观念的意义。在很多的问题上,要正确地思考,就是要像亚里士多德那样思考,尽管我们可能不知道,我们不论愿意与否都是他的学生。现在,就摆在我们面前的这个特殊例子而言,用于"知识"和"教育"的"博雅"这个词,表达了一种特定的观念,只要人性保持不变,这个观念从来就存在而且将来也还会存在,就像"美"的观念、"高尚"的观念、"可笑"的观念,或"肮脏"的观念是一种特定的观念一样。这个观念现在存在于这个世界上,那时也存在于这个世界上;而且,正如在信仰的教义的情况中那样,它是靠一种连续不断的历史的传统来加以解说的,从它进入这个世界的时候起,它就从来没有离开过这个世界。确实,关于哪些研究和哪些艺术可以归入这个观念之下,不时有种种意见上的分歧,但是这类分歧只不过是一种补充的证据,证明了它的实在性。"博雅"这个观念必然有一种内在的实质,这种实质在种种冲突和变化当中一直维持着自己的地位,一直有助于提供衡量事物的标准,一直在人们的心智中彼此传承而保持不变,即使在人们的思想和观念会受到诸多的浸染和诸多的影响时也是如此,并且这种实质不是建立在我们天性的基础上的。假如"博雅"只是一种纯粹的概括或一般化,它就会随着它所概括的各个学科的变化而变化。但是,尽管那些学科随着时代在变化,它自身却保持不变。健身学校对莱克格斯①而言也许是一种博雅的操练,但对塞涅卡而言却并不博雅;马车竞赛和有奖格斗在伊利斯会被认可,而在英格兰却会遭到谴责;音乐在一些现代人的眼中也许是可鄙的,但是在亚里士多德和柏拉图那里却处于最高的地位——与此相同,在美的观念或善的观念或美德的观念

---

① Lycurgus,古代斯巴达的传奇性的改革者和立法者。

之具体运用中,也有趣味上的分歧和判断上的分歧——然而这种种的差异只是意味着这样一个原型观念,而不是否定了这个原型观念,即一种先在的假设和前提,靠着它,相互对抗的意见才能够交锋,而没有它,就没有什么东西可以争论了。

所以,我认为,当我说到一种作为其自身目的的知识时,当我称其为博雅知识或绅士的知识时,当我为这种知识而进行教育时,当我把它作为一所大学的教学范围时,我不应被指责为有任何矛盾之处。而且,当我认为获得这种知识,并不在于获得一种模糊和普通意义上的知识,而在于获得一种尤其是被我称为哲学的知识,或在一种扩展的意义上可称为科学的知识的时候,我就更不应该受到这一类的指责了。因为,不论知识有什么权利要求被视为是好的,它在一种更高的程度上有权利要求,当它不被模糊地和通俗地看待而被准确地和超脱地看待时,它应该被视为哲学。所以我要说,脱离了每一种外部的和将来的目的的知识,当它是哲学的知识并就它是哲学的知识而言,它就尤其具有博雅的性质,或对其自身就是充足的。下面我要来进一步表明这一点。

6

先生们,如果我马上要说的东西乍看之下似乎是一种空想,那么,请你们忍耐一下。我要说,哲学或科学以这样一种方式与知识发生关联——当知识受到理性的作用,为理性所激发,或者(如果可以使用一个有力的形象的话)为理性所灌注的时候,我们就用科学或哲学这个名称称呼知识。理性是知识的内在丰富的原则,对于拥有理性的人来说,它就是知识的特殊价值,它使得他们不用向外去寻找外在于知识本身的任何目的。确实,当知识上升为一种科学的形式以后,它也是一种力量;它不仅本身是卓越的,而且不论它如何卓越,它都不止于此,它还有一种超越自身的结果。这一点是确凿无疑的,但它有待进一步的考虑,我现在并不关注它。我要说的仅仅是,在它是一种力量之先,它就是一种善;它不仅仅是一种工具,而且是一种目的。我很清楚,它可能会把自身消解为一种记忆,会终结于一种机械过程和一种有形的果实;但是它也完全可能回复到那激活了它的理性,而消解为哲学。在前一种情况下它就被称为实用知识,而在后一种情况下则被称为博雅知识。同一个人可能会同时以这两种方式来培养它,但这又是一个对我的主题来说比较生疏的问题。我在这里只是说,有两种使用知识的方式,而且事实上,那些用一种方式来使用它的人就不大可能用另一种方式来使用它,或者只是在非常有限的程度上用另一种方法来使用它。所以你们看,这里有两种教育方法,其中一种的目标是要变成哲学性的,而另一种的目标是要变成机械性的;一种是向着普遍的观念上升,而另一种则耗费在特殊的或外在的东西上。请不要认为,我是在否认具体的和实用的东西的必要性或贬低其好处。对这些东西的关注乃有用的或机械的技艺的分内之事。没有这些东西生活就无法进行,我们的日常福利都得依靠这些东西,很多人以操办这些事情为职责,而我们应该为他们所履行的职责而深深地感谢他们。我只不过是说,知识在其越来越倾向于具体的程度上也就不再是知识了。知识是否可以在任何恰当的意义上被视为兽类的属性,这是一个问题;①如果不自诩在用词上有一种形而上的精确性的话(对这样一个场合来说那会是不恰当的),我就要说,在我看来,把兽类似乎也拥有的那种对于事物的被动的感知或认知叫做知识,那是很不恰当的。当我说到知识的时候,我指的是某种理智的东西,它把握了它通过感官而知觉到的东西,它对事物采取了一种观点,它看见的远比感官所传达的更多,它在看见的时候就对看见的东西进行推理,它赋予看见的东西以一种观念。它表达自身不是仅仅靠说出来而是靠一种推理,它从一开头就具有科学的性质,而它的尊严也正在于此。知识当中的真正尊严的原则,它的价值以及它的可取的性质,就在于其中包含的这种科学过程或哲学过程的开端,而与它的结果毫无关系。正因如此,它才成了它自身的目的;正因如此,它才可以被称为博雅的。不想知

---

① "知识"一词的原文 knowledge 本意为"认识",故有此说。——译注

道事物之间的相互关系,那是奴隶或小孩的状态;想要弄清宇宙的全貌,那是哲学的自豪,或至少是哲学的抱负。

不仅如此,这样一种知识绝不是纯粹外在的或偶然的好处,它今天是我们的而明天是另一个人的,它可以从一本书里得来而又很容易忘掉,我们可以随自己高兴而掌握它或传递它,我们可以为某一个场合而借用它并在我们手中运用它,并把它带到市场上去;它是一种后天获得的敏悟,它是一种习惯,一种个人的财富,一种内在的禀赋。而且,正是因为这个原因,当我们谈到大学是一个教育(education)的场所而不是一个传授(instruction)的场所的时候,尽管传授这个词在涉及知识时乍看之下似乎更为合适,但是说教育场所却更为常见也更为正确。例如在体力操纵方面,在美术或实用技术方面,在贸易方面和在各种业务方面,我们就是被传授,因为这都是一些对心智本身几乎没有或者完全没有影响的方法,它们属于致力于记忆或传统或实用的一些规则,并且仅仅与外在于它们的一种目的有关。但是,教育却是一个高级的词,它意味着对我们的心智性质的一种作用,意味着一种人格的形成,它是某种个人的和永久的东西,人们谈到它的时候通常会联系到宗教和美德。因此,当我们把知识的传递作为教育来谈论时,我们确实是在说,知识是一种心智的状态。而且,既然心智的培养确实因它自身的缘故而值得追求,我们就只能再次得出结论:有这样一种知识,尽管不产生任何东西却十分值得向往,因为它自身就是一种财富,就是对多年辛苦的一种充分的报偿,这个结论正是"博雅"一词和"哲学"一词已经指明了的。

7

所以,这就是对于这一讲开始时的问题我所准备的回答。在继续谈论教会采纳哲学的目的及其运用哲学的好处之前,我准备坚持这一观点,即哲学就是它自身的目的,而且我认为,我已经开始了对它的证明。我还准备坚持认为,有一种知识值得拥有,乃是因为其所是而不仅仅是因为其所为。今天所剩的时间我将用来消除某些人在此问题上的模糊观念和思维混乱。

所以,人们可能会反驳说,当我们宣称我们追求知识是为某种并不超出知识自身的目的时,不论那种目的是什么,我们所说的都是没有意义的;不论人们会说些什么,不论这个观念会如何顽强地在一代又一代人之中得到支持,说我们只是为知识自身而不为任何别的东西追求知识,这样说依然是毫无意义的。因为知识必然会引向某种超越它自身的东西,而那就是它的目的,那就是它之所以可取的原因。不仅如此,这种目的还是双重的,或者是此世的目的,或者是来世的目的。所有的知识,其培养要么是为着世俗的目的,要么是为着永恒的目的。如果它是指向世俗的目的,它就被称为有用的知识;如果是指向永恒的目的,它就被称为宗教的或基督教的知识。结果正如我所同意的,如果博雅知识并非有利于身体或者财产,那它就应该有利于灵魂。如果事实的确如此,即,它在一方面不是物质的或世俗的善,在另一方面也不是道德的或精神的善,那么它就根本不是什么善,而且不值得付出要获得它所必需的那些烦累。

然后,我也可能会被提醒说,在每一个时代,这类博雅知识和哲学知识的教授们自己已经认识到了对事情的这种解释,而且已经致力于这种解释必然导致的问题。因为他们一直在努力让人们具有美德。或者,如果不是这样,他们至少已经假定心智的完善就是美德,他们自己就是人类之中拥有美德的那一部分人。一方面,他们宣称这是他们的专业;另一方面,他们在他们的专业上彻底地失败了,以至于到头来,他们成了人们的话柄,在重如泰山的人群和轻如鸿毛的人群中,都成了一个笑柄。所以,他们没有给别人带来什么烦累,却提供了揭穿自己的理由和手段。一句话,自从雅典被视为世界的大学那个时代以来,哲学除了轻易许诺、浮言空想之外,还教给了人们什么东西呢?哲学门徒的深刻而高尚的思想,除了导致雄辩的辞藻之外,还导致了什么东西呢?而且,当哲学在其匡正人类弊病方面自视很高时,除了致使我们因它的教训而昏昏入睡,以至于什么也感觉不到之外,它的教导在思考什么呢?它就像某些优美的曲调或者像那些强烈而诱人的香水,起初把它们的甜蜜洒遍它们碰到的每一样东西,但就像它们曾经使人愉悦一样只能使人生厌。在西塞罗遭到那些反复无常的下层民众厌弃之时,哲学支持过他吗?在塞涅卡反对一位帝国的暴君之时,哲学鼓励过他吗?在布鲁图斯①悲伤地忏悔和最需要帮助的时候,哲学放弃了他,在加图的赞美诗奇怪地自吹自擂时,哲学使得他虚妄地否定上天。波勒莫②因为哲学而背离了放荡的生活,阿那克萨戈拉③认为拿世界的财富同哲学交换也不值,但像这样的哲学家能够有几个?那位叫拉塞拉斯的哲学家教导了一种超人的理论,但后来却未做任何努力去考验人类的感情就死去了。

我们被告知说:"他极其有力地论说了对种种激情的控制。他的外表令人肃然起敬,他的行为高贵而慷慨,他的发音十分清晰,他的措辞十分优雅。他以一种巨大的感情力量和许多丰富的例证向人们表明,当低级的官能超过了高级的官能时,人性会变得多么低下而卑鄙。他不时地向人们提出种种告诫,要他们谨防被激情征服,他向人们展示出那样一种人的幸福,那种人已经获得了意义重大的胜利,有了这种胜利,人就不再是恐惧的奴隶,也不再是希望的傻子……他向人们列举了许许多多英雄的例证,这些英雄不为任何痛苦或喜悦所动摇,并能对芸芸大众称为好或坏的那些事物或事件漠然视之。"

几天之后,拉塞拉斯在一个昏暗的房间里发现了这位哲学家,他双眼充满泪水。"阁下,"他说,"在你到来的时候,所有人间的友谊都已经无用了;我所遭受的痛苦无法补救,我所遭受的损失也无法补偿。我的女儿,我那唯一的女儿,她的温柔是我在这个时代所能盼望的唯

---

① Marcus Junius Brutus(公元前1世纪),刺杀尤利乌斯·恺撒的主谋,以及随后罗马内战的主要参与者。

② Polemo of Athens(卒于公元前273年),希腊哲学家,后放弃轻浮的生活方式而转向严肃的生活方式。

③ Anaxagoras of Ionia(公元前5世纪),希腊自然哲学家。

一的安慰,她昨天晚上因为热病而死了。"国王回答说:"先生,一个智者最平常的东西就是美德。我们都知道,死亡总是近在咫尺,因此我们应该总是在等待着它。""年轻人啊,"哲学家回答道,"你说起话来就像一个从未体验到分离痛苦的人。"拉塞拉斯说:"那么,难道你忘记了你曾经那么有力地倡导过的告诫吗……想一想,那些外在的事物自然都是千变万化的,然而真理和理性却永远不变。"那位伤心的人回答说:"真理和理性能给我什么安慰呢? 现在,它们除了告诉我我的女儿再也不能复活之外,还有什么作用呢?"

8

你们可能会说,那么,不做任何宣言要好得多,与其用我们所不是者来欺骗别人,与其用我们所是者去使他人蒙羞,还不如什么也不要说。无论如何,这个世界上的人,那些感官享乐者并不是美丽言辞的受害人,他们追求现实并得到了它。先生们,你们会说,实用性的哲学至少已经完成了它的使命;我同意这一点——实用性的哲学目标定得很低,但它已经实现了它的目标。如果说那位在生活行为中已成了生活的先知的心智甚高的人物,似乎没有忠于他自己的公开宣言,那么,他的哲学也并没有要求他忠于他的朋友或者维持朋友的信任。道德上的美德并不是他承担教导别人的工作时所必须采取的方法,而且,尽管他可能像诗人所说的那样是人类中的最"卑贱者",那也只是在可以称为私人方面的事情上是如此,而且没有损害归纳理论。只要他选择这样,他就有权成为这样,因为洞穴偶像或剧场偶像①要说的是一些相反的东西。他的使命是要增加自然的享受和社会的舒适;②他已经

---

① 这是英国哲学家培根在《新工具》第一卷中论述的四种所谓"心智偶像"当中的两种。所谓"洞穴偶像",是指由于个人的生理和心理特点、教育和环境局限(培根将其比喻为狭窄的洞穴)等造成的成见和偏见;所谓"剧场偶像",是指由于各种哲学体系和论证方式(培根将其比喻为剧场的舞台)造成的认识错误。——译注

② 可以看出,在总体上我是赞同麦考莱勋爵关于培根哲学的文章的。但是我不知道他是否会赞同我的观点。

极其出色地、令人惊叹地实现了他的思想和他的计划。几乎是日复一日地,在他所种下的神奇的知识之树上,我们都能看见新鲜的幼芽、花蕾和盛开的、必将成为果实的鲜花,而对于这些东西,我们当中除了最穷困的人之外,如果不是为现存的生命的话,也许谁也不会仅仅为每日的食粮、自己的健康和一般的福利而表示感谢。对于我们所有的人来说,他是上天派来照顾我们此世利益的如此伟大的一位管家,以至于不论我对他的为人会想到些什么,仅仅出于纯粹的感激之心,我也绝不会去对他说任何苛刻的话。而且,尽管他的哲学,正如我们今天所看到的,有种种轻视或贬低神学的倾向,然而在他自己的著作中,他似乎带着对那些倾向的一种先知式的怀疑走出了他自己的常轨,而坚持认为神学正是那仁慈的天父的工具,上帝在以可见的形式来到地上的时候,首要的和最明显地承担起的职责就是减轻人类在身体上的痛苦。①确实,正如传说中的那位老医生,"他干起活来十分勤奋,脸上神采飞扬,嘴里哼着虔诚的歌曲";然后他又"唱着歌跑了出去,如此快活地走进了草场,以至于那些远远地看见他的人们会以为那是一个小伙子在为他心爱的人采集野花,而不是一个老医生在早晨的露水里采集治病的草药"。

唉,在生命的行动中或在灵魂的深处,人们是如此善良、如此高贵、如此明朗清澈,并不是他们在兴奋时所表现出来的那样,或者像天才在昏睡或迷醉时所表现出来的那样!唉,培根以他自己特有的方式到头来仍然只属于那一类的异教哲学家,他们在逆境中有理由为自己的前后不一致而辩护,他们使我们感到惊奇的,是他们曾说过的东西,而不是他们没有做过的事情!唉,他也像苏格拉底或塞涅卡那样,应当被剥掉那件美丽的圣日外衣,应该在他最为庄严的言辞之后成为某种笑柄。而且,为着他所有的种种巨大的才能,又由于自己在道德方面的渺小而代表着他那个学派在心智上的狭隘!然而,即使承认所有这一切,我们还是应该说,他的哲学毕竟不是英雄主义——我并不否认他所设想的东西大部分都已经实现了。他的哲学就是一种方法,凭

---

① 指耶稣在世上行善治病等事。——译注

借这种方法,他可以最大限度地、最为有效地消除肉体上的不适和此世的匮乏。而且,在显示出任何被耗竭的迹象之前,从地球上所有部分得来的自然的礼物,以其十分人工化的形式和奢侈的丰富性和多样性,不可否认,已经借助这种方法被送到了我们的家门口,而且我们都因此而感到高兴。

9

我承认,实用知识完成了它的作用,而博雅知识确实没有完成它的作用——就是说,正如反对者们所假定的,假设它的直接目的就像宗教知识那样,是要使人们变得更好的话。但是,我对这一点暂时不会同意,而且除非我同意这一点,那些反对者们迄今为止尚未对这个目的表示过任何看法。我承认,甚至可以说我坚持认为,他们确实一直都在推进那个目标,因为我认为知识自身即为目的。因为我还坚持认为,这种知识的所有朋友和所有敌人都会说,为知识加上美德或宗教的负担,同为它加上机械技术的负担一样都是一个真正的错误。它的直接任务,不是要锻炼灵魂以反对诱惑,或者是在痛苦中给灵魂以安慰,正如不是要使织布机开始转动,或者要指引火车的方向一样。假如知识同样既是物质进步又是道德进步的手段或条件,那么,从运用其自身来看,它确实很少有助于改进我们的心灵,正如很少有助于改进我们的世俗环境一样。而且,如果知识的赞颂者们为它要求这样一种权力,他们也就犯了侵入一个不属于他们的领域的错误,正如一个政治经济学家竟然坚持认为他那门学科教会了他决疑之术或外交事务一样。知识是一回事,而美德是另一回事;良好的感觉并不是良知,优雅也并不是谦卑,更不是思想信仰的博大和公正。无论哲学如何明智,如何深刻,都不会提供任何对激情的控制,不会提供任何有重大影响的动机,不会提供赋予生命力的原则。博雅教育并不能造就基督徒,不能造就天主教徒,而只是造就绅士。做一个绅士是很好的,拥有受过教养的心智,精致的品味,正直、公平和冷静的头脑,以及生活行动中的高贵而又有理性的姿态,等等,也是很好的——所有这些,都是一种博大知识的固有的性质。它们正是一所大学的目标。我一直在倡导,并且还将解释和坚持这些东西。但是,我得再说一遍,它们绝不是圣洁的保证,甚至也不是良心的保证。它们可以附丽于一个此世的人,可以附丽于荒淫无耻者,可以附丽于冷酷无情者——唉!当这种人用这些东西装扮起来的时候,它们甚至是令人愉快和使人迷惑的。仅仅运用这些东西自身,它们只不过会看起来像它们所不是的东西。从一定距离之外来看它们似乎是美德,但如果近距离地、长时间地观察,就可以看出它们的本来面目。正因为如此,人们普遍指责它们是假装和虚伪的。不,我要再说一遍,这并非由于它们自身的过错,而是因为它们的实行者和钦慕者要获得这些东西只是为了装扮自己,而且只热心于为这些东西获取一种它们所不配的赞扬。你去用剃须刀挖掘一下花岗岩石矿吧,你去用丝线系住海船吧,然后你也许就可以指望用人类知识和人类理性这一类精巧的工具,去同人类的激情和狂妄之类的"巨人"进行抗争。

当然,要为博雅知识的价值和尊严辩护,我们并不一定要采用这一类的理论。当然,博雅知识的主张所依靠的真正基础,并不是如此奇妙或难解,如此奇怪或不可能。当然,这样说(这正是我在这里所说的)是非常容易理解的,即,博雅教育从其本身来看,只不过是对心智的培养,它的目标不多不少,正是追求心智上的卓越。每一件事物都有它自身的完美,不论它在事物的等级之中是高还是低,而一件事物的完美又不是另一件事物的完美。有生命的事物,无生命的事物,可见的事物,不可见的事物,在它们自身的种类之中都是好的,而且都有其自身的最佳状态,而这种最佳状态正是一种追求的目标。你为什么要对你的花园或者你的园地感到如此烦恼呢?你要看的,只是你的小径、草坪和灌木,只是你的树木和马道。并不是因为你要把一部分弄成一个果园,或把另一部分弄成一块玉米地或畜牧场的样子,而只是因为在那些树木、水塘、平地和坡道之中有一种特别的美,它巧夺天工般地把所有的东西组合为一种形式,连接为一个整体。你们的城市是美的,你们的宫殿是美的,你们的公共建筑是美的,你们自己土地上的住宅是美的,你们的教堂也是美的;它们的美并不指向美以外的任何东西。有一种物质的美,也有一种道德的美;有一种人格的美,有一种我们作为道德存在物所拥有的德性之美。与此类似,也有一种心智的美,一种心智的完美。在这些各种各样的关注对象之中,有一种理想的完美,我们可以看见许多单个的例证向着这种理想的完美上升,这种理想的完美也构成了所有的个体的标准。希腊的神和半神们,正如雕刻艺术家所塑造的那样,以其形象的对称、高高的额头和标准的特征,而成为有形之美的典范。历史书告诉我们的那些英雄,亚历山大,或恺撒①,或西庇阿②,或萨拉丁③,都是宽宏大量或自我克制的代表人物,这些东西乃是人性的伟大之处。基督教也有它自己的英雄,而这种超自然等级之上的英雄,我们称其为圣徒。艺术家放在自己面前的是形象和形式的美,诗人放在自己面前的是心智的美,传道者放在自己面前的是恩典的美——我得再说一遍,心智也有它自己的美,而且它也拥有以它为目标的人物。打开心智,矫正心智,提炼心智,使它能够认识,能够消化,能够掌握,能够控制,能够利用它的知识,给它以力量去控制它自己的功能、应用、弹性、方法、批判性的精确、明智、资源、方向以及雄辩的表达方式,这样一个目标是可以理解的(因为在这里我们所要探究的,不是博雅教育的目标有什么价值,不是它对教会有什么用处,而是它自身究竟是些什么)。是的,这样一个目标像美德的培养一样是可以理解的,尽管它绝对不同于美德的培养。

10

这确实只不过是一个此世的目标,只不过是一种无常的财富。但

---

① Julius Caesar(公元前 100—公元前 44),罗马将军与政治家,他的活动导致了罗马共和国的终结,为罗马帝国开创了道路。
② Publius Cornelius Scipio Africanus(公元前 236—公元前 183),罗马将军,曾于公元前 202 年在扎马战役中击败汉尼拔。
③ Saladin(1138—1193),曾领导抵抗十字军的伊斯兰军队统帅。

是,我们经常利用并且追求的其他许多东西本身也不过如此。道德学家会告诉我们说,人就其所有的机能而言,不过是一种开了又谢的花朵,除非有一种更高的原则向他吹入气息,并把他造成不朽的东西。肉体和心智确实正在由于神圣恩惠①的赐礼而被带入某种永恒的存在状态。但是,在这样一个败坏的世界上,肉体和心智在起初却也是败坏的。如果心智的种种力量会腐朽,那么,肉体的种种力量甚至在此之前便已经腐朽,而且,正如一所医院或者一座济贫院,虽然其目标绝不是永恒的,但是却可以圣洁化而为宗教服务。同样,一所大学也肯定可以如此,即使它只不过是我迄今所描述过的那样一所大学。我们要到达天堂,也可以靠利用这个世界,尽管这个世界必然会逝去;我们要完善自己的天性,不是靠取消它,而是靠给它增添某种超过天性的东西,并把它引向高于它自身的目标。

---

① 指上帝。——译注

第六讲　从与学习的关系看待知识

1

英语似乎不像希腊语那样,拥有一些确定的词汇来一般地或者干脆利落地表达心智的圆熟或完美,就像"健康"一词被用来指动物性的身体结构,以及"美德"一词被用来指人的道德性质那样。我实在找不到这样一个词。"才能"、"能力"、"天赋"都属于自然天成的、有待加工之物,而不属于作为后天训练之结果的那种卓越。确实,当我们转而讨论各种具体的理智完美的时候,我们就会有很多词汇用于这个目的,例如"判断""品味""技巧"等等;然而在大多数情况下,即使是这些词汇也只属于与练习或技术有关的能力或习惯,而不属于从其自身来考虑的心智的完美状态。在此,"智慧"肯定是一个比其他任何词汇都更加有包容性的词汇,但是它同行为和人生有一种直接的关系。的确,"知识"和"科学"是表达了纯粹心智的观念,但是它们依然不是心智的一种状态或质量。因为,知识在其普通的意义上只是心智的环境之一,指的是一种拥有或者一种习惯,而科学一直被用来指心智关注的内容,但在英语当中它并不像它应该是的那样属于心智本身。因此之故,在像这里这样的一个论证场合就需要许许多多的词汇,以便于:第一,去表达和传达其本身并不困难的一个观念——即作为一种目的的心智之教化;第二,去推荐一种其本身绝非不可理解的目的;第三,去描述并使心智认识到这样一种特定的完美,而该目的就存在于这种完美之中。每一个人在实践中都知道是什么东西构成了健康或者美德,每一个人都承认健康和美德是价值追求的目的。而就心智的卓越来说,情况却并非如此,如果有人觉得我在一篇开场白里就费了这么多的唇舌,那么这正是其原因所在。

由于缺乏大家公认的一个词汇,我就把这种心智的完美或美德称为哲学、哲学知识、心智的扩展或启悟。今天的作家们用这些词汇来称呼它并不罕见。但是,不管我们赋予它什么样的名称,我相信,作为一种历史事实,大学的要务就在于把这种心智培养作为自己直接的业务范围,或者使自身致力于这种心智的教育——正如一所医院的工作就在于治疗病人或伤者,一所骑术或剑术学校或体操学校的工作就在于操练人的肢体,一所养老院的工作就在于帮助或安慰年老者,一所孤儿院的工作就在于保护孤儿,一所感化院的工作就在于帮助犯了过失的人。我要说,从纯粹的理念上说,在被视为教会的手段之前,一所大学就应该以此为目标,以此为使命。它既不考虑道德的灌输,也不考虑机械的制造;它宣称要对心智实施一种既非技术也非职责的训练;它的功能就是心智培养;在这里它可能会离开自己的学生,当它在这方面做得足够多时,它也就完成了自己的工作。它教育富有才智之士在一切事务上很好地运用理性去接近真理,并掌握真理。

2

这一点,我在上一次演讲中说过,就是大学的目的,就是从大学自身来看,离开天主教教会的角度,离开国家的角度,或离开任何其他的可能会使用它的力量的角度来看待的大学的目的。而且,我曾以各种不同的方式解释过这一点。我说过,心智必然具有它自身的一种卓越,因为没有任何东西不具有其自身独特的善。假如心智不具有其自身的目的,"教育"一词也就不会被用于心智的培养,像它已经被用来表示这个意思那样;假如它没有这样一种目的,那么,像人们通常做的那样,把某种心智操练称为与"实用的"相对照的"博雅的"操练,也就没有任何意义。哲学气质这个概念本身就已经暗示着这一点,因为它使我们回到以其自身为目的的那种研究和体系,那是不同于任何一种功效和成果的。一种哲学性的知识计划或学科体系,出于其自身的本质就不可能引出任何一种确定的技术或固定的追求来作为自身的目标。而且,另一方面,研究和系统思考所导向的对于真理的发现和沉思,已经是足够充分的目标,尽管在它们自身之外并不添加任何东西,它们从来就被人类视为足够充分的。

所以,在此我又来谈这个题目。而且,在确定了心智培养在其自身之中就是独特而又充分的目标之后,在确定了(在我们的词汇的范围内来说)这乃是一种扩展或启悟之后,我要着手来探究,是什么东西构成了这种心智的广度,或力量,或光明,或哲学。一所医院医治一只折断的胳膊或治疗一个人的热病,那么,一个声称致力于健康——不是身体的健康,不是灵魂的健康,而是心智的健康——的机构,其作用是什么呢?这种善是什么呢,在过去正如在现在一样被认为是值得天主教会注意和运用的这种好处是什么呢?

在以后的演讲中,我将不得不去研究心智的那些性质和特征,心智的培养会引出它们,或者不如说就在它们之中。而且,为了有助于我现在承担的任务,我还会回到我已经稍稍接触过的一些问题上去。这些问题有三个,即心智的培养与三种东西的关系。这三种东西是:第一,纯粹的知识;第二,专业的知识;第三,宗教的知识。换言之,大学教育的职责范围,是某种获取和达到呢,还是某些技艺和职业中的专业性呢,还是道德和宗教上的完美呢?还是这三种东西之外的什么东西呢?对于这些问题,我将怀着我所提到过的目标来逐一回答。而且,在这项令人忧虑的工作中,我希望得到大家的原谅,因为我不得不在这些演讲或别的地方重复我已经写在纸上的东西。现在,我要来谈第一个问题,即关于纯粹的知识或学问,以及它与心智的启悟或哲学的关系。

3

　　我设想,考虑到大学是一个教育场所,一般的公众对大学的第一个看法会是:它不多也不少就是人们在大量的科目方面获取大量的知识的地方。记忆是所有心智能力当中第一个得到发展的能力。一个孩子进学校开始学习的时候,他的任务就是把各种各样的东西储存在他的记忆中。在许多年之中,他的心智几乎不过就是一种吸收事实的工具,或者一个储藏事实的仓库;他一见到各种事实就要赶紧去迎接;他依靠外在于他的东西而活着;他只让他的眼睛注视他的周围;他对于各种印象有一种活跃的感受性;他吸收每一种信息;在"自己"这个词的真正意义上说,他很少把什么东西变成他自己的,他像是依靠他周围的邻居们而生活。他有各种各样的见解,宗教的,政治的,文学的,而且就一个男孩而言,他的看法是十分积极的,对之也很有把握;但是情况也许是,他从他的同学、老师或父母那里得到了这些见解。在处于其他的关系之中时他是这样,在处于学校的活动之中时他也是这样;他的心智是观察式的、敏锐的、有准备的、好记性的;在获取知识方面,他几乎是完全被动的。我这样说,绝非轻视关于聪明男孩的观念。地理学、编年史、历史学、语言学和博物学等,他储藏这些学科的资料,就像在为将来储存财富一样。对他来说,那真是丰富的七年:他像埃及人一样大把大把地拿,从不点数。而且,虽然随着时间的流逝也有了数学方面推理能力的训练,以及诗歌和演说方面趣味的培养,但是,至少在中小学里,直到最后几年,他仍然只是获取,几乎再无其他。当他毕业后上大学时,他基本上是种种外来影响和外在环境的产物,或者是由种种相同或相异的偶然因素造成的。不仅如此,那些使一个男孩受到赞扬的道德习惯,也鼓励并帮助造成了这样一个结果:努力、勤奋、守时、快捷、不懈地应用。因为这些东西就是收获的直接条件,而且自然会导致收获。而获取或收获,在一时之间是特别有成效的。它们是一种可以显示的东西,既可以对老师显示,也可以对学生显示。而听众即使对考试的科目完全无知,也可以明白问题什么时候得到了回答,什么时候没有得到回答。在这里我们可以看到,为什么在人们心目中心智的培养被等同于知识的获取①。

当这种观念从关于中小学的思考进入到关于大学的思考时,它也就变成了公众的想法:在这方面迄今还有一个最好的理由,那就是,没有学识(acquirements)也就没有真正的培养,而哲学必须以知识②为前提。要确保我们能够在任何严肃的问题上提出我们的见解,就必须大量地阅读,或者要求有范围宽广的信息。假如没有这样的学习,那么即使是最富原创性的心智确实只能够用于向人炫耀,逗人发笑,争执诡辩,使人困惑,而不能得到任何有用的结果或者有价值的结论。确实也有那么一些人,他们对这个问题表达了一种不同的观点,甚至对这个问题采取了某种行动。你总可以不时地发现某个心智活跃或思想丰富的人,他不仅自己不依靠别的资源,还蔑视以往的作者,无所畏惧地向世界提供了自己关于宗教的、历史的或任何其他流行主题的观点。他可能畅销一时,他可能获得一时之名。但是一切到此为止。时间一长,他的读者肯定会发现他的学说不过是纯粹的理论,并不表现任何事实,这些学说是糠麸而非面包,而后,他的名声也就来得快去得快了。

所以,知识是心智扩展不可或缺的条件,是达到心智扩展的手段。这一点不但不能否认而且还应该坚持。我也把它作为第一条原则来开始我的演讲。然而,它的真理把人们带得太远了,它使人们断言这个观念就是事情的全部。人们认为,一种狭隘的心智就是缺乏知识的心智,而一个扩展了的心智,就是拥有大量知识的心智。似乎使得事情无可争辩的是这样一个事实,即,大学从事着数目如此巨大的各种学科,以此为业。各种各样的科目都正在开课,正在考试,正在颁奖。有道德学教授、形上学教授、物理学教授,还有语言学教授、历史学教

---

① 此处的"知识的获取"(acquisition of knowledge)也可译为"学识"。下文中我们就将 acquirements 译为"学识"。——译注
② 此处的"知识"(knowledge)也可以译为"认识"。——译注

授、数学教授、实验科学教授。已经出版了关于各种问题的清单,其深度和广度,其种类之多和困难之大,都令人叹为观止。人们写了各种各样的论文和专著,其阅读范围之广泛或信息之纷繁多样,仅仅从封面上就能看到。那么,对于一个大量阅读并有如此之多科学收获的人来说,心智的培养还会缺少什么呢?除了学识之外,心智还能有什么结果呢?除了对大量知识财富的这种意识和享受,还能在什么地方找到哲学的安息之处呢?

然而,我认为,这个观念是一个错误。现在我的任务就是要来说明这一点,要说明博雅教育的目的绝不仅仅是知识,不是从其内容来考虑的知识。为了最好地说明这个问题,我在此要提出一些例证,这些例证被公认为可以说明心智的启悟或扩展过程;我还要提出另外一些相反的例证,这样,先生们,你们就可以通过比较来做出自己的判断,即,知识(即学识)究竟是不是心智扩展的真正原则,或者,知识原则是不是某种另外的东西。

4

例如,① 有一个人,他迄今为止的体验一般局限于这些岛国(爱尔兰或英格兰)上那安宁而又温和的景观,假设他第一次走出去,进入了大自然的面貌更为宽阔也更为凶险的那些地区,不论是在国内还是国外,比如进入山区里面,或者假设是这样一个人,他从来都居住在一个安静的小村子里,第一次走进了一个大都市,那么,我设想,他所得到的感受也许会是他以前从未有过的。他所得到的感受不会是在以往的感受上有所增添,而是一种性质全然不同的东西。他也许会被带得更远,而且在某些时候会发现自己丧失了某些关系和意义。他已经有了某种进步,他有了一种心智扩展的意识;他所站立的地方不再是以前的地方,他有了一个新的中心,有了一个他以前完全陌生的思想

---

① 以下几页的内容,几乎逐字逐句出自我在牛津大学的第十四次讲道,在写作这篇讲稿的时候我并没有想到要重印它。

范围。

再者,望远镜为我们扩展了对于天体的观察,如果可以填满或占据心智的话,那是几乎可以在其中掀起风暴并使之眼花缭乱的。它带来了各种观念的洪流,而且可以恰当地被称为心智的扩展,不论这个词指的是什么意思。

同样,对形形色色被猎获的兽类以及种种外国的动物,对于它们的稀奇古怪,对于它们的形态、姿态、习性、品种和相互之间的依存之原初性(如果我可以使用这个词的话)的观察,使得我们进入了另一个创造的世界,我们似乎被置于另一个造物主之下,如果我可以这样来形容它们对于心智产生的诱惑的话。通过这种知识的增加,我们似乎得到了某种新的能力,或者对我们的能力有了某种新的操练,就像一个囚犯已经习惯于手铐脚镣,却突然发现自己的手脚是自由的那样。

因此,当自然科学及其各个分支带给我们关于宇宙的极其丰富但却有序的形形色色的信息的时候,它会使学生得到提高并使学生兴奋,而且我可以说,起初还会使他们屏息凝神,尽管它最终会对学生发挥一种有镇静作用的影响。

另外,对历史的研究据说也能扩展和启发心智,这又是为什么呢?我想,这是因为历史研究给了心智以一种能力,去判断正在消失的各种事件,去判断所有的事件,而且还给了心智以一种以前所没有的超越于这些事件之上的意识。

与此类似,有些东西被称为睁眼看世界。走进积极的生活,进入社会,出去旅行,熟悉各种社会阶层,去接触不同的人群、人种和利益集团的种种思想原则和思想方式,去接触他们的各种各样的观点、目标、习惯、方式以及他们的宗教信条和崇拜形式等——去体验人们是多么各不相同又多么相互类似,人们的见解会多么低下、多么肮脏、多么对立然而又多么自信。所有这些东西都对人的心智发挥着一种可以感觉得到的影响,不论这种影响是好是坏,这都是不会有错的,而这通常就被称为心智的扩展。

还有,心智会遭遇以下种种情形:它第一次遇到一些不信者的论辩和思考,并且感觉到那些论辩和思考向自己一向认为神圣的东西投上了一束新奇的光;接下来,心智会向它们作出让步,并且赞成它们把自己迄今为止所持有的许多东西作为偏见而抛弃,而且好像大梦初醒一般意识到那时自己的想象,即现在并没有任何律法和违反律法之类的东西,罪恶只不过是幻觉,惩罚只不过是恐吓,自己可以随意去犯罪,可以随意去享受这个世界和肉欲;更有甚者,心智确实已去享受这些东西,并且设想自己可以去拥有自己所意欲的东西,并认为它是正当的,"这个世界就是摆在它面前供它选择的地方",而这套想法建立起来是作为它自己私下的信念。如果这样一种随心所欲的思想的洪流淹没了心智并充满了心智,谁还能够否认知识之树的果子,或者心智以为是知识的东西,已经把心智造成了众神之一,而靠的就是一种扩大或提高的意识——一种在现实之中的迷醉,就心智的主观状态而言,也是一种启悟呢?于是,我们就可以看到在那些断然抛弃了造物主的个人或民族当中的狂热。他们的眼睛睁开了。而且,就像悲剧中的那位判断力受损的国王,他们看见的是两个太阳和一个魔法式的宇宙。由此,他们会带着某种轻蔑和愤怒去看待自己以前的信仰和纯洁的状态,就好像他们那时候只是傻瓜和受骗者似的。

另一方面,宗教也有它自己的扩展,而且是另一种扩展——不是狂乱的扩展,而是平和的扩展。这种扩展常常最明显地表现在未受过教育的人身上,他们以往对不可见的世界想得很少,当他们转向上帝之时,那个世界却进入了他们的内心,调节着他们的心灵,改变着他们的行为,而且,在他们思考死亡与审判、天堂与地狱的时候,他们在心智上似乎完全变成了与以往不同的人。以前他们只是逆来顺受、随波逐流,看不出事情之间有什么区别。然而现在,每一个事件都有了一种意义。不论什么事情发生,他们都会有自己的评价。他们开始注重时间与季节,开始把现在与过去进行比较,并且这个世界也不再是沉闷的、单调的、毫无益处的和没有希望的,而是一出十分复杂而又丰富多彩的戏剧,有各个组成部分,也有一个目的,还包含有一种严肃的道德。

5

　　这些例证还可以补充许多,但是仅仅透过这些例证我们就已经可以很清楚:第一,知识的交流当然是这种意义上的心智的扩展或启悟的一个条件或者手段。关于这一点,我们现在从一些方面已经知道得很多,这是无可否认的。但是,第二,同样清楚的是,这样一种交流绝不是这个过程的全部。这种扩展不仅仅在于心智被动地接收以前未知的大量观念,而且还在于,各种新观念会汹涌而来,心智会依靠它们、针对它们、沉浸其间,进行各种生机勃勃的活动。这是一种有建构力的活动,它会把我们所获取的材料归结为秩序和意义,它会把我们知识的客观对象从主观上建构成我们自己的东西,或者,用一个常用的词来说,这是消化我们所接收的东西,把它吸收到我们以前的思想结构中来。没有这种活动就谈不上有什么随之而来的扩展,在各种观念进入我们的心智的时候,如果没有在一个观念与另一个观念之间进行的比较,如果没有对它们进行的系统综合,也就没有什么扩展可言。当我们不仅仅是在学习,而且把我们所学的东西同我们已经知道的东西进行参照的时候,我们就会感觉到我们的心智在成长、在扩展。心智的启悟,也不是在我们的知识方面的那种纯粹的增加,而是心智中心的那样一种不断的运动,我们所知道的东西和我们正在学习的东西,我们所获取的东西的大量积累,都自然地倾向于这种运动。因此,一个真正伟大的心智,一个被人类公认为伟大的心智,例如亚里士多德、圣托马斯、牛顿或歌德[①]的心智(当我只谈心智本身的时候,我有意要从天主教范围之内和之外来举例),就是这样一种心智,它能够对老的和新的,过去的和现在的,远的和近的所有东西采取一种相互关联的看法,它能够洞见到所有这些东西之间的相互影响。离开了这种看法或洞见,也就没有什么整体,没有什么中心。这种心智所掌握的,不

[①] Johann Wolfgang von Goethe(1749—1832),18世纪后期和19世纪早期最重要的德国诗人和剧作家。

仅是关于事物的知识,而且是关于事物相互之间的真正关系的知识;知识不仅被视为学识,而且被视为哲学。

因此,如果没有这样一种分析的、整理的、起协调作用的过程,心智也就体验不到任何扩展,也就算不上已经启悟的或者有领悟力的心智,不论它已经为自己的知识增添了什么东西。例如,超常的记性,正如我已经说过的,造就不了一个哲学家,正如一本字典不能被称为一部语法一样。有这么一些人,他们的头脑中装着大量形形色色的观念,但是对于观念之间真正的联系,他们却几乎没有什么感受。一些文物学者、编年史学者也许就是如此。他们也许十分熟悉规则,他们也许对统计数字十分在行,他们在自己的领域内十分有用——我不该再对他们说不敬的话了——然而,在这一类的成就中,却没有任何东西可以保证避免心智的狭隘。如果他们只不过是一些书读得多的人或消息灵通的人,他们就没有任何东西配得上心智培养的名称,或者适合于博雅教育这一类的教育。

同样,我们有时会碰到这样一些人,他们对这个世界见多识广,而且见过与他们同时代的在这个世界上颇为重要的很多人,但是他们几乎没有做出什么概括,也没有做出什么观察(在这个词的真正意义上说)。他们掌握了一大堆琐细的信息,对于人和事颇为好奇,也颇能欣赏;他们的生活没有任何清晰的或确定的原则,不论是宗教的还是政治的原则。他们谈论每一个人,谈论每一件事,仅仅涉及许多现象,这些现象自身是完整的,但是却不引向任何东西。他们不探讨现象也不传授真理,也不对听者有所教益,只是聊天谈话而已。这样的人尽管所知甚多,但没有一个人会说他们已经获得了任何一种博大的心智教养或者达至了哲学。

当我们所提及的这种人无疑权势较低、教育较差时,情况依然会如此,但只是令人印象更加深刻。也许他们在国外待得很久,并在那里被动地、懒散地、毫无效果地看到了许多不同的偶然碰到的事实。例如,一些水手曾从地球的这一头走到那一头,但是,他们所碰到的外在对象之丰富多彩并不对他们的想象力构成任何一种协调一致的图景;他们看见了描述人类生活的挂毯,但是好像是从反面看到的一样,并没有从中得到什么故事。他们睡觉,他们起床,他们发现自己今天是在欧洲,明天可能是在亚洲;他们看见过许多伟大城市的风光,看见过许多蛮荒地区的景象;他们到过商业的中心,或者到过南太平洋的岛屿;他们呆望着庞贝城的石柱,或者呆望着安第斯的山峰。但是,他们所看见的任何东西,都不会把他们带向未来或带向过去,带向任何超越这些东西自身的思想。没有任何东西会有什么推动或有什么关联;没有什么东西拥有过去的历史或者未来的许诺。每一样东西都凭靠着自身而站在那里,每一样东西都按照顺序来来去去,就像一场表演中的布景替换,只把观众留在原地。也许你在某种场合曾经很接近这样一个人,当某件事情发生的时候,你想他应该感到震动或者困惑。但是,一件事情对于他就同另一件事物差不多,或者,即便他感到困惑,那也是因为不知道有什么要说,就在你感觉到他要说出什么意见的时候,他不知道有什么要钦羡,要嘲笑,或者要讨厌。因为事实上,他根本就没有什么判断的标准,也没有什么特征能引他得出结论。他所获取的只不过是信息而已,而且我要再说一遍,任何人做梦也不会想到要称其为哲学。

6

这样一些例证在对照之下,可以证实我从此前的那些例证中引出的结论。唯一可以带来心智真正的扩展的是这样一种能力,即,同时把许多事物视为一个整体的能力,把它们分别归入其在宇宙系统中的适当位置的能力,理解它们各自的价值的能力,确定它们之间的相互依赖性的能力。这就是我在前面曾经提到过的那种形式的普遍知识,这种知识在个人的心智中确立,构成了心智的完美。心智有了这种真正的启悟,就再也不会在看待扩展了的知识之内容的任何部分时,不同时考虑到它只是普遍知识的组成部分,或者不联想到从这种考虑所产生的东西。它会使某种形式的每一种东西都导向另外的每一种东西；它会把那种整体的形象与每一个孤立的部分沟通起来，直到那个整体在想象中变得好像一种精神，无处不在地弥漫和渗透在各个组成部分中，并赋予它们以一种确定的意义。正如我们的身体器官在被提到的时候，会考虑到它们在身体当中的功能；正如"创造"这个词就暗示着造物主，"臣民"这个词就暗示着君主。同样地，在我们抽象地设想的哲学家的心智当中，物理世界和道德世界的所有因素，各个学科，各门艺术，各种职业，各个等级，各种职能，各个事件，各种见解，各种个性，连同它们相互关联的各种作用，全都被视为一个整体，正在通过前后相继的整合逐渐汇聚，而趋向那个真正的中心。

即使只拥有一部分这种启悟的理性和真正的哲学，这也是天性在心智方面所能企求的最高境界。它使得心智可以超越于偶然和需要、焦虑和疑惑、不安和迷信等的影响，而那些东西却是许多人的命运。有一些人，他们的心智为某个单一的目的所控制，他们会夸大这个目的的重要性，会狂热地追求这个目的，会把这个目的当成与之完全不相干的那些事物的标准，一旦发现这个标准无用，他们就惊慌失措，灰心丧气。他们总是战战兢兢，辗转不安。而在另一方面，也有那么一些人，他们没有任何目的，也没有任何原则，他们每走一步就会迷失方向。他们心神不宁，在每一个新的关头都不知道该怎么想或怎么说；对于他们偶然碰到的任何人、任何事或任何事实，他们都没有任何观点，他们永远依赖别人的意见，因为他们缺乏内在的资源。然而，如果心智受到了训练，而趋于自身各种能力的完美，它就能够认识，又能够在认识时加以思考，它能够学习用理性灵巧的力量去松动各种事实和事件那紧密的结构。这样的一种心智就不可能是片面的，不可能是排他的，不可能是鲁莽的，不可能张皇失措，而只会是耐心的、考虑周全的、庄重而安宁的，因为它可以在每一个开端当中看到终结，在每一个结局当中看到起源，在每一次扰乱当中看到法则，在每一个延误当中看到限度。因为它总是知道自己身在何处，而且知道自己从一处走向另一处的道路。它拥有斯多噶派的"无所羡慕"——

Felix qui potuit rerum cognoscere causas,

> Atque metus omnes, et inexorabile fatum
> Subjecit pedibus, strepitumque Acherontis avari.①

还有那么一些人,当他们处于种种困难之中,他们能够在短时间内产生一些宏大的思想或炫目的计划;在某种刺激的影响之下,他们好像是出于某种灵感,能够把一束光芒投射到某个主题上或行动的过程中;他们有一种适合于任何紧急情况的、随着事态而产生的急智,有一种英勇而宏大的忍耐力,有一种因反对而更加强烈的精力和敏锐。这就是天才,这就是英雄。这是一种天然禀赋的展现,而不是任何文化能够教化出来的,也不是任何机构可以追求的目标。在这里,与此相反,我们所关注的不是这种纯粹的天性而是训练与教导。这种心智的完美乃是教育的结果,这种应该因材施教于每一个人的心智的完美,乃是对于一切事物的那种清晰、平和、准确的认识和理解,只要有限的心智能够掌握每一件事,能够恰如其分地理解每一件事。就其对历史的认识而言,这几乎是先知性的;就其对人性的认识而言,它几乎能洞察人心;就其摆脱了狭隘和偏见而言,它几乎是超自然的仁爱;它几乎有着信仰的安宁,因为再没有什么东西能够惊扰它;它几乎有着天堂般的沉思之美与和谐,是如此的接近于事物的永恒秩序和上天的音乐。

7

现在,如果我可以确定,一所大学的心智训练真正的和恰当的目标不是"学问"或者"学识",而是作用于知识的"思想"或者"理性",或我们所谓的"哲学",那么,我就能够解释今天围绕着大学教育这个主题的各种各样的谬误了。

我要说,如果我们要改进心智,我们首先就必须上升;在一个平面上,我们不可能获得真正的知识。我们必须概括,我们必须总结方法,

---

① 拉丁文,意为:那些有能力去理解自然之隐秘原因的人,他们是何等的幸福。在他们的脚下,可怖的东西都仓皇逃遁,大地上无情的劫难,以及贪婪冥王的吼叫,全都无影无踪。

我们必须掌握种种原则,并且借助这些将我们所获得的东西进行分类,使之成形。我们所操作的范围是广大还是有限,这并不重要;在每一种情况中,要控制事物,就得高于事物。在第一次探访一片宽广而丰富多彩的乡村的时候,谁会没有体验过心中的烦恼,体验过那些弯弯曲曲的小路、高高的围墙和隔栏、翠绿的峡谷和茂密的树林所造成的烦躁不安呢?那里的每一样东西确实都在对你微笑,但是又都令你困扰。当我们来到一座陌生的城市而手中没有地图时,我们也会有同样的体验。所以,我们会听到一些很有经验的旅行者说,当他们第一次到了一个地方,他们会爬上某座高山或者教堂的钟楼,去弄清楚附近的街道。同样地,你也必须走到你的知识之上,而不是待在下边,否则它就会压迫你。而且你拥有的知识越多,负担就会越重。除非你做了学问的主人,否则,一个萨尔马休斯①或者一个伯尔曼②的学问就会成为你的暴君。"Imperat aut servit"③;如果你能够用有力的胳膊去挥舞它,它就是一件强大的武器。否则,

　　　　Vis consili expers
　　　　Mole ruit suâ. ④

而且,你会像塔尔佩亚⑤一样被从一代又一代人那里获得的巨大财富压倒。

　　例证是太多了,有很多的作者尽管在其文献资料方面总是不知疲倦,但却不得要领。他们是根据分量多少来衡量知识,就仿佛知识存在于那种没有设计、没有形状的粗糙堆积之中似的。有多少关于古典文献的评注家,有多少关于《圣经》的评注家,他们使我们感到惊奇,使我们惊诧于那些在我们面前鱼贯而过的学问,惊诧于那些学问如何得

---

① Claudius Salmasius(1588—1653),法国古典学者。
② Pieter Burman(1668—1741),荷兰古典学者。
③ 拉丁文。在此,纽曼引了一行诗的开头,这一行诗的全文是:"对每一个人来说,他所储存的金钱,或者是他的主人,或者是他的奴隶。"
④ 拉丁文,意为:"力量,如果有愚蠢参加进来,就会由于自身的重量而坠落。"
⑤ Tarpeia,罗马总督的女儿,她背叛了罗马而投向萨宾人,后来被萨宾人杀死。

来！有多少关于教会历史的作家,诸如莫斯海姆①或杜邦②之流,他们把他们的主题分解为种种细节,破坏了它的生命,并用他们对于组成部分的关注夺走了我们对于整体的认识！还有,那些17世纪的英国神学家的讲道,又多么常见地充满了杂七杂八的无聊的学问！当然,天主教徒也会在阅读时不作思考。他们的情况,同新教徒的情况完全一样,我们也可以说,这样一些知识,这样一些他们从不去思考、从不去想透的知识,是配不上知识这个名称的。这样的读者不是掌握知识,而是被知识掌握。不,事实上,他们常常甚至是被知识牵着鼻子走,而毫无自己的意志。我们可以回想一下,正如想象力那样,记忆力也会变成暴君。我相信,所谓狂乱,可以视为对各种观念的脉络失去了控制。当心智被这样开动起来,它就被剥夺了创新的能力,变成了一连串联想的牺牲品,就好像由于一种机械的过程或者出于某种物质的需要,以一种因果方式从一种思想联想到另一种思想。任何一个人,只要曾经有同那些习惯勤奋的人相处的经验,就会认识到类似的现象也存在于那些总是在刺激记忆力的人身上。在他们身上,理性发挥作用之软弱无力,就像在一个疯子身上那样。他们一旦开始着手任何一个主题,就没有任何能力控制自己;他们只是被动地维持着连续而来的冲动,这些冲动是从最初的一个令人兴奋的原因发展而来的。他们从一个观念走到另一个观念,坚持不懈地前行,维持着同一条单一的思路,而不管旁观者有多少丰富的反应,或者只是无穷无尽地离题漫游,而不顾对他的种种劝告。所以,如果一个人不羡慕疯子在突发奇想时的那种原创式的闪光(他肯定不会羡慕疯子),那么,我们为什么要大力赞扬对那样一种心智的培养呢？那种心智虽然的确不是无根的想象之猎物,却是光秃秃的事实之猎物;虽然不是病态的想象从内部入侵的牺牲品,却是偶然外在的事实从外部入侵的牺牲品。我这样说,绝不是要否认一种有力而快捷的记忆力本身就是一种真正的财富;我也不是要轻视一个记忆丰富的头脑,只要它是清醒的,它就不

---

① Johann Lorenz von Mosheim(1694—1755),德国教会史家。
② Louis Ellies Du Pin(1657—1719),法国天主教神学家。

是一无是处——即使不说它对好记性的拥有者自己有很大的价值,它对旁人也有很大的价值——不过,在我看来,它与一家书店也没什么两样。我更不是要把深刻而又广博的知识的拥有者从我理想中的大学排除出去。在人们的眼中,这种人可以使大学增光。我只不过是说,他们不能构成理想的大学追求的目标。为了扩大记忆而牺牲无疑是更高的能力,这对心智来说绝不是一种收获。

8

的确,我也并不是在假设,至少在现在有什么教育过头的巨大的危险;危险倒是在相反的方面。先生们,我想告诉你们,在过去 20 年中一直都有的实践中的错误是些什么——那并不是在学生的记忆中装了大量的未经消化的知识,而是向学生强加了太多的他们已排斥的东西。那是这样一些错误,即,用一大堆无意义的科目去分散和弱化学生的心智;让学生认为涉猎十几个不同的学科不是浅薄(但这确实是浅薄),而是扩展(但这确实不是扩展);让学生去熟悉一些已知的事物和人物的名称,掌握一些鸡零狗碎的精巧玩意,出席一些雄辩的演讲会,参加一些科学的机构,观看一些演示台上的实验和博物馆中的样品,把所有这些东西看成不是在分散心智而是在使之进步。现在,所有这些东西是要一次性地学到,而不是先学一件再学一件;不是好好地学精一样,而是马马虎虎地学一大堆。现在,学习是不要实践,不要专注,不要辛苦,不要基础,不要前进,不要完善。在学习当中没有任何个性,而这就是这个时代的奇迹。蒸汽机只是作用于物质。而印刷机却作用于心智,它会机械地起作用,而广大的民众却会被动地、几乎是无意识地受它的教导,靠的只是印刷品单纯的增加或传播。不论是学校里的男孩或女孩,还是大学里的年轻人,也不论是城市里的机械工还是议会里的政治家,所有的人都以这种或那种方式,变成了这种最荒唐、最有害的欺骗的受害者。聪明的人们徒然地提高了他们的声音,但在最后由于担心自己的机构会被别人超过,会在时下的愚蠢之中消失，他们就不得不在自己的良心许可的范围内向一种他们无法抵抗的时代精神让步，做出种种他们只会从内心加以嘲笑的暂时妥协。

　　千万不要以为，因为我说了这些，我就是有点害怕对人民进行教育。正相反，人民得到越多的教育就越好，而这也才是真正的教育。我也并不是要反对科学和文学著作的廉价出版，这种出版正是时下的风气。正相反，我认为这是一种极大的好处、极大的方便、极大的成就。对于那些要通过教育来学会阅读出版物的人而言，科学和文学著作的廉价出版更是好事一件。而且，我还认为，这类科学和文学出版物作为无害的消遣，可以为年轻人提供不少东西，可以很恰当地用来占据他们的思想和闲暇时光，使之避免不良的活动和不良的伙伴。不仅如此，关于对化学和地质学，天文学和政治经济学，现代史和生物学以及其他种种知识分支学科的肤浅了解，关于定期的出版物，偶尔举行的讲座以及科学机构正在向社会普及的这种了解，我认为这都是很有益的成就，对于受教育的人们来说是十分适当的，不，在今天是十分必需的成就。最后，我也不是在贬低或者轻视对这些学科中任何一门的透彻掌握，或者在否认这类透彻的掌握是一种真正的心智教育。我所说的只是，要用恰当的名称来称呼事物，不要把本质不同的各种观念混为一谈。对一门学科的透彻认识，和对很多学科的肤浅了解绝不是一回事。对一百件事物的涉猎或者对许多细节的记忆，并不是一种哲学的或者全面的观点。消遣并不是教育，成就也不是教育。不要说什么要让人民受到教育，如果你这样说的时候你的意思归根结底只不过是应该让人民高兴、放松，得到安慰，有好的心情或好的精神状态，或者避开过分邪恶的事情的话。我并不是说这些愉快的事情或这些对头脑的占据不是一种重大的收获。但是，它们的确不是教育。你也可以把绘画和剑术称为教育，还可以把植物学和贝类学称为普遍的知识。制作鸟类标本或者弹奏弦乐器是一种高雅的消遣，也是一种打发时光的办法，但是，它们不是教育，它们并不形塑心智或培养心智。教育是一个很有分量的词，它是为知识所做的准备，它是与这种准备的程度相适应的知识传递。我们要求用肉体的眼睛去看,同样,我们也要求用心智的眼睛去认识。我们既需要心智的对象,也需要心智的器官;我们不去从事,我们就不能收获;我们要得到这种东西,①不能靠睡大觉或者靠碰运气。最好的望远镜也不能离开眼睛,书刊或者教室对我们有极大的帮助,但是我们首先必须忠实于自己,我们首先必须从事这项工作。② 一所大学,按照通常的说法,是一所逐一地了解自己的孩子们的"母校",而不是一家锻造厂、一间造币厂或一个踏车磨房。

9

先生们,如果你们硬要我在以下两种所谓的大学当中做出选择,我会向你们表示抗议。一种大学拥有宿舍和导师监督制度,给每一个通过了许多科目考试的人授予学位,而另一种大学没有教授也没有考试,只是把许多年轻人汇集在一起3到4年,然后打发他们离开,就像牛津大学据说在过去60年中所做的那样。如果人们要问我,这两种方法当中哪一种是培养心智的更好方法——请注意我不是说在道德上更好的方法,因为十分显然,强制性的学习必然是好事,而懒懒散散则是一种不可容忍的坏事——但是,如果我必须决定这两种方法当中哪一种能够更成功地训练、塑造、扩展心智,哪一种送出去的人更加适合于他们的世俗职责,哪一种造就了更好的公众人物、重要人物、流芳百世的人物,那么,我会毫不犹豫地把优先票投给那种无所作为的大学,而不投给那种强要它的学生们去熟悉世界上的每一门学科的大学。而且,尽管似乎有些矛盾,如果对这两种制度的考查是看其结果,那么在过去一百年的历程中,英格兰的公立学校和学院的影响至少会证实我所做的这种对比的一个方面。而在另一方面,已经吸引了我们这个时代的想象力的那些理想制度,如果能够有什么效果,它们会带来什么东西,以及从心智上看它们是否就不会造就轻浮的、心胸狭隘

---

① 在此指上文提到的心智的器官或功能。——译注
② 在此指教育工作。——译注

的和没有根基的一代人,这是一个有待辩论的问题。但是,迄今为止已经肯定的是,我所提到的那种大学和学术机构,那种只不过先是把男孩子们后来是把年轻人集合到一起的机构,它们虽然在道德方面残缺不全,虽然在神学训练方面完全空缺,而且信奉一种异教的伦理原则,然而,我要说,它们至少可以自夸产生了一系列的英雄和政治家,文学家和哲学家,以及因其杰出的自然禀赋、勤奋的工作习惯、生活的知识、实际的判断、有教养的趣味和种种成就而十分重要的人物,正是这些人造就了今日的英国——能够征服地球,能够统治天主教徒。

对此应该作何解释呢?我的设想如下:当一大群年轻人,敏锐、开放、富有同情心、善于观察(年轻人就是这样),来到了一起,并且自由地相互交流,他们肯定就会彼此学习,即使没有一个人来教他们;所有的交谈就是对每一个人的一系列讲座,日复一日地从他们自己那里得到了种种新的观念和观点、新的思想材料、独特的判断原则和行动原则。一个婴儿必须从他的感官传达给他的信息中学习了解意义,这看来就是他的运用。他想象眼睛呈现给他的一切都离他很近,直到后来他发现情况并非如此。就这样,凭着实践,他明白了他最初认识到的那些东西的关系和用处,而那对于他的动物性生存来说是必不可少的。对于我们的社会存在来说,一种类似的教学过程也是必需的,它通过一所较大的中小学校或者一所学院能够得到。而这种效果就其本身而言,完全可以称为一种心智的扩展。这是在一个较小的范围内,以很容易的方式来看世界。因为学生们来自许多不同的地方,带着许多不同的观念,所以在这个过程中,有许多东西值得概括,有许多东西有待适应,有许多东西需要消除,还有许多内部关系需要确定,有许多习惯规则需要建立。凭借这个过程,这整个的集体就得到了塑造,并且获得了某种基调和某种特征。

我再说一遍,请大家明白,我在此并未将任何道德或宗教的因素考虑在内。我仅仅是说,年轻人的团体必定会构成一个整体,它会体现出某种特定的理念,它会代表某种理论,它会实行某种行为准则,它还会提供思想和行动的原则。它会产生出一种活生生的教学,这种教学随着时间的推移会采取一种自我延续的传统的形式。或者如人们有时所称的那样，采取某种"风气"的形式；这种东西会在它产生的地方久久萦回，并且或多或少地，一个一个地，浸淫和塑造着每一个先后被带到它的影响中来的个体。于是，正是由于这种传统独立于由师长实施的直接教诲，在新教的英格兰的学术机构中才存在着一种自我教育。在这些学术机构中可以发现一种独特的思想基调，一种公认的判断标准。这种独特的思想基调或者说公认的判断标准在投身于其中的个人身上得到发展，变成了个人的力量的一种双重来源。也就是说，个人的力量既来源于个人心智中由独特的思想基调或者说公认的判断标准所打上的独特印记，又来源于这种独特的思想基调或者说公认的判断标准在个人与他人之间所造成的那种联合的纽带——它所在之地的权威们也受到了这种影响，因为他们自己也一直受教于其中，也一直置身于它的道德氛围的影响之下。所以，在这里有一种实实在在的教学，不论其标准和原则是些什么，也不论其是真是假，而且它至少是倾向于心智之培养的，它至少认识到，知识绝不仅仅是一种对零碎细节的被动吸取。它是这么一种东西，它完成的也是这么一种东西，这种东西永远不会出自这样一批教师最为艰苦的努力，永远不会出自这样一批考官最为艰苦的努力，这些教师没有与学生的惺惺相惜和交流，这些考官不敢宣称自己有任何观点，也没有任何与学生共同分享的原则，他们只是在教或者在考一批不认识他们也互不认识的学生，所教所考的是一大堆性质彼此不同而又没有任何宽广的哲学来加以连接的科目，一周三次，或者一年三次，或者三年一次，在那些冰冷冰冷的教室中，或者在某个庄严盛大的场合上。

10

不，在最有限的意义上说，任何形式的自我教育也要远胜过那样一种教学制度，那种教学制度自称有很多目标，实际上几乎对心智毫无帮助。对于一个立志献身知识的人，关上你们的学院大门吧，让他回到他自己心智的那些求索和努力上去吧。不用进入你们的巴别之塔①,他一定会有所收获。确实,在那些巴别之塔里,很少有人能够不依赖教师的激励和支持,或者能够在独处时愿意做什么事情。在那些巴别之塔里,更少有人在无人帮助的情况下愿意建立起一种自力更生或自我尊重的约束(尽管在那些巴别之塔里也会发现这样一种优秀的心智),而这不仅仅在道德上是不好的,而且会严重地妨碍人们获得真理。不仅如此,几乎没有人,甚至完全没有人会经常发现自己所处的不利地位,是由于他们的很不完善的基础,由于他们的知识的中断、缺失和支离破碎,由于他们所表现的见解的反常和原则的混淆。他们还经常对于人人皆知并视为当然的那些东西一无所知,也不知道有大量琐碎的知识就像灰尘一样落在他们的头脑之中,虽然看不见,却一直堆积着;他们不能够与人交谈,但却会倔强地与人辩论,他们会为自己那些最糟糕的似是而非或粗劣的老生常谈而骄傲自满,他们满脑子都是自己那种看待事物的方式,一离开自己的方式就很不情愿,而且不容易进入别人的思想之中。但是,即使有这些东西,头脑中还塞进了其他一些责任或义务,他们还是可能会有更多的思想、更多的心智、更多的哲学和更多的真正的扩展,远远多于那些认真求知但却被知识耽误了的人。那些人不得不让自己的脑子填满几十门科目去应付一门考试,那些人双手拿得太多,以至于无法享受思考或探究。他们把前提和结论一股脑儿囫囵吞下,他们把各门学科整个地置于信仰之上,他们把各种证明全盘交给记忆,而且,可以预见,当他们受教育的时期过去之后,他们常常就会把在厌恶之中所学到的一切通通抛掉,结果,也许除了应用的习惯之外,在千辛万苦之后却一无所获。

然而,这还是那种近年来已在我们当中大行其道的雄心勃勃的制度所产生的结果中比较好的一种:因为它对于那些普通的心智,对于那些平平常常的学生所产生的结果就令人更不满意;那些学生离开他们受教育的地方时,只是被如此众多的学科弄得漫不经心、心灰意懒,

---

① 此处系用《圣经》中巴别之塔的故事,比喻大学和学院中各门互不相干的知识杂然并存的状况。——译注

他们对那些学科从来就没有真正地掌握,而且竟然浅薄到不知道自己有多浅薄的地步。我得说,对于那些在学校里也会发现的积极活跃而又思想丰富的心智来说,与其陷入一种无聊的机械工作,陷入一种可笑的单调活儿来,还不如干脆离开大学和学院!对于那些有独立性的心智来说,在接受了纯粹的基本教育之后,就随意地走遍图书馆,取下自己所遇见的那些书籍,并去探究自己的母亲明智地启发了自己的那些思想线索,会是多么的有益!走进各处的田野去漫游,在那里同那位被放逐的王子一起,"去树林中发现各种各样的语言,在奔流的溪水中发现各种各样的书籍",那是多么的有益于健康!像那首诗中的那位穷孩子所受的教育(不论从思想上说还是从实践上看,那都是我们的语言中最为动人的诗歌之一),①又是多么真实的一种教育——那位穷孩子不是在广阔的世界上,而是日复一日地围绕着他那守寡的母亲的家,在一片狭窄的土地上的"一个灵巧的拾穗者",仅仅利用那么一点可怜的、微不足道的资料:

就是乡村小学校以及几本书所提供的,

竭尽全力地从海滩上,从码头边,从渔夫的小船上,从客栈的壁炉旁,从商人的店铺里,从牧人的小路上,从走私小贩们的小屋,从长满野草的荒原,从尖叫着掠过的海鸥,从永不止息的海浪,去为自己塑造自己所特有的哲学与诗歌!

然而,在一个很大的题目里面,我已经超越了必要的限度。先生们,我必须打住了,所以我必须把对我的论证应该做出的总结,留待他日。

---

① 参见克拉布的大厅的故事。这首诗在第一次出版时我就读过,那是在三十多年以前,我当时就非常喜欢,而且从来没有失去对它的热爱。最近我在引用它的时候发现,我甚至比以前更加强烈地为之感动。一部著作既能够让青年又能够让老年感到喜欢,即便从逻辑上来说,似乎也可以满足对于经典作品的某种偶然性定义了。(又是二十年过去了,而我依然可以为对这首诗的赞扬作同样的见证。)

第七讲　从与专业技能的关系看待知识

1

在前面的两讲里,我一直坚持两点:首先,心智培养的必要性——心智由于其本身的缘故就可以作为合理追求的目标;其次,关于这种培养的本质,或者说这种培养的内涵是什么。任何一种真理都是心智所追求的恰当目标,因此心智的培养在于使其能够领会并思考真理。心智在其现在的状态下并没有直觉地认识真理,或者说没有把真理作为一个整体来认识。当然,肯定有一些例外,这里无须赘言。我们对事物的认识,不是依靠一种直接、简单的眼光,不是一目了然,相反,可以说,是依靠零星的积累,依靠一种思维过程,依靠对对象的观察,对其诸多局部概念的比较、交融、相互矫正和不断适应,依靠对头脑的许多官能的运用、集中以及共同运作。这样一种心智的结合与协调、扩大与发展,这样一种综合,必然是教育培训所面临的问题。同样,这种教育培训是规则的问题,而不仅仅是一种应用(不论应用的例证如何),即把思想引向真相,也不仅仅是博览群书、涉猎广泛、见证许多实验、聆听许多讲座。所有这些都是不够的。一个人可能已把这些都经历了一遍,但却依然停留在知识的面前:他可能滔滔不绝,却不知所云;肉眼已观,却心眼未见;他可能抓不住事物的本质;或者他至少不能百尺竿头更进一步,结果他不能辨别真伪、去伪存真，不能按照事物的真正价值去进行安排，换言之，不能建构思想。这种能力是科学头脑形成的结果，它是一种后天获取的判断力、清晰的目力、洞察力、智慧之力，是头脑的哲学延伸，是脑力的自我拥有和底蕴。当然，这些品质并非仅仅依靠后天获取。肉眼这个观察物质对象的器官是自然所赋予的，而把真理作为领悟对象的心眼却是训练和习惯的产物。

这一培养过程叫做博雅教育。通过这个过程，心智不是被塑造成或作为手段去达到某些特定的或偶然的目的、某些具体的行业或专业、研究或科学，相反，心智的培养是为着心智本身，是为了认识它自身的对象，是为了给它自身以最高的修养。我们找不到这样一个人，这种培养在他那里已经进行到了可以想象的程度，他的心智已可成为所有心智应该仿效的样板，而且，也很难找到这样一个人，他达到了这种真正的培养所应该达到的理念，或者至少似乎已经接近这种理念，并使他自己的卓越标准成了这种培养真正的范围和结果。尽管如此，我们还是可以找到许多人，他们会致力于这种培养，而且在很大程度上已经达到了这个目标。确立正确的标准，并据此进行培养，帮助所有的学生量力而行，从而接近那个目标，我认为这就是大学的事业。

2

然而，这是一些大人物不大赞成的，他们坚持教育应该限定于某些特定的、狭窄的目标，应该以确定的、能够衡量的工作作为终结。他们的理由是，一如每一件东西、每一个人都有自己的价格，只要有巨额投入，他们就有权期望巨额回报。他们把这个称为使教育和课堂教学变得"有用"，而"有用"也就成了他们的"座右铭"。根据这种基本原则，他们自然接着要问大学花费的显效何在？假定博雅教育不能明确教会学生如何推进制造业、改良土壤、发展国民经济，或者说不能把这个人变成律师，把那个人变成工程师、外科医生，或者不能引导人们在化学、天文学、地质学、磁学及各种科学中得到新的发现,那么市场上被标上"博雅教育"的物品有何真正的价值?

不出所料,这个问题在当代引起了激烈争论,成为论战的一个主要话题。这一点我在本系列讲座的导言部分曾经提到过。在本世纪的头十年里,这场争论持续不断,争论的一方是赫赫有名的一家北方杂志《爱丁堡评论》,另一方是牛津大学的辩护者。这所古老的学府殿堂的当局,在饱受长期的忽视之后,刚刚着手为托付给他们的青年制订教育计划,就受到被称为"北方雅典"①的科学及文学界代表的抗议。这些代表用最严谨的论证和最杰出的讽刺来反对此项改革的方向和框架。除了必须按照实用性的哲学纠正大学教育之外,什么也不能使他们满意。他们似乎认为,必须郑重其事地宣布这种哲学以便使其被人接受。诚然,他们并没有意识到学术当局据此进行改革的原则之深度及力度,因此,既然他们选择了这个领域来挑起论战,就不能期待他们在里面闲庭信步。所以他们要面对的是牛津大学的代表——两位当时声名卓著、影响深远的人。这两个人尽管思想迥异,却因学院这个纽带而团结到一起,并且以清晰的头脑和广阔的视野去看待整个博雅教育的问题。于是,对牛津大学学科的捍卫一直延续至今。

3

请允许我稍微说几句话回忆一下出类拔萃的人们,因为我曾一度生活在这些名字的阴影之下,而现在又从他们的学说里深受裨益。牛津的心脏地带有一小块地,它被通衢大道包围,在过去的500年里,它一直是一个社团②的财产及所在地。在卜尼法斯八世③及约翰二十二

---

① 指爱丁堡。——译注
② Society,此处指牛津大学的一个学院。——译注
③ Boniface Ⅷ(1234—1303),意大利籍教皇,1294—1303年间在位,以捍卫教皇制度,对抗世俗国家权力而著名。——译注

世①的旧时代，在司各特②、奥卡姆③和但丁④的年代，在威克利夫⑤和胡斯⑥煽起那一系列企图摧毁人类最高利益且至今仍然在狂烧的惨烈大火之前，据说一位从班诺克伯恩的田野里飞出来的不幸的英格兰国王爱德华二世⑦曾对圣母立过誓言，如果他安全返回，定要以她的荣耀建立一所教堂。在其捐赠者的恩惠和帮助下，他决定把这所教堂建在阿尔弗雷德城。位于大门对面的圣母像至今仍是这个誓言及其履行的见证。国王与捐赠者早已化为尘土，他们的遗产也易手于陌生人，他们的谕令已被人遗忘，他们的神圣仪式也已不复存在。不过，日复一日，当年的一篇祈祷文至少还被一位天主教的神父诵读，这位昔日的学院成员在为多年来供养他的天主教徒中的乐善好施者分发圣餐时照例要诵读它，以安慰他们的灵魂。一位参观者，倘使好奇于此地在现在的名望，而去注目这里的建筑群，那他一定会兴起某种失望之感，因为这些建筑鲜有庄严与富豪的氛围。宽阔的方形庭院，高高的围墙和房室，有着装饰的回廊，气势宏伟的甬道，绿树成荫的花园，三五成群的学子，富足的收入，一部光荣的历史，等等，但所有这一切没有一个属于当年那个古老的天主教基础的组成部分。简言之，在60年前的凡夫俗子看来，这里的一切已丝毫不能让人想象它当年的象征意义。然而，当年这里却活跃着一种精神，这种精神鼓舞着里面的居民在看似微不足道的环境之中干着无可比拟的事业。没有深不可测的禀赋，也没有异乎寻常的自吹自擂，这里只有一种罕见的东西，那就是

---

① John XXⅡ(1249—1334)，罗马教廷被迫迁往法兰西南部阿维尼翁后的第二代教皇，1316—1334年在位，曾对抗国家权威，捍卫教皇制度。——译注

② Duns Scotus(1264—1308)，苏格兰神学家，哲学家，哲学及神学中方济各派的代表人物。——译注

③ William Occam(约1300—1349)，英国经院哲学家、逻辑学家，中世纪唯名论主要代表，方济各会修士，反对教皇干预世俗政权，著有《逻辑大全》。——译注

④ Alighieri Dante(1265—1321)，意大利诗人，中古到文艺复兴的过渡时期最有代表性的作家，主要著作有《神曲》。——译注

⑤ John Wycliffe(约1320—1384)，也拼成Wiclif，英国神学家，欧洲宗教改革运动的先驱，批判天主教会的教义和腐败，曾把《圣经》译成英语。——译注

⑥ John Huss(约1373—1415)，捷克爱国者和宗教改革家、教士，反对天主教会的专制，抨击教士的奢侈堕落及教皇兜售"赎罪券"，被谴责为异端，被判火刑处死。——译注

⑦ Edward Ⅱ(1284—1327)，英国国王，1307—1327年间在位。——译注

遵从良心指引的最佳方向，本着诚实的目的，去完成他们所受到的嘱托。牛津大学的学院虽然都是自我选拔的机构，学院的院士总是依靠自己来填补数量的空缺，但是，基金会的委员们决定把院士职位向所有外来者开放，通过竞争来进行选拔，在遴选院士成员时，摒除任何个人的动机和感情、家庭关系、友谊、恩惠、政治利益、地方要求、偏见、党团妒忌，完全根据公开与爱国的原则进行选拔。而在一个其他地方都只遵循不良惯例或墨守成规的时代，此举是闻所未闻的。本着非凡的思想独立之精神，他们下定决心，即便是荣誉证（即在学位考核新体系中因学问卓著而被牛津大学授予的荣誉），也不应该束缚他们作为选拔人的判断力。不论会引来何种批评，招致何种怨恨，他们决心不顾一切，选拔符合条件的人去充当创建者的传人，而并不问这些人是谁，只要良心告诉他们，根据候选人的心智水平和道德品质，这些人将最可能取悦于创建人（用他们的话来说，假设创建者还活在世上），最可能给他的学院带来荣誉，最可能推进他们心目中的目标。这种人不可能变成一种低级的功利主义的信徒。结果，由于学院的改革与学术团体的改革同时进行，而在学术团体的改革中他们又首当其冲，因此，再自然不过的是，当从北方刮起的风暴冲击着牛津大学的时候，他们所热爱的母校居然会在那所率先投入战斗的小小的学院的围墙之内发现她的捍卫者。

我曾说过，捍卫者有两个，其中一位名气更大的是已故的科普尔斯顿①博士，他当时是该学院的院士，后来做了院长，最后成了兰达夫的新教主教。他的名字在那个十分感激他的社团里依然活着，而且将永远活着。这是因为，他的才华使学院扬名，他提高了她在学术上的重要性，增添了她精神上的宽宏大量、情感上的自由品质以及内心的仁爱，而对于这些东西，即便是最不同情他思想和性格某些方面的人们也只能表示钦佩与热爱。人们在生命的不同阶段达到自己的顶点。我听说，我所谈到的这位名人在生命中的最后年华投身于使他更受人爱戴的工作，不过这

---

① Edward Copleston(1776—1849)，牛津大学奥列尔学院院长，他曾为牛津大学辩护，反对19世纪早期《爱丁堡评论》的批评者们的指责，后来成为英国国教会主教。

些工作并不能完全展现他当年的那种独特的活力和思想的敏锐。而当年他作为一个赤手空拳、从容不迫而又胆识过人的年轻人,凭借着独特的活力和思想的敏锐,直面并推翻了北方三巨头合力对他发起的冲击。请相信我这样说是对的:在那场论战中,三人组合之最科学、最尖锐、最机智的东西,连同这三个人以及他自己,如今已经退场,不复存在。当时,普莱费尔①教授、杰弗雷勋爵和西德尼·史密斯②牧师大人集三人之力在他们的评论上炮制了一篇文章,企图把那位跳出来捍卫自己机构的胆大妄为的争辩者碾个粉碎。敢与这种人争个高低,这本身已足以证明其能力,再去看看他写的小册子,我们便着实能领略他的明智、精神、学者之品味和文风之清纯,而他的小册子正以此而闻名。

他在这场论战中得到了我已经提到过的戴维逊③先生及另一位著名的作家的支持,这种支持基于相同的大原则,只是方法更为讲究,观点更为清晰,我还要补充说,在思想和语言两方面都更有力、更漂亮、更完美。戴维逊先生尽管在世时不那么有名,却比奥列尔学院的院长留下的东西更多,因而后人依然能记住他的名字。这位颇富创建的人是一个极其杰出的人士的亲密朋友,后者对他很是佩服。不管他愿不愿意,他作为后来的新教转向天主教教会运动的肇始者而深受爱戴。这位严肃而又富于哲学思想的作家,每当我读到他的作品,就不免叹惜这样的人,正像他之前的巴特勒博士,由于早期的偏见和自修所带来的一些缺陷,竟然失去了天主教。他在评论埃奇沃斯④先生论《专业教育》一书——当时极为引人注目——的文章中从容不迫地谈到了科普尔斯顿博士匆忙谈到的同一个问题。尽管他在评论中大谈埃奇沃斯的著作,但实际上却是在回应引起人们关注埃奇沃斯的著作的那些北方批评家,同时回应比前两者伟大得多的一位作者,因为这位作者在上一个时代就提出过同样的观点。

---

① John Playfair(1748—1819),数学家兼地质学家,曾在《爱丁堡评论》上批评牛津大学。
② Sydney Smith(1771—1845),苏格兰教士、散文家,曾在《爱丁堡评论》上批评牛津大学。
③ John Davison(1777—1834),牛津大学奥列尔学院院士,宗教作家,他曾针对《爱丁堡评论》的批评者而为牛津大学辩护。
④ Richard Lovell Edgeworth(1744—1817),发明家,小说家玛利亚·埃奇沃斯之父。

4

我所提到的这个作者不是别人,正是洛克。这位闻名遐迩的哲学家在爱丁堡的那些评论家之前就谴责过学校教授给孩子们的普通科目,理由是这些科目在今后的生活中并不需要。在引用他本世纪的信徒们的话之前,我将引用几段这位大师的话。"高素质和高天分的人们居然因为习惯与不明确的信仰的极端误导而遭受痛苦,"他在其论教育的著作中写道,"这真是令人惊诧的问题。倘使求教理性,它会忠告,孩子们的时间应该用来获取对他们成人时可能有用的东西,而不是往他们的脑子里塞进大量的垃圾,因为其中的大部分东西,只要他们活着,他们通常将不会(当然根本就不需要)想到;这么多垃圾留给他们,只会把他们弄得更糟。"

同样,在谈到写韵文时,他说:"我不知道一位父亲有何理由期望自己的儿子变成一个诗人,而他并不愿儿子蔑视所有其他的行当和专业。这还不算最糟糕的情形;因为,如果他被证明是成功的韵律专家,也一度因一点才气而扬名,那么,我期望考虑一下,他可能在哪一家公司或哪些地方,或进一步说在哪个庄园度日。何况,很少看见'诗中自有黄金屋'这种事情。诗歌诚然令人惬意,但土壤却很贫瘠。"①

在文章的另一段,他把教育中的实用性明确限制在它对学生未来的专业或行业所产生的影响上。换言之,他嘲笑任何心智教育的理念,如此而已。"还有什么比下面这种事情更可笑的呢?"他问道,"一个父亲一方面为儿子设计了一个根本用不上拉丁语的职业,一方面居然又花费自己的钱财和儿子的时间让儿子去学古罗马语,结果儿子不可能不忘掉学校里学的那一丁点儿,十有八九儿子会厌恶自己蹩脚的拉丁语。除非我们大家在每一个地方都可以找到例证,否则,强迫孩子去学习一种在给他设计的生活进程中永远用不上的语言的基础,同

---

① 此处"诗"的原文为 Parnassus,是希腊中部的一座山峰,传说为太阳神阿波罗与诗神缪斯的灵地。——译注

时却忽视在所有生活条件下都需要而且大部分职业都必不可少的书写和算账,这难道可信吗?"当然,在教育中没有什么比忽视对孩子未来职业所必要的内容更荒唐的了。不过,洛克的话音里所隐含的东西却远不止于此,他言外之意是在谴责任何倾向于对心智进行广泛培养的教学。

现在返回来谈谈洛克的现代门徒们。在我提到的改革中,牛津大学把古典学术确定为教育的基础,于是,爱丁堡的评论家们效仿洛克之风,抗议说不以实用性原则为基础的教育制度不会有任何益处。

"古典文学,"他们说,"是牛津的伟大目标。许多人为此挖空心思,古典文学系也产生了许多作品并因此名声大噪;不过,如果那里开设所有对人生有用的博雅文、理科课程(liberal arts and sciences),如果有的人专心于化学,有的人专心于数学,有的人专心于实验哲学,如果每一门知识都按其难度与功用的混合比例来评判的话,这样一所大学的体制就有价值得多,而其声誉之辉煌倒是其次的了。"

实用性在两个方面可以成为教育的目标:一方面是受教育的个体;另一方面是一般的社会。这些作者从哪一方面来考虑这一点呢?是从社会这方面。至此,他们又不同于洛克,因为他们把科学进步作为一个大学的最高的及真正的目标。这就反映在下面这段话里:

"如果一所大学长期在做无用的事情,看来首先应该让其降格,以便使其有用。政治经济学系列讲座在牛津是不受鼓励的,也许是被轻视的,也许是不允许的。讨论圈地、细说进出口、触及普通人的生活,这些似乎都是不得体的、可鄙的。同样,在一所大学里,如果将那个时代的帕尔①或本特利②与一种中性盐的发现者相提并论,那一定会变成丑闻。然而,除了有用之外,还有什么别的标准可以衡量脑力劳动之高尚呢?大学这个词,除了表示一个教授各种自由的同时又对人类有用的科学的地方之外,还必须指别的什么吗?在我们欣赏一切人类

---

① Samuel Parr(1747—1825),科普尔斯顿的支持者。
② Richard Bentley(1662—1742),牛津大学著名的古典学术专家,其影响很大,但颇有争议。——译注

知识的过程中,没有什么比始终不渝地坚持实用性原则更能把古典文学摆到恰当的地位了……我们始终把真正的实用性作为我们的指导原则,我们应该同样高兴地看到,一个勤奋钻研的头脑正在排列自然的产物,调查身体的素质,或者掌握学习语言的难点。我们不应该在乎他是个化学家、博物学家还是学者,因为我们知道,为造福人类而去研究问题与满足嗜好、发挥想象力同样都是必要的。"

上面这段话就是对教育实用性理论的阐述。由于这个理论本身和倡导该理论的几位能人的原因,它引起了提出我这里所重复的原则的那些人的注意。诚然,除了有用的东西之外,什么也不值得追求,这个论点似乎有道理;人生苦短,不可能用来追求有趣的或者令人好奇的、奇妙的小事。不仅如此,从某种意义上说,我承认这似乎不仅有理,而且千真万确。不过,假定真是如此,那么我又如何去迎接反对意见的挑战呢?对啦,先生们,当我说心智的培养本身就是目的的时候,我已经迎上去了,因为本身有目的的东西也就具有了用处。我说,如果博雅教育的关键就在于对心智的培养,如果这种培养本身就是好事,那么,无须赘言,这就是对洛克所提问题的回答。因为,倘若一个健康的躯体本身就是一件好事,那么,健康的心智为什么就不是好事呢?如果医学院是一所有用的机构,因为它关注的是躯体的健康,那为什么学术机构就不是呢?两者的区别仅在于,学术机构唯一从事的事业是传授活力与美并着眼于人类的心智部分。我所引述的评论家们在他们的鼎盛时期对此似乎是容许的,就算不谈事实上的公正问题,下面这段话原则上讲是正确的、有道理的,而这些原则乃是他们所遵循的:

"古典教育的现状是,"他们说,"过多地培养了想象力,但对思想之其他习惯的培养却少得可怜,按照培养高雅蠢材的方式培训了许多年轻人,而这对于大自然赋予他们的才能却毫无价值……事实是,一个二十三四岁的古典学者大体上成天仅仅与虚构作品交谈。他情感敏锐,幻想丰富,品味高雅。但是他却根本没有思考及创新探索的才能,也没有养成把事物推向基本原则,或把干巴巴的枯燥事实作为推理材料收集起来的宝贵无比的习惯。他的理解力中所有实实在在的、充满活力的部分完全没有得到培养；他痛恨思考的痛苦，并且对所有怀着胆识与独创精神的人充满疑虑，因为后者要求他拿出证据来为自己的观点和主张进行辩护和证明。"

5

现在我暂且不去关心古典教育的具体问题。我可能要理性地对要求心智训练之公正性提出质疑，心智训练包括研究亚里士多德、修昔底德①、塔西佗②，涉及所谓想象的学术和古典学。迄今为止，我完全同意，培养一种具有"思考及创新探究的才能"以及"把事物推向基本原则"的"理解力"是良好教育或博雅教育的主要部分。如果那些评论家们把这种培养看做是有用的教育之特征（他们在上述段落里似乎就是这样要求的），那么，他们所指的"有用的"自然就是我所指的"良好"或"博雅"，于是，洛克的问题变成了措辞上的问题。是否应该教年轻人拉丁语或吟诗作赋将取决于这种学习是否有助于心智的培养。但是，不论这一点如何决定，现已清楚，心智的培养包括我称为博雅的或非专业的，而那些评论家们称为有用的教育。

这个明确的回答可以送给那些敦促我们把有用性放进教育计划的人们，但我还不打算就此打住：我想把视野放得广一些。让我们按照洛克那样看一看"有用性"之既准确又为大家广泛接受的意思，然后我们再进入一个更大的思想领域，而这一点单靠一个演讲是不能做到的，何况我只能利用今天的时间来谈这个问题。我认为，"有用性"的意思并非简单意指功用，而是指倾向于功用，或者指通向功用的途径；也是在这个意义上，先生们，我将向你们说明博雅教育完全是而且真的是有用的教育，尽管它不是一种专业教育。不错，"好"（good）指的

---

① Thucydides（公元前5世纪），古希腊最伟大的历史学家，主要著作有《伯罗奔尼撒战争史》。他对所有后来的西方历史学家具有不可估量的影响。——译注

② Tacitus（1世纪），古罗马历史学家，主要著作有《历史》《编年史》。——译注

是一码事,"有用"指的是另一码事。不过,我把它作为一个原则定下来,即有用的不一定都是好的,但好的一定是有用的,这样将省去我们许多麻烦。好的东西不仅仅是好的,而且还能够创造出好的东西,这是它的一个特征。没有什么东西是因其自身的缘故而成为优秀、美丽、完美和可取的,但它外溢,并把与自己相似的特质散布在它周围。好是多方面的:它不仅对眼睛来说是好的,而且就口味而言也好;它不仅吸引我们,而且表达自己;它首先激起我们的钦佩之感和热爱之情,然后撩拨起我们的愿望和感激,而其程度却相应于特定事例的强度与完整性。一种伟大的好,传递的将是伟大的好。因此,如果这种心智是我们身上如此优秀的部分,而这种心智的培养又如此高明,那么,这种心智本身不仅仅是美丽的、完善的、令人满意的、高尚的,而且在真正和高级的意义上,对它的拥有者及其周围的一切必然是有用的。并且不是在任何低级的、机械的、商业的意义上的有用,而是作为可以向周围扩展的好东西或一种恩惠、禀赋、力量、财富在其拥有者身上发挥作用,继而通过他对世界发挥作用。所以我认为,如果博雅教育是好的,那么它必然也是有用的。

6

你们将明白我用身体健康来做比拟的意思。健康本身是件好事,尽管健康并不产生什么,但它却特别值得追求和珍惜。然而,伴随健康而来的好处毕竟如此之大,而且又如此贴近于它、有助于它、包围着它,所以除了健康是好事、有用之外,我们绝不会想到它,不会为它的贡献去赞扬、奖励它,尽管与此同时我们又无法确切、清楚地指出,它实际上做了什么工作,发挥了什么效用。同样,谈到心智的培养,虽然我认为心智培养不仅仅是好事而且它本身就是目的,但我绝不否认它在很大的意义上可作为教育的目的。根据事物的本质,我并没有把心智培养所必须包含的内容从心智培养的理念中排除掉。我否认的只是一定要先把心智培养的真正的、唯一的目的确定为,为某些技艺或者生意、专业、行当和工作进行培训,然后才有权说这种心智培养是有用的。上述比拟是确切的。正如身体可能会为某些中等强度或高强度的体力劳动或别的辛劳做出牺牲,心智也可能贡献给某些具体的专业。我并不把这个称为对心智的培养。再说,既然身体的某些部分或器官可能会被过度使用或开发,记忆力、想象力、推理能力同样也可能被过度使用或过度开发,而这同样不是心智培养。另一方面,从总体健康的角度看,既然身体可以护理、珍惜和锻炼,心智也可以得到锻炼,以便使它处于完美的状态,而这才是心智培养。

必须先有健康,然后躯体才能劳动。一个躯体健康的人能完成一个不健康的人之所不能。健康的属性是强壮、精力充沛、敏捷、优美的身段和行动、手脚灵巧、耐疲劳。同样,心智的一般培养是对专业和科学研究的最佳帮助,受过教育的人能完成文盲之所不能。一个人一旦学习过如何思维、推理、比较、鉴别、分析,一个人一旦提高了品位,形成了独立的判断力,擦亮了心眼,那么,他诚然不会即刻变成一个律师或辩护人、雄辩家、政治家、医生、精明的地主、生意人、士兵、工程师、化学家、地质学家、文物收藏家,但是,他的心智状态会允许他从事我所提到的任何一种学科或专业,或者从事任何别的他所喜好的或要求他具备特殊才能的专业,而且一旦他干起来会干得很轻松、优雅、灵活、成功,而这一切对于另一个人而言却一窍不通。从这个意义上讲,心智培养是特别有用的。这也正是我用寥寥数语就这个大题目所勾勒出来的内容。

先生们,接下来,关于反对把专业知识或科学知识作为大学教育的全部目标这个问题,我将进行论证,但请不要认为我不尊敬特定的研究、技艺、职业,或是不尊敬从事这些工作的人。当我说法学或医学不应该成为大学事业的目标时,我的言外之意并不是说大学不能教授法学或医学。倘若大学不教授一些特定的东西,那么它究竟能教授什么呢?它应该通过教授知识的所有分支来传授一切知识,除此之外,别无他意。我只是说,若在一个大学内外,如果按照法学教授或者医学教授、地质学教授和政治经济学教授来区分,那么他就处于一种被自己的专业吸收和限制的危险,他就只能讲一个律师、医生、地质学家、政治经济学家所能讲的课,这同样是危险的。然而在大学里,他应该清楚自己及自己研究的领域处在什么地位,他从一个高度实事求是地接近它,他对所有知识已经有了一个概貌,由于其他学科的竞争,他才不会变得狂妄自大,他从别人的研究里获得一种特殊的启发、一种思想的高尚、一种自由和沉着,他用哲学和才华来对待自己的领域,但这并不属于研究本身,而属于博雅教育。

这就是我解决这个失误所采用的方法。我必须把它叫做失误,因为洛克及其门徒就是靠这个失误来吓唬我们的,他们打着"不能传授临时的手艺或操作技能、物理秘密的教育绝不是有用的教育"的旗号,目的是让我们无法培养心智。在我看来,因为受过培养的心智本身就好,所以给每一种工作或职业带来力量和优雅,使我们变得更有用,使更多的人变得更有用。我们对人类社会,对我们所属的国家,对我们活动的圈子,对我们与之有形形色色联系的个体,对我们在生活中相继遭遇的人等都负有一种责任。大学的正确职能就是提供被我称为"哲学教育"或"博雅教育"的教育,它拒绝把专业教育放在首位,它只是把专业教育放到公民形成之后,同时它有利于仁爱之更为宏大的利益,也为成功地达到单纯的个人目标做准备,尽管乍看之下,博雅教育似乎蔑视这种准备。

7

现在,先生们,希望你们能允许我通过引用我所提到的并深表感激的文章,来具体加强我的论点。

"政治经济学中一个毋庸争辩的基本原理是,"科普尔斯顿博士写道,"专业划分与劳动分工易于完善每一种技艺,增加国民的财富,促进全社会的普遍福祉。迄今为止,在某些情况下,人们对这一分工原则的追求是为了激发创造奇迹的能力,而且,人们第一次指出应该关注这种能力。至于这种能力可能发挥到什么程度,却没有人提到:每个人越是把力量集中于一个工作,他在工作中所表现的技术自然就越娴熟,速度就越快。然而,尽管他因此对国民财富的积累所作的贡献更有效,但是,作为一个合理的存在物,他却变得越来越渺小。由于他的行动范围变得狭小,他的心智与思维习惯同样变得萎缩;他就像某个强大机械的一个组成部分,放到里面就有用,而一旦离开这个机械他便毫无意义,一文不值。毫无疑问,如果必要的话,社会肯定会一分再分,以便使它的几个职责能够得到很好的完成,但是,我们一定要当心,不能让自己完完全全地屈从于这种制度的引导。我们必须看清其祸害之所在,我们应该实行别的原则来改变它,限制它,而这些原则必须能够对这种主流进行监督和制衡。

"毫无疑问,把教授局限于某一种技艺的研究,每一种技艺都会提高。然而,尽管这种心智的集中推进了技艺,但是被局限于该技艺的个体却因此退化了。社会的利益与个人的利益几乎是成反比的。

"社会对个人的要求,除了个人专业的特定职责之外,还有别的贡献。倘若不能建立这种自由的交流,那么,沉醉于狭小的视野和利益,对一切漠不关心,不予重视,以点代面,简言之,就像许多互不联系的单位那样,互相拆台,互相排斥,这可是人性的共同失败。

"通过对文学素养的培养,我们就找到了一个共同的环节,它用一个共同的兴趣把相互争吵的派系和部分联结在生活的较高和中级领域之内,为他们提供一个共同的话题,激发起他们共同的情感,排除所有专业或多或少都受到传染的狭隘偏见。通过这种方式所获得的知识可以拓展和扩大心智,激发心智,让肢体和肌肉得到更自由的锻炼,而肢体和肌肉倘使不断用于单一的方向,便不可能获得自由的空气,而且容易失去它们天生的作用和能力。这种方式虽然没有直接为职业生计培养合格的人,但它却使所有的人变得丰富和高尚;虽然没有教给他某种职业中的特定业务,却使他能够在任何职业中更优雅、更高尚地发挥作用。如果计划得当,实施得力,文学素养的培养应该成为那种完整与高尚教育的主要内容,而这种教育'使受教育者无论在和平年代还是战争时期,都能够公正、娴熟和高尚地承担一切个人的或公众的工作'"。①

8

戴维逊先生在我前面所提到的文章里扩展了上述引文中提倡的博雅教育。他更强调博雅教育的"有用性",不过,他所讲的有用性,其含义却比他在这场论战中的先行者们所指的要广。他没有去论证知识对个人的用处与对公众的用处,相反,他把主要篇幅用来讨论科普尔斯顿博士最后一句话所包含的建议。他说明,首先,即便从功用的角度上看,博雅教育的层次也比一般称为"有用教育"的层次高;其次,即便要达到一般被冠以"有用教育"之名的专业教育的目的,博雅教育也是必要的和有用的。他在下列文选中论证了这两个命题中的前者:

"对用怎样的教育方式使人们掌握其领域内的高超技术这个问题忧心忡忡,"他写道,"同时却相对忽视或排斥更为自由的和广泛的心智培养,这是一种非常矛盾的生活观。在埃奇沃斯先生的体系里,衡量每一种知识是否有价值的标准就在于它是否有利于某一种职业。这样,在歌颂职业责任的同时,却牺牲了自由与独立的爱好和美德,而这种爱好与美德在维系普通的社会关系、张扬个性的过程中发挥着作用。简单地说,人应该被专业取代。他从头到脚都应该被专业制服包裹着。他的美德、科学和思想全都应该被制服包裹起来,这个人的塑造应该按照其技术特征的模型来进行,而且要求分毫不差,该压下去的地方要压下去,该挺起来的地方必须挺起来。任何不相干的才艺或不能使公众受益的才华一旦分了他的心,就必须用助人为乐、备感荣幸的美德之外衣将它们隐藏起来。这种体系的精神和主要倾向就是要把我们领向这样一种完美的状态。

"然而,从事某一专业者所必须具备的绝不仅仅是专业特征。他并非时刻都在上班。他还会做一些别的事,这些事既不涉及教

---

① 参见约翰·弥尔顿:《论教育》。

区,又不涉及刑侦、军事,也不涉及公民守则术语所描述的那些项目,但绝不比那些被冠以权威头衔者所核准的事逊色;就其内在价值、道德含义和对社会产生的影响而言,他的嗜好并不逊色。作为一个朋友、伴侣和一个概念更笼统的公民,在家庭生活中,为提高和装点闲暇生活,他的行为可以超出专业范围,却并不与职业发生冲突。如果在这样一种生活中,他丝毫不能表现理解力的进步所带来的益处,那么,无论他的专业技术和水平如何高,他只不过是一个没有教养的人。

"大凡稍具文明的民族都具备一种能力。尽管大学的课程设置应该把它作为某种参照,但大学并没有单独开设课程来培养这种能力,公众对此也并不支持。每个人应为了自己的利益,通过自身的努力去锻炼这种能力,使它臻于娴熟。不过,其中的差别仅仅是方式上的。如果我们对专业教育的倡导者们说,我们所鼓励的这种能力就是在普通谈话中能够用英语顺畅地表达思想的能力,并不要求回报,那么他们肯定会发笑。如果我们对此加以强调,他们也肯定会发笑。但在现实中,这绝不是像他们所设想的那样鸡毛蒜皮的小事。到野蛮人的小屋去调查一下,那里除了愚蠢的死寂之外,什么也听不到。他们对战争和追杀的职业爱好已不复存在。既然无所事事,他们便无话可谈。就说好一点的生活吧,你会发现各种形式的谈话绝不仅仅是一种闲情逸致,而且是一种媒介,一种传播和形成全体民众的观点、品味和感情的极其活跃的力量。因此,谈话已成为一桩大事。话题五花八门,会谈到许多不属于特定地方的事情。至于说到谈话的力量和影响,可以说,它将对一个人即将进入的社会产生同样的影响,它会影响一个人说话、行事的方式。仅仅在所学技艺上娴熟的人一旦加入理性的谈话,大家普遍都承认这种人是最差的。众所周知,这种人在社交场合既乏味又不能给人以启发。为了摆脱这种局面,他只能就他所精通的事情、问题滔滔不绝,但却不合时宜。我们可不愿他在这里开讲座、作报告,但他实在没有别的东西可谈。在法官中间他可能很有权威,但在社交场合他却判若两人。另一方面,我们可以断言,最佳的伴侣是这样一种人:除了专业的准确与研究之外,他随意涉猎各种学问,并从中获取普遍观察的精神。"

9

这样,他阐明了博雅教育的确有益于受教育者,这些益处表现在他们作为社会成员在各种职责、场合以及生活的各种阶段之中。接下来,在文章的另一处,他继续阐明,除了人们期望的这些直接服务之外,博雅教育实际上有利于执行这些特定的功能,有利于追求这些特定的利益,而这与专业教育的努力是相互联系的,也是专业教育所引导的方向。

"我们承认,"他写道,"一旦选定一种专业,就应该在其中出人头地。分散精力很少能使人样样精通,样样都出类拔萃。但是,我们能表示赞同的仅仅是这一点。因为,他们认为,要把一个人培养成一种专业中的佼佼者(这是唯一有道理的地方),就只能让他学习这个专业所必要的知识,从而过早地限制了他对其他学问的学习,并且从一开始便束缚了他思想的发展,而这种理论与我们的理论格格不入。对于这种理论,我们认为不是能否接受的问题,而是应该破除的问题。用这种方法,人们也许可以学到一些抽象的、孤立的东西。很少有例外,因此无须再引证。但就获取专业能力及实际能力而言,这样的基本原则对于这种理论却是致命的。这种能力主要由两部分组成:必不可少的知识和经过培养的心智。而两者之中,后者是最主要的。一个在心智方面训练有素的人能够掌握另一门知识。一个缺乏心智训练的人就连自己那一行的知识也无法掌握。

"心智之中,判断力又在生活中起主导作用。判断力应该包含一种习惯,这就是准确与活力,而如何使判断力养成这种习惯却是一个问题。如果认为仅靠例行的方法就能十拿九稳地将这种素质传授给理解力各不相同的学生,那不过是一种无知的假设。不过我们仍然可以有把握地说,靠'简单的收集'是不可能获得这种素质的,相反,只有通过把从各种书本和学科里抽取的不同事物的精华,与实际观察结合起来才能培养这种素质。如果一个人的头脑里只有一个单一的思考点,那么,他所接受的培养只能使他仅仅从他那个专业的角度去思考问题,而这样的人即便在他那个专业里也绝不会做出良好的判断。相反,拓宽领域却能够迅速增加他的知识,增强他的心智。思想的作用是通过集合与融合来发挥的,而不是通过孤立的单元来发挥的。原本分属大脑功能不同领域的一切东西应该相互交织、相互支持。判断存在的方式是比较和鉴别。那么,我们是否应该怀疑,他们在第一批论文里所运用的这种综合的范围和程度对他们的判断力是否有用呢?

"下面我将稍作展开,以便界定什么是判断力,然后试图确定培养判断力需要哪些方面的学习。

"判断力在这里并不代表一种平平常常的有用的心智品质,不是那种可以使一个人免于做出危及钱财和个人名誉的错事的品质,而是指那种事业、文学、才干方面的指导原则。这种原则给予他力量去从事自己决心拼搏的事业,使他能够抓住其中的要领。不论从形而上的角度看这个界定是否正确,它都完全抓住了我们所探究的问题的实质。它描述了每个人在某一专业内外行事时都渴望拥有的那种能力,并且与我们关于训练有素的心智之最佳理念相呼应。

"其次,不可否认,为了有利于判断力的培养,个体应该修习那些有助于认知判断能力并能切实锻炼自己洞察力的课程。这里我们定下一个选择原则,据此可以将学问进行分组,以达到我们的目的。属于判断力领域的学问有宗教(在于其证据和解释)、伦理学、历史学、雄辩术、诗歌、一般思辨理论、美术以及富有机智的作品。照此对各种学问进行大规模分类可能太笼统,但它们都靠两个相关联的主要原则来统一。首先,人们出于自己的道德、社会和情感本能,都要研究所有这些大的学科或其中的一个。其次,它们都(多少)受到道德理性之同一力量的约束。"

"如果用这些学问,"他接着写道,"去影响和锻炼判断力,那么它们将成为以积极和创新能力——且不论是用于专业还是别的目的——的培养为目标之教育的真正基础。历史学、雄辩术、诗歌、伦理学等这个组合看似五花八门,可一旦它们融合在一起,将整体地发挥作用。它们在解释、分析的方面相辅相成。从它们衍生出来的知识将融合为一,通过它们的熏陶和锻炼所养成的习惯,合力产生出一种丰富的思想脉络和更为广泛、实际的应用脉络,而这种脉络将比靠单一的学科所获得的脉络更加丰富、广泛和实际。这就好比把一些金属加入科林斯的青铜熔铸后,为艺术家提供了最具延展性和最完美的材料。如果允许我们冒昧地鹦鹉学舌,按照培根爵士①(把他当做权威比去抄袭他更妥当)在对不同学问之功用进行比较时所作的简要阐述,我们可以说,历史学使人充实,道德哲学使人强大,诗歌使人的内心丰富细微。这就是上述学问在现实中的自然力量与自然倾向。然而,没有几个人能够以敏锐的眼光从中获取任何一点符合培根高雅辞藻的美德。因此,我们必须满足于退而求其次,即在多样化的阅读中,一个人不可避免地要接受至少这几种品质的融合和感染。有一点是毋庸置疑的,那就是,仅仅修习任何一门学问,就不可能完全和真正地找到一般理性(general reason)的成分,凡期望了解一般理性特点的人,只有通过博览群书才能得到它。

"如果说不同的学问可以相互启发,那么学习不同学问更有助于它们之间互相纠偏。这是因为,既然每一门学问都有自己独特的优点,自然也有其缺点,精钻一门学问只能形成这样的后果:要么产生华而不实或枯燥无味的心智,要么这种心智就带着因阅读受限制而固有的缺陷。比如说,历史学展现事物的本来面目,就是说,展现被激情、谬误和野心扭曲并支配的人们的道德和利益。哲学对历史的这幅画面进行了彻底的抽象,诗歌则对它过于美化。但将三者集中之后所形成的光芒却可以纠正各自特有的虚假的色彩,然后把真实展现在我们的面前。正确的思维方式要在它们融合之后才能获得。大家必须看到这种思想和情感的融合所产生的作用,而这一点我们不朽的政治家

---

① 下文"历史……升华"一句系模仿培根《论学问》之文风。——译注

伯克①先生用雄伟的情感表现了出来。伯克先生的雄辩仅次于他令人敬佩的智慧。任何人如果心智能像他那样完美,就应该成为我们的导师。我们应该像他那样对事物追根溯源,我们应该学习的不是他的作品,而是他的方法。学习他的作品只能使我们变成软弱无力的鹦鹉学舌之辈,但学习他的方法却能使我们获得自己的能力。不过,他的全部生平使我们确信,他以及其他能力超群的思想家之所以会成功,靠的不是把学习狭隘地限制在一些特定的未来目标上(这正是埃奇沃斯先生的基本原则),而是在一个广阔和开放的范围内,对许多科目进行大量的思考。他们并不想要比这更好的目标,因为这种操练的唯一目标就在于使他们变成更理性、更明智的人。"

10

不过我得停止引用文章了。今天我只谈心智的训练。心智的训练最有利于个体,最能使他对社会作出贡献。哲学家与芸芸众生在观念上是不同的,但他们各自形成观念的方法却大体相同。哲学家所拥有的思想方法与真正的公民和绅士处理生意和行事的方法是一样的。如果一定要给大学的课程确定一个实际的目标,那么,我认为,这个目标就是为社会培养良好的成员。它所培养的技艺应该是社会生活的技艺,它的最终目标应该是使受教育者适应这个世界。它既不把视野限定在特定的专业之内,又不创造英雄或鼓励天才。的确,天才的作品是不受任何技艺限制的,英雄的思想也不受任何规则的约束。大学不是诗人或不朽作家、学校创始人、殖民地领袖、国家征服者的诞生地。它并不承诺能够培养出新一代的亚里士多德、牛顿、拿破仑、华盛顿、拉斐尔②、莎士比亚,尽管过去它一直隐含着这样一些自然的奇迹。③ 另一方面,它也不能满足于培养出批评家、实验师、经济学家、工

---

① Edmund Burke(1729—1797),爱尔兰出生的英国政治家,上议院议员,著有《对法国革命的思考》。
② Raphaels(1483—1520),伟大的意大利画家。
③ 应指上述一类天才人物。——译注

程师，尽管造就这样的专业之才是其能力所及。但是，大学教育是一个通向伟大而平凡之目标的伟大而平凡之手段。它的目标是提高社会的心智水平，培养公众的心智，提高国民的品味，为大众的热情提供真正的原则，并为大众的愿望制定明确的目标，宣传和把握时代的理念，促进政治权力的运用，使个人的生活变得更高雅。这种教育使人能够有意识地看清自己的观点和判断，给人以发展自己观点和判断的真理、表达自己观点和判断的口才和强调自己观点和判断的力量。这种教育教会人实事求是地对待事物，直截了当地切中要害，干净利索地理清纷繁的思绪，明辨诡辩的成分，扬弃无关的东西。这种教育能为人胜任任何岗位、熟练地掌握任何学科做好准备。这种教育教会人如何向别人提供服务，如何进入别人的思想状态，如何向别人展现自己的思想状态，如何理解他人，如何与他人共同进退。他在任何社会都能驾轻就熟，他与每个阶级都有共同点；他知道什么时候该说话、什么时候该沉默；他既能交谈，又能倾听；他问必切题，也能在无以传授的时候恰当地吸取教训；他能时刻做好准备，但绝不会成为绊脚石；他是个愉快的伴侣、一个你可以信赖的同志；他有张有弛，他肯定具有风度翩翩地开玩笑的技巧，也绝对具有严肃认真、办事有效的能力。他的思想能够保持平静，因为他的思想尽管在处理世事，却能保持自我，而在无用武之地时亦能保持愉快。他具有一种禀赋，这种禀赋为他在公开场合提供服务，在他隐退之时又能支撑他。没有这种禀赋，万贯家财不过是庸俗的东西；有了这种禀赋，失败与失望反倒具有了魅力。就目标而言，这种倾向于把人塑造成全面的人之艺术（这正是它的目标）与追求财富或健康之技艺是同样有用的，尽管它在方法上还不那么灵敏，在结果上更难捉摸，更无把握，更不完整。

第八讲　从与宗教的关系看待知识

1

先生们,今天我们将结束三讲之前开始的考查,而这个考查,我早已意识到,就其冗长而言,如果没有其他原因的话,即便对于宽容的听众,都是需要耐心的。

开始,我确定了一个原则,那就是知识本身就是奖励。我接着说明按照这个原则去思考的话,知识应该是博雅知识,是学术机构关注的范围。

其次,我分析了当人们说知识本身就是追求的目标时所指的知识的含义。我还表明为了圆满地实现这个理念,哲学必须是知识的形式。换句话说,哲学的问题不应该被动地一股脑儿地吸收进大脑,而应该作为一个由部分构成的整体系统来学习和掌握,因为这些部分相互联系,而且作为一个完整的统一体相互解释。

再次,我说明了只有那种把知识领域作为整体的哲学思考,才可以被正确地称为一种启发,因为哲学思考的确使心智能够理解和欣赏各自分离的部分;同时,把这种哲学思考叫做心智的扩展也是正确的,因为它仿佛在空间上清楚地辨别了事物之间的相互关系。再者,哲学思考是对心智恰当的培养和心智的最佳状态,因为它从这两个方面确保心智实事求是地看清事物或真理,并能够区分凭空想象、个人看法和理论。此外,哲学思考把完善心智的各种力量作为前提,并在思考的过程中涉及心智的各种力量。

我说过,这就是知识,即便它没有允诺明确的好处,但它本身就值得追求。讲到这里的时候,我做了进一步的展开,并说从这个问题的本质看,本身好的东西就一定有许多外在的用处,尽管它并没有允诺什么外在的用处,但原因很简单:因为它是好的。我还说过,好的东西必然是造福社会的源泉,其带给社会的利益之大小和丰富程度,是与其内在的精华之程度成比例的。正如在道德之中,在俗事方面,诚实是最佳的策略,能为人们带来利益,尽管这种利益不能用财富来衡量。这同样适用于可以被称为心智之美德的东西,因为拥有心智本身就是一个实质性的好处,就足够了,何况这种实质本身影响着并伴随着它的社会和政治功用。这就是我在前面的演讲里所谈到的主题。

这个主题尚有一部分还未谈到,那就是心智的培养问题。这个问题十分重要,它不仅对社会的和积极的义务产生影响,而且对宗教也是如此。从某种意义上讲,受过教育的头脑是宗教的头脑。也就是说,它具有可以被视为自身的、宗教的东西。这种东西独立于天主教教义,它与后者部分合作,又部分对立。在天主教国家中,这种东西同时既是为教会所做的辩护又是一种干扰;在天主教影响以外的国家中,这种东西有时向教会公开宣战,有时又与教会结成抵抗同盟。我认为,学校及科学院的历史以及文学及科学的历史总体上证明了我的观点。因此,既然我的系列演讲的目的是从大学本身,从大学与各种围绕大学教育进行教学和培养的方式之间的关系去探寻大学的职能和作用,那么,如果不试图展现大学教育对宗教产生的影响,我的考查就不全面。现在,我将进行这种考查。

2

正确的理性,即正确运用的理性,把心智引向天主教信仰,并在那里培植,向它教导作为行为准则的一切天主教的宗教思考。但是,理性作为世界的一种真正的力量,作为一种人类本性的操作原则,有其历史的进程和确定的结果,因此绝不能如此直接和令人满意地走向一个方向。它自始至终把自己看成是独立的、最高的,因此,它不需要外在的权威,它为自己建立宗教。即便它接受天主教教义,它也不是高枕无忧。正如激情、道德感情、自利原则一样,它有自己的作用和发展。用神学术语来讲,神的恩典并不因为自己的存在便超越人的天性,而天性也不可能立刻就与天恩取得简单的一致和联合。天性追寻自己的方向,它根据自身不完美的状态,根据天恩的吸引和影响,一会儿与天恩的方向一致,一会儿与其平行,一会儿与其交叉,一会儿与其背离,一会儿又与其遭遇。在我们的天性及其发展中发挥作用的其他原则,同样也存在于理性之中。众所周知,存在着一种狂热的宗教,一种盲目地忽视政治的宗教,而且各自既有与天主教教义相似的东西,又有与天主教教义相矛盾的东西。有好战民族的宗教,也有爱好和平之民族的宗教;有野蛮时期的宗教,同样也有文明时代的宗教;有经过教养的心智的宗教,哲学家的宗教,学者的宗教,绅士的宗教。这就是我所说的理性的宗教。就它本身来看,无论它与天主教教义多么接近,它与后者是完全不同的,因为天主教教义是一个整体,既不允许妥协,也不允许修改。但这只是抽象地来看。如果从现实和个体的角度来看,我们不难看到天主教国家存在着这种哲学宗教。它作为一种精神在某种程度上影响着人们,只是这种影响或好或坏,或好坏兼有。这种时代精神既可以在天主教国家亦可以在非天主教国家发现,不过在非天主教国家影响更大,更为成功。总之,它既存在于天主教世界,又存在于非天主教世界。因此,今天摆在我们面前的问题是,要按照我们的发现,在文明宗教的框架内,详谈其中的一些内容,以确定它们与上天通过天主教教会赐予我们的原则、教义和规则的关系。

同样,我在这里说到启示真理,并不等于说我所指的并非《信经》里面包含的主要信条和信仰要点。如果我不去描述一种与《信经》直接关联的哲学,我便不可能按照天主教教义的要求去谈到它。我所说的这种哲学,无论从教会还是非教会的角度去看,并不一定包含对《信经》的认识。在天主教国家,受过教育的人们用一种不明确的信仰方式把天主教的信条看成是理所当然的;而在非天主教国家,受过教育的人们干脆就忽视这些信条及其相关的主题,因为这些信条并不对他们的社会和政治利益产生影响。关于上帝的本质、上帝与人类的关系、赎罪经济等的真理,宗教哲学有时候谦卑地接受并传递它们,有时候却把它们作为单纯的观点而加以忽视,因为它们既不可能解决,也不可能在善或恶的问题上左右我们。因此在讲到天主教教义时,我所讲的并不是信仰之种种伟大的目标之中的信念,我主要把天主教教义作为一种教牧训诫和道德职责的体系来思考。我在谈到天主教教条时,不得不主要利用它有利于引导良心和品行的内容。比如,我谈到天主教教义,是把它作为对处于堕落状态的人的教导。这些教导包括:处于堕落状态的人无论自己怎么努力,绝对无力进入天国;一旦把灵魂交给他自己,他在道德上是注定要失去灵魂的;他在造物主的面前失去了一切权利和要求;造物主要求造物对他无限地侍奉;良心之声的强制性、义务性力量;无法设想的感官享受之罪恶。我把它作为教导来谈:除了靠上帝自由赐予的恩典,或者是人性的再生,否则没有人能进入天国;人不靠信仰是无法取悦上帝的;心既是罪恶又是顺从的所在;行善才能实践律法;加入天主教教会是获得拯救的通常手段。这些都是天主教作为一种广泛流传的宗教而与众不同的教导,也是受过教养的心智实际上要涉及的主题。我将在道德与社会教导方面,而不是在教条上,对哲学和天主教教义进行比较和对照。

3

现在,一展开这个主题,我们立刻就会看到,哲学家可能给天主教教会的牧者们带来的益处。显然,为了使人们皈依天主教或使人们恢复本性,牧者们采取的第一个步骤是把人们从对可怕的感官快乐(这是人的一般状态)的屈从状态中拯救出来。如果能够突破这种奴役的

第八讲 从与宗教的关系看待知识

天罗地网,摆脱它对心灵的千万种束缚,那么,差不多可以说,这个灵魂距天国的路程就只有一半了。这里,就事物的现象而言,甚至神的恩典,在这种巨大的诱惑面前,通常也会受到阻碍,因而退避三舍,无计可施。宗教似乎太高、太不食人间烟火,以至于不能对我们持续地产生影响,因为它唤醒灵魂的努力和灵魂合作的努力太过剧烈,因而不可能持久。这就好比把手臂伸直或者是支撑很大的重量,短时间内我们还可以对付,但很快我们就会疲劳,最后只得放弃。一旦超过了本性,什么也不能发挥作用。于是我们被引向超自然的东西。尽管给了我们这些来自天国的异乎寻常的帮助,但是,即便如此,要超越还是困难的。我们时刻被安逸和一种绝对的自然吸引力向下拉向尘世,只是靠了突然的冲动和仿佛突如其来的推动,我们才会努力上升。宗教诚然给人启迪,让人恐惧,令人慑服,予人信仰,叫人悔恨,鼓人决心,催人泪下,激发信心,但是,这仅有一时之功。我再说一遍,它传授的是一种内力,但其作用远不止于此。我并没有忘记这种帮助的真正力量,也没有忘记这些帮助未能奏效时所应承担的责任。我绝不是在讨论神学的问题,我只是在观察我面前的现象。事实上,有罪的灵魂在表示悔罪并申明绝不再犯罪之后,出于对敌人的恶毒之厌恶和愤恨,有一阵是不会再犯罪的。然而,那个敌人对这种悔恨的季节了如指掌,知道它容易结束:他耐心等待,直到悔改随着抵抗的努力逐渐消退,并在新一轮引诱之下缴械投降。因此,我们所需要的是用一些权宜之计或手段来至少阻碍和击退我们的精神之敌的进攻,同时,这些权宜之计或手段只有与我们的天性必须充分协调,不相上下,才能满足感官的诱因,牢牢地控制住我们。以天性来对抗天性,这才是智慧之举。这样,悲伤、病痛和关爱,都是神意所赐的用来对抗我们内心紊乱的东西。它们在岁月的流逝中伴随着我们,依照我们接受其影响的程度对我们产生自然的影响。不过,这些都是上帝的手段,并不是我们的手段。我们需要类似的良方,可以为自己制造的良方。这个良方就是一些合法的官能的对象,或者一些自然的情感(natural affection)的目标。这些对象或目标能够停留在脑子里,占据熟悉的空间,形成一种足以包围感官欲望的力量和某种医治疾病的顺势疗法。我认为，这才是心智培养提供给我们的重要帮助，因为它能够拯救激情和自我意志的受害者。心智培养并没有提供宗教动机，它也不会产生或导引出什么超自然的东西，它并不值得天国的帮助或回报，但它的确起作用，不论它真正的或形式上的特征是什么，它至少在物质上（按神学家的说法）是有利的。它通过调动心智的激动来驱逐感官的激动。

所以从表面上看，这就是追求知识的优点。它把心智从对其有害的事物上转移到具有合理存在价值的主题上。同时，虽然它没有把自己置于自然之上，也没有任何要取悦造物主的倾向，但是，用本身无害的东西来替代至少是难以言表的危险的东西，难道就一无是处吗？用肯定无罪的一组观念来交换肯定有罪的另一组观念，难道是小事吗？你们也许会用使徒的话来说"知识使人自负"。毫无疑问，在成功实现我所讲的那种目标之前，这种心智的培养从一开始只不过是用自负来替代感官的欲望。这一点我承认，而且我很快就会谈到这一点。但是，这并不是一种必然的结果，而是一种偶然的罪恶，一种可能会发生也可以避免的危险。在大多数情况下，我们可以预测罪恶，特别是十恶不赦的罪恶，因为罪恶之所以发生，是由于未经教育熏陶和约束的思想脱缰和沉溺而导致心智的痛苦。而让灵魂远离各种尘世的罪恶迄今为止肯定是有益的，而且是一种收获。因此，如果说患难之交是双倍朋友的话，那么，在我看来，尽管理智的运用仅仅是为了使心灵充满高尚或纯真的目标，但是，这却是值得我们特别考虑和感激的。

4

这还不是全部。知识、借以获得知识的培养以及知识所形成的品味，具有升华心智的自然倾向，它们使心智对罪恶的荒淫无度和穷凶极恶产生一种纯粹天然而真切的——不，还不只是天然而真切的——对抗、厌恶和愤恨。而那些从一开始就不能小心抵制邪恶与罪恶的人们，却经常会陷入罪恶的荒淫无度和穷凶极恶。知识在心智里产生一种挑剔的心理。这就好比养尊处优者或具有病态习惯的人对食品所表现出来的那种过分精细和过分讲究。尽管这种挑剔心理并不能证明什么高尚的原则,在遭遇强烈诱惑之际也绝不敢保证不会心旌摇动,其作用也难保屡试不爽,但是,它常常会或一般会很活跃,从而对某些罪过产生一种绝对的厌恶,把它们作为缺乏绅士风度的行为来憎恶和嘲笑。而这种缺乏绅士风度的行为对于那些生性粗鲁之辈,比如那些对有失绅士风度的行为怀着宗教般执著的人们,是具有诱惑力的,他们甚至会为此出卖自己。对于被抛入尘世的芸芸众生,或者偏离了挑剔心理的视线、摆脱了公共舆论束缚的大众,我们不能夸大知识在这方面的保护作用与价值。但是,在很多情况下,只要由知识产生的挑剔心理存在着,人们在其他环境中所熟悉的那些罪过就不会出现在他们的脑子里。而在其他情况之下,当罪恶出现的时候,羞耻感和很快在心里升起的唯恐被发现的疑惧感就会作为一种障碍对人们起作用。于是,我说的这种挑剔心理将对人们言谈之中的那种卑鄙的调子产生仇恨。这种调子在世间不难听到,它是罪恶长久的燃料,它包围着灵魂。挑剔心理将会使人们在做错事时优柔寡断、犹豫不决。挑剔心理会阻止人们去做错事,直至危险过去。我再说一遍,尽管挑剔心理并不倾向于修正一个人的内心,也不能保证罪恶以其他面目出现时内心就不受支配,因为挑剔心理只能抵制与战胜其他人的以那种特定模式出现的罪恶。但是,可能出现的情形是,一旦犯了罪,这种挑剔心理就会产生强烈的后悔和自责,这就足以医治特定的道德紊乱,避免重蹈覆辙。这就好比一个挥霍无度的人的故事,那个曾经挥霍无度的人看到自己显赫一时的土地如今已然易主,因而只能变成一个落魄的守财奴,从此以后嗜财如命,直至生命的终点。

在我们这个年代,尽管肉体与精神的痛苦跟过去一样普遍,但是其他时代存在的对罪恶的惩罚性措施却已不复存在,因此,挑剔心理具有特殊的益处。在粗鲁的、半野蛮的时期,在我们这样的环境里,只要感官还能传递感觉,它们的日常任务,不,主要的任务,就是把不舒服的感觉传递给大脑。遭遇自然的威力、目睹社会的混乱和违法现象、经历权贵的苛政、遭受敌人的侵犯等都是一种严酷的考验,这种考验使怠惰和感官享受出现间歇的停顿或遭受严厉的惩罚。粗茶淡饭、衣衫简陋、活动剧烈、生活漂泊、军事限制、缺医少药,如今只是社会上特定阶级所面临的考验,但在过去却是芸芸众生的生活写照。在中世纪极度偏僻的森林深处,大众自然而然地接受宗教或迷信的感情,这种感情以各种方式与教士或牧师合作,表现为一种高尚而淳朴的风度。但随着社会的进步,人们在城镇聚集并在狭小的空间里繁衍,法律给了他们安全感,技艺给了他们舒适,可是良好的治理却掠走了他们的勇气和阳刚之气,单调的生活又把他们抛回到过去的状态。每当这种时候,他们无法摆脱或抵制邪恶,因为邪恶只是对有害健康的辛劳的反映,过度的声色犬马只是愚昧无知的节日,这一点谁看不到呢?当今的仁人志士对此理解得很透彻,所以尤其忙于计划为城镇大众提供知识性的和可敬的娱乐。廉价的文学作品,饱含实用性和娱乐性知识的图书馆,科学讲座,博物馆,动物园,令人赏心悦目、陶冶情操的建筑和花园,凡此种种,无非是为了充实人们的心智,使之在自由的思考中得到扩展和升华。这些都是人为的手段,设计巧妙,益处多多,因为它们至少为个体和整个社会挡住了道德之邪恶的攻击,使敌人难以接近。

　　这就是高级文明时代战胜道德混乱所仰仗的工具,而道德混乱受到理性和启示的谴责。我也毫不犹豫地认同这种工具对宗教的益处。再者,它们只是一系列影响的先声,心智培养把这些影响施加给我们的道德本性,施加给这种类型的基督教,并且以真实、正直、公平、公正、柔和、仁慈、和蔼的方式展示这些影响。当这种文化被赋予了一种自然地适合于美德的土壤,在生活的各种关系中,在个人的各种职责中,就很难想象还有比其可能的结果看起来更高尚、更美丽、更可爱的人格了。假定你想获得一幅似乎能够实现这种理想的图画来进行思考,这幅图画也就是使徒所描写的仁爱及其温柔、和谐、宽厚,对他人的礼貌和对自身的克制,那么,你所能找到的画室莫过于哲学的装备齐全的画室,其诸多作品(不论精确程度如何)①在文明时代已散布于全社会。先生们,我们只需提一提出版界不时印行的当代及过往时代的各种名人传记及其遗物,其中丰富的道德材料和完美的心智修养,可以让我们充分地了解心智对道德气质会产生怎样强烈的作用。我们大家都会想起值得我们热爱、敬佩的那些个人,整个世界几乎把他们当做世界本身的作品来崇拜。的确,从表面上看简直就没有提到宗教原则,即信仰。世界的作品当然不是超自然的,但确实是高贵和美丽的。我们必须坚持这样一个观点,那就是,心智应该得到承认。但我们之所以坚持这种观点,正是为了我期望这次探讨得出的结论。不论它们的表面关系如何,这种心智的提高与纯粹宗教之间的极大区别将是即将讨论的要点。然而,另一方面,这样一种提高容易被匆忙的或者远距离的观察者、被带有特殊视角的人们归结于基督教的原因。因此,在描述其特征之前,我想最好给大家清楚地指出道德赖以立基的基本原则。

5

先生们,你们还记得我刚才谈到了经过培养的心智对一些种类的邪恶所抱有的那种嘲笑和厌恨,谈到了一旦误入歧途,思想上所感受到的那种彻底的厌恶和深刻的羞辱。这种感觉可能根源于信仰和爱,也可能根源于其他。从这种感觉的角度考虑,其中并没有什么宗教的成分。诚然,良心天然地根植于我们的心中,但良心对我们的惩罚除了羞愧之外还有恐惧。心灵一旦对自己发火而不涉及其他方面的话,自然之声的真正意义以及这种意义的深刻性肯定已被抛到九霄云外,而且虚假的哲学也错误地解释了本该引向上帝的情感。恐惧意味着违法,法律则意味着立法者和法官。但是心智培养的倾向是通过自我谴责来吞噬恐惧,而自我谴责则指向并限于我们对适宜及协调的东西的纯粹理解。恐惧使我们跳出自己,而羞愧则可能在我们的思想内部对我们产生作用。我认为,这就是一个文明的时代所面临的危险,就

---

① 因此处"画室作品"比喻理想人格,故有此说。——校注

是缠绕着我们的罪过(无法避免,但上帝禁止!或者我们必须放弃使用上帝自己的恩典),但是它仍然是心智的原罪。良心倾向于变成被称为道德感的东西,而尽义务则是一种品位;犯罪不是对上帝的冒犯,而是对人性的侵犯。

　　这种虚假的宗教的不那么可爱的实例在我们的国家里并非不常见。我可以真心实意地引用诗人的一句话:

　　　　英格兰啊,纵然你有瑕疵,我依然爱你。

但对这些瑕疵天主教徒绝不能视而不见。我们发现,这里的人们拥有许多美德,但他们矜持、羞怯、挑剔、保守。为什么会这样呢?这是因为,他们思想和行为的方式表明,他们的宗教之中仿佛根本就没有什么客观的东西。这是因为,良心对他们而言并不是立法者的话(但事实应该是),而是对他们思想的命令,如此而已。这是因为,他们跳不出自己的视野,不能看穿并超越自己的思想去看造物主,而是沉溺于对他们适合的东西,沉溺于他们自己的尊严和一贯坚持的东西。他们的良心变成了单纯的自尊。他们并不遵从信仰和顺从的要求按部就班地做事,也不在乎保持行为的一贯性(姑且称之),结果冷落了那命令他们在行为上协调一致的上帝。无论他们对自己的唯一目标如何缺乏意识,这个目标就是粉饰和完善表面,然后能够对自己说自己尽了本分。倘使做错了什么,他们感到的不是向上帝痛悔,而是一种自责,一种丢脸的感觉。他们骂自己是笨蛋,而不是罪人。他们愤怒、缺乏耐心,但却并不谦卑。他们封闭自己,要是想到或谈到自己的感情,那对他们是一种悲哀,即便想象别人看穿了他们的心思,那都是一种悲哀。于是,他们的羞怯和敏感常常变得病态。至于天主教徒习以为常的忏悔,对他们来讲是不可能的,即便他们的确感到内疚,你可以期望从他们那里得到的也只是一声道歉,然后便万事大吉。这也是性格使然。他们是一种强烈内省的牺牲品。

　　不过,与我所描述的情形相比,这种道德的疾患尚有更令人愉快和有趣的形式:我说到过心智培养对于骄傲天性的影响。但是这种影响所表现的益处更大,只是在可爱和不受宗教影响的脑子里,这种影响与宗教信仰并无关系。请注意,先生们,我所说的这种异端邪说(姑且这样叫吧)是用一种道德感觉或爱好来替代真正意义上的良心。如今这种错误可能是一种性格的基础,而这种性格远比装饰我所描述的这种人更富有弹性、更具优美的风度。对于具有想象力和诗意头脑的人而言,这是完全顺理成章的,因为他会随时接受这样一种观念:美德不过是优美的举止。按照他们理解的宗教及道德真理,这种人原则上不会忍受恐惧,所以干脆把它叫做黑暗和迷信。这种更适合于哲学家的、绅士的宗教,在本质上是自由的、慷慨的,它以荣誉为基础;邪恶之所以有罪,是因为它不值得、被蔑视、令人厌恶。这就是古代异教徒与基督教的争执:基督教并不把思想集中在美丽的、令人愉快的事物之上,相反却把悲伤、痛苦的观念融合进来;基督教提倡先眼泪后欢乐,先十字架后王冠;基督教奠定了苦行中的英勇行为的基础;基督教用来自炼狱和地狱的消息让灵魂战栗;基督教坚持对上帝的认识和对上帝的崇拜,而这在他们看来不过是平庸、卑躬屈膝、胆小怕事的举动。他们讨厌这样一种观念:上帝完美无缺、无时不在,在上帝的眼里我们比原子还小,一旦他屈尊俯就来看望我们,既可以赐福于我们,又可以惩罚我们。他们把自己的脑子当做庇护所,自己的思想就是神谕,道德的良心与艺术的天赋和哲学的智慧是处于同一个层次上的。

6

如果有时间把关于这个主题的话和盘托出,我可能会用朱里安皇帝——基督真理的背叛者及基督教教育的敌人——的历史来说明这种理智性的宗教。每一个天主教徒在他的身上都看到未来敌基督的阴影,但他却几乎完全是哲学美德的典范。诚然,即便单纯按照诗歌的标准来看,他有性格上的弱点,但是,就他整个人而言,我在他身上只看到了耀眼的美和道德行为的高贵,而这些品质把法布里齐乌斯[①]

[①] Gaius Fabricius(公元前3世纪),罗马统帅、政治家。——译注

和雷古卢斯①的简朴之伟大与普林尼②和安东尼③的成就融为一体。他举止朴实,生活节俭而朴素,尤其鄙视声色犬马。他骁勇善战,工作专注,学习勤奋,为人谦逊,待人宽厚,成绩卓著。在我看来,这样一些品质使他在美德上成为迄今为止世界上异教徒中最出类拔萃的典范之一。然而一旦被突然召唤到上帝面前,遭受到严峻的考验时,这种种美德却可能显得多么浅薄,多么微不足道,甚至不和谐!他最后的时光构成了历史上某种独一无二的转折,这既说明了在人类存在的严酷现实面前哲学是多么的无用,又可以作为一个目击者向我们提供证据。根据一位作家的描述(从其文学品味和对基督教的仇恨来判断,下面这些话说明作者完全适合做他的颂扬者),他这样说:"朋友们、战友们,我的大限来临了,我怀着一个做好一切准备的欠债者的轻松感,摆脱了自然的种种要求……我死而无悔,一如我生而无过。回想我个人生活的纯洁,我颇感欣慰。我可以满怀信心地坚称神力至高无上的权威和美德在我的手里纯净而洁白无瑕地保存着……现在我向永恒的存在奉献我的感激之情,因为他没有用暴君的残酷、阴谋的冷刀或顽症的折磨让我在通往消亡的路上受苦。在我光荣的生涯中他让我庄严而光荣地离开这个世界,因此如果去乞求或谢绝命运的照拂,我认为既荒唐又卑鄙……"

"他指责旁观者过度悲伤,责令他们不要用与男子气概不相符的眼泪来羞辱一个即刻将与天堂和群星结合的君王的命运。旁观者们变得鸦雀无声。朱里安同哲学家普里斯库和马克西穆斯围绕灵魂的本质展开了哲学辩论。他既要用力又要用心,这也许加速了他的死亡。鲜血从他的伤口里一涌而出。他青筋鼓起,汗流满面。他要了冷水解渴,他刚喝完水,大约在午夜时分便毫无痛苦地结束了生命。"先

---

① Marcus Atilius Regulus(卒于约公元前250),罗马将军、执政官,在罗马和迦太基之间的谈判失败之后返回迦太基,并在那里被处死。
② Gaius Pliny(the Younger)(62—113),罗马作家,曾任执政官,以其9卷描述罗马帝国社会生活和私人生活的信札著称。——译注
③ Antoninus Pius(86—161),史称庇护者安东尼,2世纪时的罗马皇帝,"五贤君"中的第四个。——译注

生们,这就是理性宗教的最后展现:没有良心的敏感,没有对罪的观念本身的意识,只思考它自己道德的一致性,没有恐惧,只有清朗的自信、自我拥有的静谧和冷静的自我满足。于是,我们看到的只有哲学家。

7

吉本①用明快的笔触描绘了他自己关于道德完美之理念在历史上的实现,而这种实现与无神的理智主义的情感完全一致。沙夫茨伯里勋爵②在他称为"人、举止、意见、观点之特征"的论文集里,已经描绘了这种理念的理论形式。如果你们允许,先生们,我将从这一作品里摘录几段,以进一步说明我们讨论的这个主题。

他首先将攻击的目标直指报偿与惩罚的教条,仿佛这个教条将一种与对美德的真正理解、与应该追求的这种自由和高尚精神不相一致的观念引入了宗教。他说:"人没有满足于展现诚实与美德的自然优点。他们反倒减少了这种优点。他们认为另起炉灶更好。他们把美德变成了唯利是图的玩意,大谈特谈美德的回报,以至于人们无法知晓美德里有些什么是值得回报的。仅仅因为被贿赂或被恐吓而做诚实的事的话,这根本不能证明真正的诚实或价值。""假如,"他在另一处含沙射影地说出了不敢明言的话,"假如仅仅依靠对报偿的期望和对惩罚的恐惧,人们必然倾向于做自己不愿做的好事,或者不敢去做自己本来一点也不反对的坏事,那么,根本就谈不上什么美德或行善。经过如此改造的人只有被牢牢拴住的老虎的那种温顺,或者在皮鞭管教之下的猴子的那种无知和节制,而没有端正的操行、虔诚或神圣感……意志没有得到锻炼,意向也没有形成,相反,只有畏惧蔓延、强迫服从。而这种服从是卑躬屈膝的,

---

① Edward Gibbon(1737—1794),英国历史学家,其史学巨著《罗马帝国衰亡史》记述了从2世纪起到1453年君士坦丁堡陷落为止的罗马帝国历史。——译注
② Anthony Ashley Cooper(1671—1713),第三代沙夫茨伯里伯爵,18世纪早期极有影响的道德哲学家。

因此通过服从而做的一切也完全是卑躬屈膝的。"因此,他说基督教是道德的敌人,因为它通过对上帝的恐惧而不是对善的热爱来影响思想。

于是,至少可以说,希望和恐惧的动机被远远甩开了,除了单纯地或主要地源自对美德的热爱而热爱美德,没有什么道德上的好的东西,这种激励爱的品质本身就是它的美,而坏的良心只不过是这样一种感觉,它使我们在走调的乐器面前感到不悦。"有些人单纯靠天资,"他说,"有些人靠艺术和实践变成了善辨音乐的大师,独具慧眼的绘画大师,从普普通通的装饰物产生幻想的大师,在各种比例之中得到优美和判断的大师,对令世界上灵巧的人们愉快和高兴的大部分主题拥有普遍高雅的品味的大师。让这样的绅士们随心所欲吧,或者允许他们在道德上不遵守规范吧,他们肯定会在这样做的同时发现自己表里不一,发现自己的生活出现了偏差,发现自己生活在与他们的娱乐赖以为基础的原则之矛盾之中。在一切其他形式的美之中,包括鉴赏家所追求的美,诗人们所庆贺的美、音乐家所歌颂的美、各种建筑师和艺术家所描写或塑造的美,最令人赏心悦目、最引人入胜和煽动感情的美,是从活生生的生活中与热情里抽取的那种美。没有什么比纯粹源于自身、带有自身本质的东西更能打动心灵的了:比如情感的美、动作的优美、性格的转变、人之心灵的比例与特征。这种哲学课,甚至一个爱情故事、一首诗、一出戏都可能教给我们东西……让诗人或处于和谐之中的人们否认这种自然力或抵挡这种道德的魔力吧……每个人都是高级或低级的鉴赏家;每个人都在追求这种或那种优美……美的(*venustum*)、善的(*honestum*)、高尚的(*decorum*)东西一定会喷薄而出……世界上最自然的美是诚实和道德真理,因为所有的美都是真理。"

据此,美德仅仅是一种美,这个决定什么是美德的原则不是良心,而是品味。"假定我们一旦能够说服自己,"他说,"相信那本身如此显而易见的东西,即,在事物的本质之中必定有正确与错误的品味之基础,一如在人的内在性格特征与外在行为和行动方面那样,那么,我们应该为对这些主题的内在方面而不是外在方面的无知与错误判断而感到无比羞愧……一个人如果期望具备有教养和礼貌的人的性格,那么,他会根据完美的正确模式谨慎地形成对艺术和科学的判断……他会特别小心地使自己的视线离开华丽而俗气、充满肉欲、品味虚假的东西。除了风格高尚、真正和谐的音乐,他同样会小心地使自己的耳朵离开其他的音乐。我们期望的是关注生活中的正确品味和举止……如果教养与仁慈是一种品味,如果残暴、傲慢、暴乱同样也是一种品味……谁不愿意在这个方面尽力表现,就像在与其他艺术和科学的品味或判断有关的方面尽力表现那样?"

有时候他也拿这种品味与原则和良心去进行鲜明的对比,但他赞成的是品味。"毕竟,"他说,"支配人的不是我们称为原则的东西,而是品味。他们可能会肯定'这是正确的',或'那是错误的',他们可以相信'这是一种美德',或'那是一种罪恶','这应该由人来惩罚',或'那应该由上帝来惩罚'。然而,如果万物的拯救者站到了诚实的对立面,如果让幻想充分发挥,如果放任人们对世俗标准的低级美和低级秩序之胃口,人们的行为一定会按照后一种方式发展。"这样,宛如一个詹森主义①者,他使高级娱乐无可挑剔地占了上风,并且还暗示我们,忽视了原则,我们还能培养对于高于感官享受的美的品味。他补充道:"我恐怕,一旦这种品味丧失了,即使是深受宗教训练的良心也只能造就一个微不足道的人。"

于是就有了这位作者的下述著名学说:嘲笑是对真理的考验。真实和美德是美,虚假和罪恶是丑恶,由丑煽动的情感是可笑的情感,由美所激发的情感才值得仰慕。因此不应该为丑恶的东西哭泣,而应该把它作为嘲笑的对象。"除了丑恶的东西,"他说,"没有什么是可笑的;除了美的和正义的东西,也没有什么不能成为嘲弄的对象。所以,世界上最困难的事就是不让公平诚信使用这个武器,因为这个武器的利刃绝不会对准诚实本身,却刺向一切与之相

---

① 17世纪天主教詹森教派的神学主张,认为人性由于原罪而败坏,人若没有上帝的恩宠便会为肉欲所摆布而不能行善避恶。——译注

反的东西。"

同样,暗示有一位立法者存在的良心为一种道德品味或道德感情所取代,而批准道德品位或道德感情的,不过是我们天性的结构。因此,如果我们要取得一个生活与道德的标准,我们的主要规则就是思考自我。为此,他把其中一篇论文的题目定为"内心独白",还附上这样的警句:"坚持自己的判断。"他写道:"野心、贪婪、腐败以及各种狡猾而隐讳的丑恶现象的主要兴趣是要阻止这种自我的交流和言说,而这样的交流和言说是一个人独处和隐居的必然结果。'迷信和盲从以及罪恶行径和堕落行为的主要诡计,就是要加深我们与自己的距离感和陌生感,逃避我们内心独白的检验……一个处于激情中的情人,无论他如何孤独,绝不可能成为真正的自我……'出于同样的原因,想象中的圣人或神秘主义者不可能享受这种愉快。他不是专心致志地审视自己的天性和思想,以便他在自己看来也许不再神秘,而是忙于思考其他神秘的本质,而这些本质他绝不可能解释或理解。"

8

如果把这些段落作为我所称为的理性宗教的典范,那么,显而易见,其中的学说在某种意义上无不包含着真理。然而,在另一方面,其中的每一个说法几乎都有悖常理并且是谬误的,因为它并非是全部真理。它们只是从一个方面展示了真理,所以是不足的。良心主要是一种道德感,但却还不够;罪是丑恶的,但同样还不够。如果愿意,沙夫茨伯里勋爵也许会坚持说,简单、孤独的恐惧不会产生道德对话,但我们不想回答这个问题。不过,他很难证明任何真正的对话都遵循把美德作为良好品味、把罪恶作为粗俗与缺乏绅士风度之唯一关键的学说。

这种学说在本质上是肤浅的,因此其效果同样也是肤浅的。它用以衡量正确与错误的标准并不比用以衡量看得见的美和摸得着的健康的标准更高明。良心诚然会带来剧烈的痛苦,但这种"痛苦"却缺乏理性,因此抬高这种痛苦就是一种褊狭的迷信。然而,如果要理解我们的内心深处,那么,就应该对超出表面的东西表示尊重。"似乎是"变成了"是"。看起来美丽的东西是好的,引起不快的东西是坏的;美德是使人愉快的,丑恶是使人痛苦的。这就好比用功效去衡量美德。这也不是一种毫无根据的理解。我们大家必须记住那种著名的感情,正是在这种感情之中,在向骑士精神告别时那令人炫目的雄辩之中,一个伟大的智者被出卖了。"它走了,"伯克先生呼喊道,"那种把污点视为伤口,那种激励勇气和阻止暴行,那种点石成金和震慑邪恶的原则感和正直的荣誉感一去不复返了。"这个精彩句子中的"震慑邪恶"一词也恰如其分地说明了一个文明时代的伦理特质。窥视而非原罪才是犯罪。隐私生活是神圣的,因此不能容忍对它的探究。体面就是美德。丑闻、庸俗、令人震惊的东西、令人厌恶的东西等都是头等大罪。饮酒、诅咒、肮脏的贫穷、挥霍、懒惰、邋遢、混乱等构成了行为不检的概念:诗人无论说什么邪恶的话可能都不会受到惩罚;天才的作品,无论其原则是什么,照样广泛传阅而不会招致危险或羞辱;时尚引领者、名人、美人、英雄就足以把邪恶强加给社会。法庭的光彩、良好社会的魅力、才智、想象力、品味、良好的教养、地位的显赫、雄厚的财富等,只是对邪恶与漠视宗教的掩护、工具和替代品。于是,我们最后发现——尽管这种变化令人吃惊——心智的改善原本始于对感官享受的抵制,结果却原谅了感官享受。在教会的影响之下,在适当的发展过程中,哲学的确服务于道德事业。然而,一旦它强大到足以拥有自己的意志,一旦它因为意识到自己的重要性而变得飘飘然,一旦它企图形成自己的理论,一旦它制定了原则,贯彻一个伦理学体系并开始从事人的道德教育,那么,它到头来只会支持它开始本能地反对的罪恶。真正的宗教成长起来是很缓慢的,一旦栽种下去,便难以把它拔掉。但宗教知识上的赝品却没有根基:它突然冒出来,又同样突然地萎缩。它吸引自然里的东西,又臣服在有罪之人的主宰之下。于是,就像被摘去王冠的王公,虽然失去了真正的权力,却仍然摆出威严高贵的气派。丑恶厌恶的就是自己。因此,既然它不能劝导人们不要作恶,为了不看到丑恶,它只好美化自己。它"使你溃烂的良心上结起一层薄膜"①,但不能刺穿薄膜,溃疡也不会愈合。

内部的毒疮却在底下愈长愈大。②

由于这种哲学性宗教的肤浅,可以说其信徒似乎比基督教徒自己更迅速和准确地实现了基督教的某些要求。我说过,圣保罗给了我们一种完美福音的模式。他用最优美的形式和最美丽的色彩塑造了基督教人格。他教导这样一种慈善:它耐心,谦卑,思想单纯,无私,满足,起到保护人的作用。他要求我们把他人放在自己之前,要相互谦让,要戒粗话和恶语,要避免自满,要保持平静、严肃,要欢快,相互之间要谨遵和平、真诚、公正、礼貌、和善,总之要敬重一切谦逊、和蔼、道德高尚和拥有美名的东西。这就是圣保罗在外部关系方面为大家树立的基督徒典范。我再说一遍,与教会相比,学校更成功地培养了以这种杰出典范为楷模的活生生的人物。今天,"绅士"不是基督教的创造,而是文明的产物。不过,其中的原因很明显。这个世界满足于矫正表面的东西,而教会则致力于重建内心深处的世界。教会从最基本的东西入手,但由于其广大子民根本不可能超越其起点,所以教会要不断地从事基础工作。她致力于根本,而这种根本是通向外在的美和魅力的前奏和先导。她医治众生,清除他们道德上的罪孽。她"讨论的是正义、贞洁和未来的审判":她坚持信仰、希望、奉献、诚实以及仁爱的各个要素。而这一切与教义的关系太密切,所以,在关于智慧与完美的问题上如果要提供建议,她几乎总是依赖于来自上帝的灵感。她致力于什么是必要的,而非什么是值得向往的。她既为多数人,也为少数人。她把人们的灵魂放到了拯救之路上,使它们处于这样一种位置,一旦被召唤,即可向往英雄的境界,即完满的境界。

---

① 转引自朱生豪译莎士比亚《哈姆莱特》,人民文学出版社 1984 年版,第 91 页。——译注
② 引自莎士比亚的《哈姆莱特》第 3 幕第 4 场,第 147—149 页。

9

　　这就是教会的方法,也可以叫做政策。但是哲学却以极为不同的观点来看待这个问题:哲学家如何看待对审判的恐惧或灵魂的拯救呢?沙夫茨伯里勋爵把前者称为一种"惊恐"。而关于后者,他以嘲弄的口吻抱怨道:"拯救灵魂而今是被抬高的精灵的英勇激情。"当然,按照他的原则,他随意对基督教挑挑拣拣,他摒弃了神学的、神秘的和精神的部分,选择了在道德上和美学上美的部分。对他而言,从应该结束的地方开始教导无关紧要。无须种树,只为他的宴会采撷鲜花,这又何伤大雅?他仅仅致力于现在的生活,因此他的哲学随他一起死亡。即使欢宴一结束他的鲜花便凋谢,他也没有更多的追求。夜幕降临之际,凋零的落叶可能混杂着他的骨灰。他与它们都完成了自己的使命,他与它们将不复存在。照这样的标准来培养人的美德当然不会费什么劲。这就好比教他们一种语言或是一种技艺,比如写拉丁文或是演奏一种乐器,它只是艺术家的专业,却不是使徒的使命。

　　这种对外观的美化差不多既是哲学道德的开端,又是哲学道德的终结。因此,它的目标是谦恭而不是谦卑;因此它在不装腔作势的时候很骄傲。它向往的实际上并不是谦卑;谦卑是一种既难获得又难看出的美德。它存在于内心,因此对它的检验异常微妙。而假装的谦卑倒是随处可见。不过,在这里我们对它并不关心。因为,我重申,按照我们所考察的伦理学的规范,即便在名义上也很难公开承认谦卑。大家经常注意到,古代文明没有概念也没有词来表达谦卑,或者说虽有概念,但却把它看做是思想的缺点,而不是美德,以至于表达谦卑这个意思的词传达了一种责备之义。至于现代世界,从"屈尊"这个与其意思差不多的词的滥用情况中,你们就可以判断人们对谦卑的无知。据说,诚如在其他方面一样,当我们在思想上与比自己地位低的人平起平坐时,这就是被视为举止美德的谦卑或屈尊俯就。这不仅是自愿放弃我们自己的地位,而且是实际融入或担当起我们平常俯视的那种人的角色。这才是真正的谦卑,即在感觉和行为上把自己当做下层人士而低就的时候,心中并不感觉自己重要。这就是圣保罗的谦卑,因为他称自己是"圣徒之末"。许多圣人把自己看做是罪大恶极的人,而实际上这就是他们的谦卑。就他们的思想而言,这是在放弃别人认为他们当之无愧的特权。现在,先生们,把这种思想,即"屈尊俯就"这个词的神学意思,拿来同其贴切的英语意思进行一下对比,并非不具有教育意义。两者一比较,你们马上就会看到世俗的谦卑与使徒的谦卑之间的区别。按照世俗的用法,"屈尊俯就"指的是屈身前倾,但却丝毫不愿离开自己坐稳的位子半寸。这是一种居高临下的举动,这种人边这样做边声明自己依然高人一等,之所以屈尊,只不过是在理论上与比自己低的人平起平坐,是为了表示一种恩赐。这种概念最接近于哲学家的自谦之德的观念。在他看来,超过了这一点就是卑鄙,就是虚伪,那马上就会引起他的怀疑和厌恶。世界就是这样,而且一向如此。我们都了解这种有教养的异教徒对天主教教会的殉道者和忏悔者所抱的蔑视态度,而且当今所有反天主教的团体都抱着这种态度。

如果忠实地表达的话,这就是哲学的伦理学。不过在我们这样一个时代,一个非异教徒的时代,一个公开的基督徒不敢在规定的意义上放弃谦卑或者炫耀自大。于是,它便寻找权宜之计来蒙蔽自己,使自己对真实的状况视而不见。谦卑具有严肃和自我否定的特征,所以不可能受到这种哲学的欢迎。那么,还有什么比谦恭更美丽、更能赢得人心呢?尽管实际上两者之间格格不入,可什么美德能够立刻成功地激发起谦卑呢?事实上,谦恭虽然迷人,但它却并不是最好的或者最具有宗教性的美德。相反,对于灵魂的斗士而言,谦恭是高级警卫或哨兵,它不断监视着它与周围世界之间有意识的交往。它巡逻于感官之间,最后集中于表情,保护着眼睛和耳朵,支配着嗓音和姿态。它的领域在于外部,一如一些美德与神学问题有关,一些与社会有关,另一些与心智本身有关。由于谦恭比其他美德更注重表面,它便更容易脱离其他美德。它为与它所陌生的原则或品质之间的联系留下了余地,因此常常充当感情的或我们从未被告知的目的的外衣。既然它并不一定表示谦卑,那么它便与自大相容。就哲学的目的而言,这倒更好。既然做不到谦卑,谦恭便充当了谦卑。

在这种培养方式下,骄傲在心智的教育上并不会造成浪费,相反却会变得重要。它在这里获得了一个新的名称,叫做自尊,于是不再那么令人不愉快、那么格格不入,尽管其品质就是如此。虽然它就是灵魂的动机原则,但是它很少表现出来。即便表现出来也还罩着矜持与温文尔雅的外衣,良好的见识和荣誉感指导着它的表现。它不再是一种浮躁的根源,也不再漫无目的。它有着广阔的用武之地,服务于社会利益,而它原本只会给这种利益制造麻烦。它被导入勤奋、节俭、诚实和服从的方向,变成了宗教与道德名副其实的主要内容,而宗教与道德之荣誉乃是我们这样的时代所遵从的。它成为高尚操行的保障、诚实做人的保证,且不论出身高低。它是社会真正的看护神,在现今的社会结构中,它激励女佣讲究整洁和体面,鼓励女主人仪态得体、举止优雅,促进一家之主的正直、英武、慷慨。它照亮城镇和乡村,为大地广建美观的大厦和欢笑的花园;它为商店提供物品并美化商店。它一方面是振奋人心的天道原则,一方面是自由支出的原则、可敬的抱负原则、高雅享受的原则。它吹拂着社会的面容,于是,这个原本空洞的圣物匣立刻变得美丽可观。

文明使自尊得以表现和升华,这样自尊便赋予心智以强烈的对于被暴露的恐惧和对坏名声及可笑之事的极度敏感。它变成了各种铺张浪费的敌人;它远离抛头露面;它对假的英勇事迹、装腔作势、自私自利、语言的冗长和说话的散漫等毫不留情。它讨厌阿谀奉承,但并不是因为它倾向于根除谄媚者苦心经营的嗜好,而是因为它看到了沉溺于阿谀奉承的可笑之处,懂得了由此给别人带来的烦恼。倘使一定要对有钱有势的人表示颂扬,那么在准备颂扬之时应该更讲究艺术和精致。这样,虚荣心变成了更危险的自满,这一点一暴露就看得出。它教导人们压抑自己的感情、控制自己的脾气、缓和自己下判断时言辞和口气的严厉。正如沙夫茨伯里勋爵所期望的那样,它更喜欢用俏皮的机智和讥讽来消弭反对意见,而且,较之于缺乏教养之辈所自然采用的方法,它更为高雅、更不伤和气、更有效。正是出于对可悲之辈和夸夸其谈之辈的忍无可忍,它现在默默而有力地反对非基督教的争斗,而这种争斗被它称为毫无品味和野蛮时代的余毒。而且,它似乎可能在宗教致力于废除那些东西而又未能做到的地方发挥作用。

10

因此,绅士差不多就是指一个绝不会给别人带来痛苦的人。这种描述到目前为止是精练的、确切的。一个绅士的主要责任就是排除障碍,以便使其周围的人行动自由、不受羁绊。而他则与他们协调一致,但并不冒尖打头。可以把他所带来的好处等同于在安排个人活动时的舒适和方便,就像在驱散寒冷和困乏方面,一把安乐椅和一堆木柴烧起的火所起的作用,尽管没有这种东西,大自然也提供了休息的方式,也为动物提供了热量。具有这种风度的真正的绅士小心翼翼地避免可能引起思想冲突和混乱的东西,比如各种意见的冲突、感情的冲突、各种限制、怀疑、沮丧、愤恨。他最关心的是让每个人感到舒服、自在。他关注所有的伙伴;他亲切地对待局促不安的人,和蔼地对待关系较远的人,仁慈地对待可笑的人;凡是交谈过的人他都能回想起来;他小心地避免不合时宜的影射或刺激别人的话题;他很少在谈话中占风头,也绝不会在谈话中表现出怠倦。谈话时,他淡化已有的喜好;交流时,他似乎在接受别人的意见。除非万不得已,他绝不谈及自己,也绝不用反驳来为自己辩护;他绝不听诋毁或闲言碎语,对于妨碍他的人,他谨慎地不去归因于别人的动机,而把每件事都往好的方面解释。争论时,他绝不卑鄙、褊狭,绝不会不公平地占上风,绝不会错把个性或犀利的语言当做论据,绝不会含沙射影、恶语相加。他深谋远虑,谨遵古代圣贤的格言:友善地对待敌人,应该想到,有朝一日敌人或许会成为朋友。他有太多良好的见识,因此绝不会被侮辱冒犯;他十分忙碌,因此绝不会记住别人带给他的伤害;他太麻木,因此绝不会心怀恶念。按照哲学的原则,他耐心、宽容、顺从;他忍受痛苦,因为这不可避免;他接受丧亲失友的现实,因为这无法挽回;他接受死亡,因为这是他的命运。倘若与别人发生争执,他训练有素的心智能使他不会表现失礼,而脑子更聪明但未受教养的人们往往会失礼。未受教养的人就像一把钝器,尽管一阵乱砍乱戳,却不能击中要害,他们抓不住辩论的要点,却在细枝末节上徒费精力,他们误解对手的意思,结果把问题弄得越发复杂。他的观点可能对也可能错,但因为他头脑太清醒,因此绝不会不公正。他直截了当一如他说话有力,他言简意赅一如他行事果断。我们再也找不到比他更坦诚、更体谅和更宽容的人了:他完全把握了对手的思想,然后指出他们的错误。他了解人的理性的强项和弱点、范围和局限。倘使他是个不信教的人,他因为太深不可测和宽宏大量而不会去嘲笑宗教或反对宗教;他太聪明,因此不会因为不信教而变成教条主义者或者变得狂热。他尊敬宗教的虔诚和奉献;他甚至会以可敬、美丽或有用的理由去支持宗教制度,尽管对此他并不赞同;他尊敬神职人员,如果不依靠攻击或谴责就能减少宗教的神秘性,他会感到满意。他是宗教宽容的朋友,而这一点不仅是因为他的哲学教导他要公平地看待一切形式的信仰,而且是出于感情的温柔和细腻,而这种感情的温柔和细腻正是文明的守护者。

即便他不是一个基督徒,他也并非就不能有他自己的宗教。倘使有,他的宗教便是一种想象的、感情的宗教,里面包含了高尚、宏伟和美丽的思想,而没有这些思想便不会有伟大的哲学。有时候他承认上帝的存在,有时候他用完美的属性去探究未知的原则或品质。通过这种理性的演绎或幻想的创造,他有机会去创造如此优秀的思想,并且开始着手尝试如此丰富和系统的教导,以至于他似乎成了一个名副其实的基督徒。依赖逻辑力量的精确与稳定,他能够看到在那些抱着宗教学说的人身上哪些感情是一致的。在别人看来,他感觉并掌握了神学真理的所有环节,而这在他的脑子里只不过是一系列的演绎。

这些就是这种伦理品格的一些轮廓,而除了宗教原则之外,心智培养要形成的正是这些轮廓。它们既能在教区之内看到,又能在教区之外看到,既能在圣徒身上看到,又能在挥霍无度之辈的身上看到。它们形成了世界的理想之美;它们部分帮助又部分扭曲了天主教的发展。它们可能有利于教育出一个萨尔的圣弗朗西斯①或一个波尔②红衣主教;它们可能就是一个沙夫茨伯里或一个吉本的思想中的极限。巴西勒和朱里安是雅典学校里的同学,但一个变成了圣徒和教会的博士,而另一个则变成了冷嘲热讽的、残酷无情的教会仇敌。

---

① St. Francis de Sales(1567—1622),天主教改革中的重要人物。
② Reginald Pole(1500—1558),英国文艺复兴时期的人文学者,宗教改革期间他曾为罗马天主教会辩护。

第九讲　教会对知识的职责

1

　　先生们,我得祝贺自己,因为不论成功的程度如何,我终于完成了我一直在从事的这项艰难而令人担忧的工作。尽管大学教育这个题目历来经常被巧妙地讨论,但它的确是一项艰难而令人担忧的工作,因为我站在天主教的立场,企图遵循一条新教徒而不是天主教徒更熟悉的思路。一开始谈这个题目,我便宣布了我的意图,那就是把它作为一个哲学的、现实的问题而不是一个神学的问题来论述,以便能求助于常识,而不是教会的规则。由于这个缘由,尽管我的论点并非野心勃勃,但却缺乏一些角度和支持,而如果换一种方式来论述,则可确保这些角度和支持。

　　一个人要专心致志而又准确无误地考察一个难题,同时还要明明白白地把它说清楚,就像我所从事的考察,其中所感受的焦虑、所花费的心力是别的一切都无法相比的。如果说过去的讨论在任何时候对于把注意力投入其中的善良的人们的耐心都是一种考验的话,那么,我可以向他们保证,谁付出的劳动以及感受到的疲倦都不如我的大。从事思想领域工作的人们感到快乐,因为他们如此熟悉地走过了一遭,如此彻底地进行了探索,结果他们看到了前人所走过的每一个足印、每一条道路、每一块里程碑以及前人未完成的事业,因此,他们绝不可能走错路。可是,对我而言,先生们,我感到自己仿佛是一个航行在陌生海域的航海者,既看不到陆地,又受到夜幕的惊吓,要到达港口,唯有主要依靠自己的科学工具。对面海岸那延绵不断的大山和巍峨峻峭的悬崖平常是我们的向导,但在这样一次短途旅行之中,它们却帮不了我们什么大忙。古代的教训和权威的测定在这里只是指南针、航海图、测深锤,而不是凸现在我们面前并占据我们视野的轮廓清晰、线条连贯、细节完整的巨大物体,而唯有这样的东西才能使我们从个人观察的紧张和焦虑之中摆脱出来。这样,在求教他人、避免错误时不管可能经受什么样的痛苦,直到黎明到来,直到海岸向我们招手,直到我们看到自己的船径直驶向港口,我们小心的观望才会松懈,我们才会不再担忧。在某种程度上,这就是我前一段进行探索时的感受,因为我虽然既不缺乏权威的原则也不缺乏明确的先例,但却缺乏论述这个题目的业已存在的论文(就是我所写的这种),即作者们业已完成的著作。倘使有这样的著作,作者们会以其公认的判断和博学,系列论述所评论的每一点,从而为我提供个人指导。

我谈到过我"最近"工作的艰辛,因为迄今为止我所做的工作仅仅是初步性质的,还没有思考教会对大学的义务,也没有思考天主教大学的特征,而只是探索了什么是大学,大学的性质是什么,其意义又是什么,等等。因此,我一开始便声明:知识的所有分支至少在固有的意义上应该是大学教育的内容。这些分支并非相互孤立、相互独立,相反,它们合起来形成了一个整体或系统。它们相互渗透,相互补充,唯有把它们看成是一个整体,各个分支所传递的知识才会准确,才会有价值。用这种哲学的方式来向心智传授知识的过程,才是大学教育名副其实的培养。这种培养本身就是好的。知识既是大学教育的工具,又是大学教育的结果,而这样的大学教育就叫做博雅教育。这种培养连同使这种培养得以完成的知识本身就适合于追求。此外,这种培养有着巨大的世俗功效,同时还有助于社会及政治生活之最佳及最高心智的形成。最后,从宗教的角度考虑,这种培养在某种程度上与基督教融合,然后又分离。结果还证明,有时候大学教育是基督教有用的同盟,有时候又背离了与基督教的相似性,而成为基督教暗藏的和危险的敌人。

然而,尽管这些演讲论述了大学教育的目标和性质,但是还只能称为初步的,因为,如果不谈一谈教会对大学教育的职责或者站在这些职责的立场上谈一谈大学教育,我就不能结束本系列演讲。如果天主教的信仰是真理,那么大学便不可能独立存在于天主教的范围之外,因为如果大学不教授天主教的神学,那它便不能教授普遍知识。这一点是肯定的。不过,即使设立了很多神学教席,那也不足以使一个大学成为天主教大学。因为,神学也只能作为一个知识分支来教授,只能作为我所称为的哲学的一个组成部分,而不论这个部分如何重要。因此,教会对大学教育的直接、积极的管辖和参与便很必要,因为教会是宗教原则的代表,教会应充当心智的代表,以免大学变成教会的竞争对手,去取代管理这些神学事务的团体,而这些神学事务是专门交由教会负责的。对这个命题的说明将是我这最后一次演讲的主题。

2

我认为,虽然没有教会的直接参与,也可以把天主教教义作为一个完整的体系来承认和宣传,但是,这仍然不能即刻把一所大学变成天主教的机构,也不足以保证在大学的哲学研究中对宗教有恰当的考虑。因为某种特殊的偏见或演变可能会表现为一个机构的特征,而这种偏见和演变没有规则来约束,没有官员来修正,没有专业人员或约定的东西去反对。我们可以在西班牙的异端裁判所中找到这样的例证。这是一个纯粹的天主教机构,由天主教神学家管理,它致力于维护天主教教义,或确保天主教教义的优势,十分热衷于神学真理,是任何一种反天主教思想的无情的敌人。但准确地说,它根本不属于教会。它是一个彻头彻尾的国家机构,是曾在这些岛屿上流行的政教合一精神的体现。不,根据最敏锐的新教历史学家的忏悔,它在反对圣座①的战争中就是一个国家工具。从"物质上"看,它完全是天主教的,但是它的精神和形式却是世俗的,尽管从那些不时参与管理它的个体的身上,还可以发现信仰、热情、虔诚和仁慈。同样,除非教会为这种大学注入纯洁的、非世俗的精神,领导并塑造其组织,监管其教学,团结其学生,督导其运作,否则,即便天主教的整个神学在这里得到承认,也还不足以保证一所大学的天主教性质。西班牙的异端裁判所与最高天主教权威发生冲突,是由于其直接的目的具有世俗特征这样一个事实。由于同样的理由,学术机构(我一直在努力说明这一点)在本质上被引向社会的、民族的、当前的目标,而它们又是活生生的充满活力的机构,因此,如果它们也可以被冠以大学的名称的话,它们势必要具备一些正式的、明确的道德特征(或好或坏),并且肯定会在指导和光顾这些机构的个体身上打上这种特征的印记。如果任其随心所欲,结果只能是,它们会不顾自己对天主教真理的承认,产生多少带有其利益偏见的后果。

　　这还没有完:由于其教育环境和教育目标的原因,这种机构可能会敌视启示真理。它们被用来追求博雅知识。而博雅知识有一种特殊的倾向,尽管不一定必要或恰当,但却是一种实实在在的倾向,即如果要培养的是像我们这样的人,我们倾向于单纯用生活与行为的哲学理论去取代启示②。关于这一点,我已谈得很多了。真理具有两个属性:美与力量。实用知识把真理作为力量来拥有,而博雅知识把真理作为美来理解。只要追求真理到极致,不论是作为美还是力量,你都会被其中一个领上永恒和无限之路,领上良心的昭示和教会的宣告之路。如果你仅仅满足于看得见的或能够理解的优秀的东西(你可能就是这样做的),那么,你就会用眼前的功效和自然的美去实际检验真理,就会认为心智的目标就只是这些。并不是说你会马上排斥天主教教义,但你会用世俗的标准去衡量和比

---

① 指罗马教廷。——译注
② 这里的"启示"意指基督教真理。——译注

较它。就在你承认它的时候,你会把它最高的、最重要的昭示抛得远远的,你会否认它的原则,消解对其学说的理解,重新排列它的戒律,轻视它的实践。如果把知识单纯看做知识的话,那么,知识会对我们产生一种微妙的影响,它把我们抛回自我,使我们成为自己的中心,让我们用大脑去衡量一切事物。这就是那种博雅教育——而大学是博雅教育的所在——的倾向,比如从自己的角度去看待启示宗教,将其融合和重塑,转变它的基调,调整它的和谐,划一个圈子来圈定它,而这个圈子在这里被莫名其妙地砍掉一截,在那里又不恰当地多了一段。而在做这一切时,不管你有意还是无意,你都受到这样一个意念的支配:自我培养和自我支持的人类心智在理念和判断上比先知和使徒的更真实、更完美,可是天堂的景象和声音是直接向他们传递的。一种得体感、秩序感、一致感和完整感会导致一种反对奇迹与神秘、反对严酷与恐惧的叛乱的骚动。

这种理智主义首先并主要与教会戒律发生冲突,接着是与教义,然后是与教条的原则本身发生冲突,结果,对美的感性认识取代了信仰。在一个不承认这种信仰的国度,如果允许的话,理智主义会立刻嬗变为怀疑主义或信仰丧失。不过,甚至在天主教的范围内,由于不承认教会的《信经》,如果让理智主义自由发展,那么它就会作为一种腐败和不稳定因素起作用。天主教教义从开始流传起似乎就是封闭的、低级的。它只不过是一种大众宗教,是蒙昧时代的顺民或野蛮武士的宗教。因此,如果它要满足启蒙时代的需要,就必须对它进行鉴别和精细处理,必须进行纠正、软化和改进;必须把它塑造成为赞助艺术、专心思考、保护科学的典型;它必须扮演文学院士或者实际的慈善家或者政治的支持者的角色;它必须与时俱进;它必须设计出一些变通的办法,以便消除或隐藏心智劳动所遵循并感到羞耻的信条,比如它关于恩典的学说、神性的神秘、十字架的传道、对圣母的虔敬或对罗马教廷的忠诚。让这种精神从我在前面一讲里高度赞扬的那种心智的哲学状态里自由发展吧,这样的话,就不可能在信仰上相继出现麻木不仁、松懈甚至异端。

于是,除非教会出于责任去保护处于危险之中的神圣瑰宝,启示真理可能在人类理性大师的手中遭受两种伤害。第一种伤害是,以不能辨别宗教观点的差异为借口,干脆完全忽视神学真理,这种情况只有在发誓放弃天主教的国家,或者政府放弃但国民未必放弃的国家才会发生。第二种伤害的性质比较微妙,那就是承认天主教教义,但在精神上往里面掺假,还做得像是一种善举。接下来我将通过大学授课的一般内容,更清楚地描述我所说的这种危险。

人的理性专心于三大主题,那就是上帝、自然、人。在本论证中,我将把神学放在一边,只保留物质世界与社会世界。当人的理性分别用于后两者时,便形成了两本书:自然之书叫做科学,人之书叫做文学。这样一来,文学与科学差不多构成了博雅教育的主要内容。启示真理会遭受两种伤害。其中,科学会导致第一种伤害,因为科学排斥启示真理,而文学则会导致另一种伤害,因为文学使启示真理腐败。让我们分别讨论一下文学和科学对宗教的影响。

3

说到自然科学,当然,它与天主教教义绝不会发生真正的冲突。自然与恩典,理性与启示均来源于同一个神圣的作者,他的作品不可能相互矛盾。不过,不可否认的是,宗教与自然哲学家之间从来就相互妒忌、相互敌视。伽利略①的名字立刻就使我们想到了这一点。据说,由于对自己的领域所进行的考察和推理不满意,他异乎寻常地直接侮辱对《圣经》的公认解释。神学家们发起了恶毒而傲慢的攻击。既然科学家受到了侮辱,科学便从此对神学进行全面的报复。恐怕应该说,大批科学的传授者对基督教要么不信奉,要么表示怀疑,要么至少拒绝基督教关于自然宗教的任何具体的或特定的教导。当然,有一些很能说明问题的例外,因为有些科学家因思想伟大而未受影响,有

---

① Calileo Galilei(1564—1642),科学革命的重要人物,他曾被罗马天主教当局强迫放弃其科学观点。

些科学家由于宗教信念而未受影响,有些科学家则是因为害怕公共舆论而未曾表态。不过我认为,天主教教会以外的大多数实验科学家或多或少地继承了拉普拉斯①、布丰②、富兰克林③、普里斯特利④、居维叶⑤和洪堡等人无宗教信仰之积极或消极的影响。我当然不是说,在每一种情况中从事科学的人都愤恨而恶毒地反对宗教。但是,他们对宗教主张所表现出的那种特别的沉默与漠不关心却比语言更为雄辩地暗示着,在他们看来,宗教在他们据为己有的学科里根本就没有发言权。同一种对抗在中世纪也出现过。培根修士被普遍怀疑是从事非法艺术的贩子;教皇西尔维斯特二世⑥被指控用其掌握的自然秘密的知识来搞巫术;伟大的圣卜尼法斯⑦,这位英格兰的光荣、德意志的殉道使徒,忧虑地看待萨尔斯堡主教圣维吉尔⑧的地理思想。我估计,事实上在那个时代,巫术迷信与自然科学知识一般是相提并论的。不过,实验科学与神学之间的敌对早在基督教诞生之前就存在了。培根爵士把它追溯到苏格拉底之前的时代。他告诉我们,无神论思想是最有利于自然科学新发现的哲学,而且他毫不迟疑地暗示宗教学派的兴起导致了科学的毁灭。

现在,要是考察一下神学与自然科学之间对抗的缘由,我想我们必须先考虑培根爵士对此所做的解释。在司法询问中,很常见的情形是,让判决所依赖的有关诸方就他们关注的话题审慎地说出他们在法庭外听到的内容。他们的判断取决于证据。正如司法调查一样,在其他调查中有一个规则,那就是,其他性质的内容不能进入考察程序。

---

① Pierre Simon de Laplace(1749—1827),法国天文学家、数学家、物理学家,提出太阳系起源的星云假说。——译注
② Georges Louis Buffon(1707—1788),法国博物学家,与他人合著《自然史》《风格论》,提出"风格即人"的论点。——译注
③ Benjamin Franklin(1706—1790),美国政治家,科学家。——译注
④ Joseph Priestley(1733—1804),英国化学家,一位论派神学家。——译注
⑤ Baron Georges Cuvier(1769—1832),法国动物学家,创建比较解剖学和古生物学,主要著作有《动物界》《地球表面灾变论》。——译注
⑥ Sylvester II(约940—1003),999年成为罗马教皇,反对买卖神职和用人唯亲,要求教士保持独身生活,对科学知识很感兴趣。——译注
⑦ St. Boniface(680—754),到日耳曼传教的英国传教士。——译注
⑧ St. Virgilius(700—784),爱尔兰修道士,后成为萨尔斯堡的主教。——译注

同样,在宗教考察中,应该排除自然科学,而在自然科学考察中应该排除宗教。如果将这两者混在一起,则会把两者都弄砸。神学家说到神圣的全能①时,他干脆就忽视那制约其存在的自然法则。另一方面,自然哲学家在对自然现象进行实验时,则完全是为了弄清自然法则,结果便冷落了那个万能之主。如果别人以不可能出现自然奇迹为由提出反对,从而使神学家在追寻上帝之道的历程中遭遇阻碍,神学家自然要对这种干扰表示抗议。如果哲学家将某种自然现象确定为天体运动时有人对其终极或起始原因提出疑问,那么他也会遭受不合乎逻辑的干扰。当后者在寻找火山爆发的原因时被告知是因为"神的报复",他一定会不耐烦。同样,前者考察罪恶之城毁灭的原因,却被荒谬地告知附近仍然可以看到火山活动留下的痕迹。此时,对终极原因的考察绕过了自然法则的存在,而对自然的考察也绕过了上帝的存在。换言之,自然科学在某种意义上是属于无神论的,因此,它不是神学。

  这就是培根爵士的理由,一个可以理解的理由,因为古代无神论哲学的衰落毁灭了自然科学的希望。"亚里士多德,"他说,"还有盖伦②以及其他一些人经常引入这样一些原因:眼睫毛是为了挡光,支撑的骨骼是为了构成动物的躯体,树叶是为了给果实挡光和风,设计出乌云是为了给大地下雨。形而上学对此论述得头头是道,但自然科学却认为这一切风马牛不相及,它们恰似航船的障碍物,阻碍了科学前进的进程,所倡导的唯有对寻找自然原因的忽视。"自然哲学家对神学抱有偏见的一个原因在于:一方面,他们太满足于自然法则,以至于不愿去想道德的主管③,并且怀疑上帝的干预;另一方面,在非宗教领域,由宗教批评所引起的偶尔干预使他们感到痛苦、怀疑和愤懑。

---

① 指上帝。——译注
② Claudius Galen(130?—200?),古希腊医生、生理学家、哲学家,从动物解剖推论人体构造,用亚里士多德的目的论阐述其思想。——译注
③ 指上帝。——译注

4

神学与自然科学获取真理的方法不同,从两者的差异之中也可以找到类似性质的原因。归纳是自然科学的工具,而演绎则是神学的唯一工具。这里有一个简单的问题:要揭示的是什么?所有教义的知识都来自一个源头。如果要扩大视野,增加命题,只能通过对原真理的比较和调整;如果要解决新的问题,只能参照旧的答案。全新的教义知识的观念,哪怕只是简单的增加,对于天主教徒的耳朵来说都是无法容忍的。任何人,如果企图去进一步理解天主教的信条,都不会受到欢迎。启示中最重要的东西就是教义,使徒是其唯一的源泉,推论法是其唯一的工具,教会的权威是其唯一的准绳。上帝的声音发出一次便永世响彻世界,唯一剩下的问题就是去弄清楚这个声音的意思。这个过程,只要它仍是推理,就是其推理的真正模式,但在自然科学中,它被培根学派的归纳法取代了。这就难怪当这个学派发现一个主题依旧是老样子时会感到恼怒和愤慨,因为他们的工具用于这个主题时根本就无用武之地;难怪他们反对纪念这个古老体系,因为他们认为这种体系是一种丑陋的东西,是一种侮辱;难怪他们的方法用在自然科学领域时,所具有的那种非凡的力量和所取得的那种辉煌的成就,会支配任何受其影响之辈的宗教感情,或者使这种宗教感情带有不恰当的偏见。他们声称,新的真理绝不可能通过演绎的方式获得。天主教徒对此表示同意,只不过补充说,至于宗教真理,他们根本不用寻找,因为他们已经拥有它。基督教真理是纯粹出于启示,而这种启示,我们只能解释,不能增加,除了我们自己的理解可以相对地增加外。没有这种启示,我们对真理的内容便一无所知;有了这种启示,我们便知道了真理的内容,但也仅此而已,不能超越。此外,由于这种启示是上帝所赐予的,独立于人,因此,不管人是否存在,它将永远存在。

尼布尔①可以使历史发生革命性改变，拉瓦锡②可以给化学带来一场革命，牛顿可以使天文学发生变革，但上帝本身是神学的内容和作者。唯有真理改变，启示才能改变。一旦理性超越了全知的上帝，也就会取代上帝的作品。

　　一旦听到所有这一切，有些人会感到很陌生，因为他们首要的原则是寻求真理，而寻求真理的起点是物质的、能够感知的东西。他们嘲笑任何不以实验为基础的探索过程。他们对数学的确只有忍受，因为这门科学讨论的是概念，而不是事实，并且引出的结论都是假设性的，而不是真实的。他们甚至把"形而上学"视为耻辱的代名词。他们承认伦理学，但前提是，它必须放弃把良心作为其科学的根据，必须以实实在在的功效作为其基础。至于神学，他们则不讨论，他们掌握不了它，所以干脆忽视它，说它是非法的。可不是吗，天主教"限制了心智"。因为天主教认为上帝的心智高过他们的心智，上帝完成的东西人无法改进。他们如此夸张，还真有些道理，因为一种宗教来到了他们的门口，而这种宗教一反过去严厉的调子，实际上采用了他们自己的探索原则。新教教义对待《圣经》一如对待大自然，它把《圣经》的神圣经文当做是现象的大集合，任何一个基督徒都可以通过归纳的方法对这些现象进行处理，从而得出能证明自己判断的宗教结论。它把信仰仅仅看成是对理性的改良，是对在得出更好的结论之前的某种可信结论的默认。于是，惺惺相惜，如果没有其他理由的话，使实验哲学家同天主教的敌人结成了同盟。

5

　　我还要补充一点，而且这个问题的重要性绝不亚于我们迄今为止所做的任何引证。自然科学、天文学、化学等无疑是就神的作品进行工作，因此不可能得出非真实的宗教性结论。不过，与此同时，必须记住，启示

---

① Barthold Georg Niebuhr(1776—1831)，德国历史学家，主要著作有《罗马史》，开创以批判的科学方法研究历史的先河。——译注

② Antoine Laurent Lavoisier(1743—1794)，法国化学家，现代化学的奠基人，因发现氧气而著名，开创了定量有机分析。——译注

与天、地创造出来之后的状况有着关联。天、地在道德之恶被引入之前便被创造出来了,而天主教教会是应对这种引入的补救性工具。于是,难怪她的教导同自然科学对其追随者所暗示的那种神学,尽管说不上存在分歧,但却截然不同。她把上帝的许多属性和行为展现在我们面前,但物质和动物的创造并没有为这种展现留下余地。权力、智慧、慈善是物质世界的负担,所以物质世界不会也不可能谈到仁慈、长期的痛苦和为人赎罪的道理,而只是部分地涉及道德律和道德之善。"神圣的神学,"培根爵士说,"只能来自于上帝的圣言和神谕,而不是来自于自然之光或理性的要求。经上说,'诸天传扬上帝的荣光',但我们却无从发现诸天传扬上帝的意志,而上帝的意志是作为一种法则和箴言来宣布的,是人的行为准则。这还不仅在于上帝、创造和赎罪之伟大奥秘……毋庸置疑,大部分道德律太高尚,靠自然之光是无法达到其要求的,尽管仍然可以保证,借助自然之光和自然律,人具有一些美德与邪恶、公正与错误、善与恶的观念。"通过启示,全能上帝的新的、进一步的显现与自然界的教导完全和谐,这种说法的确形成了安立甘宗主教巴特勒①之深刻著作的主题。然而在自然界里,这种显现靠任何感官都收集不到,因此,自然界对这种显现所保持的沉默容易诱发人们的想象,尽管这种想象无法说服理性,无法背离仅靠权威来强化但未经事实证实的教条。到了科学的时代,自然地就会有被称为自然神学的东西出来表演,而自然神学是对一位论②信条的广泛承认,对神秘性丧失耐心,以及对奇迹的怀疑。

必须补充的是,自然科学为那些沉醉于美、秩序、和谐之情感的人们带来了大量的机会,这是文明时代反对天主教之战的旗帜和立场。关于这一点,我已谈了很多。

既然天主教教义与自然科学在倾向、证明的方法和主旨内容上不同,那么它怎么可能不受到那些没有人参与天主教的机构里的哲学家的不公平对待呢?我在前面的演讲里详尽地论述过并坚持说,这样恶

---

① Joseph Butler,18 世纪英国神学家,反对自然神论者通过研究自然,用推理的方法认识上帝,主张信仰上帝的启示和教义。——译注

② 指一种不同于基督教三位一体学说的理论,不承认圣子和圣灵,只承认上帝是宇宙的创造者和维系者。——译注

劣地对待神学,自然科学本身最终会成为输家,因为不恰当地压制和排挤任何学科,尤其是对于重要的学科而言,势必会对所有学科造成伤害。不过,教会并不关心这个。教会并不需要照顾和保护任何学科。但对于神学,她却有着迥然不同的责任:那可是专门委托给她照管的。哪里有神学,哪里就必须有她的监管。如果一个大学不能名副其实地履行职责使启示真理得到承认,那么她就必须去确保启示真理实实在在地得到承认,而且这种承认必须真诚、一贯。

6

如果说教会对理学院的干预是必要的话,那么,对博雅教育内容的另一个主要部分——文学的干预就更必要了。文学与人的关系正如科学与自然的关系。文学是人类的历史。人由肉体和灵魂组成,人思考和行动,人有自己的欲望、激情、情感、动机和设想,人在内心深处总进行着责任与喜好之间的终生的斗争,人的心智有创造性而且能力宽广。人是为社会而形成的,而社会使众生按照无尽的组合形成无数的、丰富多彩的个人道德特征和心智特征。这一切便构成了人生,而文学则是这一切的表达。因此,在某种程度上,文学之于人类正如自传之于个体,那既是他一生的写照,又是他的遗产。再者,人是有感知的、富有智慧和创造力的、能进行活动的存在,因此独立于任何来自天上的超常的援助,或者独立于任何特定的宗教信念。唯其如此,文学才去表现这种状态下的人。这就是自然人的生活和遗产,且不管这个自然人是清白的还是有罪的。我的意思并不是说,就其含义而言,文学不可能带有宗教精神的色彩。希伯来文学,只要可以叫做文学的话,当然是纯神学的,带有超越自然印记的特征。但我说的是预期不带有任何超凡禀赋的东西。事实上,我是说,正如科学是自然的反映,文学也是。也就是说,一个是物质的自然之反映,另一个是道德和社会的自然之反映。文学的这种属性似乎并不会因为环境因素,如地方、阶段、语言的变化而发生多少变化。因此,总的来说,所有的文学都一样,都是自然人的声音。

但愿不利于文学的话就只有这些。然而,一方面,物质自然在规律上保持稳定,另一方面,道德和社会的自然却有着自己的意志,受着自己的支配。它一旦从一种状态开始行动,便不会再停留于那种状态。人类绝不可能持续地处在一种纯粹的无罪状态。不论是异教徒还是基督徒,人注定要犯罪,而文学则是其罪的表现。基督教把光芒洒向人及其文学,但是由于基督教尚未使全体人类皈依,而只是已经使其中某些特选部分皈依,因此基督教未能改变人的心智的和历史的特征。就仍然存在着对被赐予的知识的滥用和对真理的排斥的程度而言,人的文学要么依然如故,要么甚至比依然如故还要糟。总的来说,不论其含义如何,不论是哪个国家的文学,这样的文学部分地是、至多也只是自然人的科学或历史,部分地又是反叛中的人的科学或历史。我认为,我们将发现并且不断地发现,这是历史进程中的事实。

7

于是,在这里,我说,你们陷入了比科学教育还要大的困境。因为,如果说自然科学是危险的——这一点我说过,因为自然科学必然忽视道德之恶的观念——那么,由于文学对道德之恶有着透彻的认识和理解,它会遭受更严重的玷污。有人也许会对我说:"我们的青年是不会被腐蚀的。如果文学如此特殊的话,我们将摒弃所有的普通文学或各种民族文学。我们将生产自己的基督教文学,可以让它变得与犹太文学一样纯洁和真实。"这是办不到的。我并不是说你不可能为年轻人,不,甚至为中产阶级或下层阶级编出文学选读本来。这完全是另外一码事。我说的是大学教育,而大学教育就意味着博览群书,就必须接触天才的标准著作,或所谓的某种语言的经典著作。根据这个问题的本质,我说,如果开设文学课是为了研究人的本质,你就不能搞什么基督教文学。企图对有罪的人搞无罪的文学,这是自相矛盾的。你可以集成一些非常伟大和高尚的东西,一些比一切过去的文学都更为高尚的东西。可一旦完成,你会发现那根本就不是什么文学。你干脆删掉对人的描写,然后用别的东西去代替。你可以根据特定的优点设想人可能是什么样,然后用上去就是。如果必要,放弃对人的研究。不过,你就明说,但不要说你是在研究人,研究他的历史、他的思想、他的心灵,而实质上你干的是另一件事。人是天才、激情、智慧、良心和力量的存在物。他用各种各样的方式,用伟大的行动、伟大的思想、英勇的举动和充满仇恨的罪行运用着这种种天赋。人创立国家,发动战争,建立城市,开发森林,征服自然,统治同类。人创立宏伟的思想并影响千秋万代。人有千万种模样,经历千万种命运。文学栩栩如生地把这一切记录下来:

> 不论胸中涌起什么样的狂野欲望,
> 不论人拥有什么样的激情,
> 　欢乐,悲伤,恐惧,爱,恨,狂喜,暴怒。

他把他那炽热的灵魂倾注进诗歌里;他左右摇摆,他在他那躁动的遐想中忽儿上冲,忽儿下跌;他的两片嘴唇雄辩滔滔;他在画布上留下笔触,画便与美同辉;他拨动琴弦,琴弦便激发出狂喜的意义;他探视自己的内心,解读自己的思想,把它们记录下来;他探寻宇宙,分辨并庆祝构成宇宙的元素和原则。

这就是人:把他撇到一边,把他摆在你面前,怎么都行;但无论你做什么,不要把他当成他不是的东西,不要把他当成是更具神性和更神圣的东西,不要把他当成重生的人。不,在如此不利的条件下展现上帝的恩典及其作品时一定要小心,因为这等于让为数不多的几个在心智上完全受到上帝恩典影响的人,去跟缺乏恩典或误用恩典的芸芸众生争高低。蒙上帝拣选者只是少数人,可世界却没有穷尽。起初,雅贝尔①、土八该隐②、"强壮的猎夫"宁禄③、法老的学识、东方国家的

---

① 在希伯来《圣经》中是该隐的一位后代。——译注
② 《圣经·创世纪》中的人物,铜匠、铁匠的祖师。——译注
③ 基督教《圣经》故事人物,作为英勇的猎手而闻名。——译注

智慧就是出自整个世界。后来,他们间或受到某个所罗门①或某个比西里尔②的挑战,但是种种天赋的栖息之所就是自然人。教会可以利用这些才华,但却不能按自己的意志无中生有。只有全人类改过自新,人类的文学才可能变得纯洁与真实。当然,受到天恩鼓舞的天性以崭新的思想及行动广泛地展现自己,甚至比世界文学所记录和提炼的更为广泛,这在理论上是可能的。但是,如果你想在事实上创造一种圣人文学,那么你先要创造一个圣人的国度。

对这一切真实情况的证明还有什么比"灵感之言"③的结构更清楚的呢?不可否认,它并不是对众生的反映或描绘,而是对少数人的反映或描绘;它绝不是生活的写照,而是对死亡与审判的预言。人类文学谈的是万物,且不论它们是严肃的还是轻松的,痛苦的还是愉快的。而"灵感之言"却仅从一个方面去看待事物,即事物所倾向的一个方面。它对于心灵的丰富发展并没有给我们带来什么洞见。在它的词汇中,并没有术语能够确切表达心智及其分属的官能。它对天才、幻想、机智、发明、心灵的涌现、才智等毫不涉及。它不谈论帝国、商业、企业、学问、哲学或美术;它没有谈到自然之更简单和纯粹的进程及其回报;它没有提到降临于我们世俗工作中的暂时幸福,以便使这些工作变得轻松;也没有提到我们从阳光灿烂的白昼和宁静的夜晚、从季节的更迭和大地的果实中得到的幸福;它没有谈到我们的娱乐和日常的家庭安逸;它没有谈到使我们的生活变得甜蜜的日常节庆和欢乐,对各种追求和情趣也只字不提。细节之多,不便赘言。不错,我们读到了以撒断奶时的宴会,读到了雅各求婚时的场景,读到了圣洁的约伯的宗教欢乐。但是,这样一些例外仅仅使我们想到《圣经》里可能有但事实上却没有的东西。如果文学指的是用人类的语言来表现人类的天性,那么,除了在这个世界上,你在别处是寻找不到文学的。要忍受它的本来面目,不要自诩去培育它,要按照事物的本来面目去看待事物,而不要按照自己的愿望去看待事物。

---

① Solomon,公元前10世纪以色列-犹太王国国王,使犹太王国达到鼎盛,以智慧著称。——译注
② 《圣经》人物,出自《出埃及记》31:1—7。——译注
③ 指《圣经》。——译注

8

我还必须更进一步论述我的观点。先生们,如果我们从教育中排斥了文学,我们就该离开这项平凡的工作了。我们为什么施教?不就是为世界做准备吗?我们为什么培养心智,使之超越识文算数的初级阶段?不就是为了这个世界吗?除了在现在这个在任何情况下都为下一个世界进行实验的世界,我们的身体健康或者我们心智力量的好与坏、多与少,在未来世界还有什么重要性吗?如果大学是为现在这个世界直接做准备的,那么就让它名副其实吧。大学不是修道院,也不是神学院,大学是使这个世界上的人们为这个世界做准备的地方。当他们的时代到来之际,我们无法阻止他们投身于有着自己的方式、原则和准则的世界,但是我们能够让他们为迎接不可避免的挑战做好准备。没有经历过,就绝不可能学习在风浪中游泳。只规定这样的世俗文学吧(我并非仅指特定的作者、特定的作品、特定的段落)。从教科书里删去所有广泛表现自然人的东西吧,那么这些表现自然人的东西将活生生地等待在你的教室门口为你的学生服务。它们将以新颖的魅力和天才或和蔼的妩媚在那里迎接他。今天的学生明天就是伟大世界的一员。今天把他限制在圣人的生平里,那就等于明天把他抛进嘈杂混乱的地方。一旦这样,他便失去了他被赋予的那种对机智、幽默和想象的真诚之追求,失去了在他身上锻造的那种对品味的极高要求,失去了教给他的那种辨别珍贵与卑贱、美与罪、天性之真诚与诡诈、纯真与毒药等的规则。你拒绝给他人类思想的大师,而这些大师却用自己偶然的错误在某种意义上教育了他。你不让他接触那些用其思想震撼过我们心灵的人,而这些人的话就是谚语,这些人的名字响彻世界,他们就是自己母语的标准,他们就是自己同胞的骄傲与自豪,如荷马①、阿里奥斯托②、塞万提斯③、莎士比亚,因为有罪的人们在他们的作品里看到了品位。那么你还能为有罪的人保留些什么呢?你给了他对付他那个时代的无数亵渎的特权。你让他摆脱了他那个时代的报纸、评论、杂志、小说、争议性的小册子、议会的辩论、法律的程序、讲台的讲演、歌曲、戏剧以及死亡那令人窒息的气氛。结果,你只是在这一点上成功,即把世界变成他的大学。

先生们,尽管这个问题可能很难,尽管可能要尝试许许多多的判断,甚至可能造成热情而虔诚的天主教徒们的意见分裂,但我自己并不怀疑,教会真正的政策并不是要把文学从世俗的学校里排除,而是要让自己进入学校。就算她为科学所做的是一套,为文学做的是另外一套,就算各自都有其不完善的地方,但她有补救的良方。她并不惧怕知识,而是能净化一切。她并不压抑我们天性中的成分,而是能培养整体的天性。科学是严肃的、讲究方法的、富于逻辑的。她与科学争辩,用理性与理性辩论。文学从不争辩,它时而慷慨陈词,时而曲意暗讽。文学形式多样,长袖善舞:文学依靠的不是晓之以理,而是动之以情;它令人爱不释手,让人成为它的俘虏;它唤起人们的荣誉感或想象力,刺激人们的好奇心;它通过欢快的故事、讽刺、爱情故事、美丽的和愉快的语言来为自己开辟道路。如果理性和事实是其得出结论仅有的工具,那么教会应该用这一类力量,去应对文学那躁动不安的世界背后的活力,用更高明的技巧去指导其进程,去行使自己选择课程及课本的权威。这很奇妙吧?但是,不管怎样,教会的原则是一以贯之的:不要去禁止任何一种真理,但是要确保除了名副其实堪称真理的学说之外,不能让盗用真理名义的学说泛滥。

---

① Homer(约公元前 9—公元前 8 世纪),古希腊吟游盲诗人,主要著作有《伊利亚特》《奥德赛》。——译注

② Ludovico Ariosto(1474—1533),意大利诗人,主要著作有长篇传奇叙事诗《疯狂的奥兰多》。——译注

③ Miguel del Cevantes(1547—1616),西班牙伟大的作家、戏剧家、诗人,主要著作有《堂·吉诃德》。——译注

9

　　这些至少就是我从对这个问题所能进行的思考当中学到的东西。这些就是我从自己保护圣徒圣菲力普·内里①的经历里所获得的教诲。他生活在一个反叛天主教利益的时代，而这种反叛足以与他之前和之后的时代相提并论。他生活在一个骄傲自大、感官享受当道的时代。在这个时代，国王与贵族的地位和受到的尊敬绝不比别的时代高，而个人所承担的责任和风险却绝不比别的时代少。在这个时代，中世纪的寒冬正逐渐消退，文明如那夏日的阳光正为绿叶和繁花送来一千种奢侈的享受。在这个时代，在发现古典文学和艺术的过程中，思想与美的新世界打开了人类的心灵。圣菲力普·内里看到了伟人和天才被巫女迷惑，陶醉在她那具有魔力的歌声之中；他看到了高位者与智者、学者与艺术家、绘画、诗歌、雕塑、音乐、建筑，而这一切都围绕着女巫，在深渊里盘旋；他看到了异教形式在上升并形成气候。这一切他都看到了，他意识到，要面对这个恶作剧，靠的不是说理，不是科学，不是抗议和警告，不是隐士或者传道士，而是纯洁与真理那巨大的针锋相对的魅力。他所受的教养是去承担一项几乎是教会特有的工作，但并不是成为一个哲罗姆·萨伏那洛拉②，尽管菲力普对他怀着真诚的虔敬，而且对他在佛罗伦萨的旧居有着亲切的记忆；不是成为一个圣查理③，尽管菲力普从他那光彩照人的面容中看到了圣人的光环；不是成为一个与仇敌厮杀的圣依纳爵④，尽管菲力普称其为社会的警示之钟，而且他为社会带来了许多主题；不是成为一个圣方济

---

① St. Philip Neri(1515—1595)，罗马奥拉托里会的创始人，纽曼曾在英国伯明翰创立了一个奥拉托里会的分会。
② Jerome Savonarola(1452—1498)，意大利宗教、政治改革家，多明我会士，他曾一度控制佛罗伦萨，后被处以火刑。——译注
③ 真名波罗米奥 Borromeo(1538—1584)，意大利米兰的大主教，天主教宗教改革的代言人。——译注
④ St. Ignatius Loyola(1491—1556)，天主教耶稣会的创始人。

各·沙勿略①,尽管菲力普早就渴望同他一道在印度为基督抛洒热血;不是成为圣卡耶坦②,或者说灵魂的猎人,因为正像他所说,他更喜欢通过筑巢来赢得灵魂的那种宁静;他不愿向潮流让步,虽然不能阻止,但却可以导引科学、文学、艺术和时尚的潮流;宁愿去美化和保护上帝创造得非常美好但却被人类糟蹋了的东西。

于是,他所思考的传教理念并不是去宣传天主教信仰,不是去诠释教条,也不是去开办基督教教义问答学校。确切和系统的东西并不能使他满意。他摒弃了苦行规则和权威的讲演,就像大卫拒绝了国王的盔甲。不,这些他都不要。他要做一个跟别人一样的普普通通的教士。他的武器只应该是宠辱不惊的谦卑和发自内心的真爱。他所做的一切必须依赖上帝之光、热诚以及从他的个性之中和轻松的交谈之中所表现出来的那种令人信服的侃侃而谈。他来到永恒之城③,在此安顿下来,通过一些外界自发的物质援助,他的那个团体逐渐形成和壮大。他并不急于去寻求用自己的东西来吸引他们。他坐在自己的小房间里,而他们则蜂拥而至,他们身着世俗的穿戴,打扮得鲜艳夺目,其中既有有钱人和出身高贵的人,又有老实巴交的人和目不识丁的人。无论是在仲夏的酷热之中,还是在严冬的霜冻之时,他始终就在圣吉罗拉莫那低矮狭窄的斗室里,解读那些来客的内心,用他的手去触摸他们,以医治他们灵魂的疾患。那是一幅东方三博士④崇拜初生救世主的景象,他显得那么纯洁与天真,甜蜜与美丽。而他们对他的忠诚与敬仰,就像对待慈祥的圣母一般。凡是来的人,两眼都一动不动地盯着他,侧耳聆听,直到他们一个接一个抛弃自己华丽的穿戴,抓住他那寒酸的教士黑袍,或者,即便有些人依然未改旧装,但华丽外衣的下面却已穿上了粗布衬衫,或者在世人看来他们与过去并无二致,但他们却已吸纳了一种新的生活准则。

---

① St. Francis Xavier(1506—1552),天主教耶稣会创始人之一,曾往远东传教。——译注
② St. Cajetan(1480—1547),天主教蒂埃会创始人之一,该会的宗旨主要是牧养和属灵关怀。——译注
③ 指罗马。——译注
④ 指《圣经》中由东方来朝见初生的耶稣的三位贤人。——译注

用他的传记作家的话来说,"对所有人来说,他就是所有的一切。他让自己既适应高贵者又适应卑贱者,无论青年还是老人,普通人还是高级教士,学者还是白丁,他一一迁就。他接待怀着单纯善意的陌生人,用爱和仁慈去拥抱他们,仿佛早已等待他们多时。需要他快乐时,他便快乐;需要他同情时,他便同情。他对所有的人表示同样的欢迎:他为穷人和富人送去同样的关爱,为助众生,他竭尽全力,不辞辛劳。"由于他太容易接近,又是那么来者不拒,所以,每天都有许多人去拜访他。有些人三十年如一日,不,四十年如一日,常常是上午下午都去,结果他的陋居得到了一个惬意的别号,叫做基督徒欢乐之家。来客不仅来自意大利各地,而且还来自法国、西班牙、德国乃至整个基督教世界。甚至异教徒和犹太人,只要与他曾经有过交谈,都把他尊为"圣人"。罗马的煊赫家族,如马西米家族、阿尔多布兰蒂尼家族、科洛纳斯家族、阿尔提埃里家族、维特莱斯齐家族都是他的朋友和忏悔者,波兰的贵族、西班牙的大公、马耳他的骑士等,这些人不见到他是不会离开罗马的。红衣主教、大主教、主教都是他的密友,菲迪里哥·博罗梅奥①常往他的斗室,所以得到了"菲力普神父之魂"的别号。维洛那和波洛尼亚的红衣大主教写书献给他。教皇庇护四世②在他的怀中逝世。律师、画家、音乐家、医生同样如此。巴罗尼乌斯③、查查拉④、利奇⑤在他的召唤下舍弃了法律,加入了他的团体,承担了团体中的工作,编写了天主教年鉴,最后在虔诚的气氛中离开人世。帕莱斯特里纳⑥弥留之际是菲力普神父为他主持的仪式。安尼穆契亚⑦生前侍奉

---

① Federigo Borromeo(1564—1631),米兰的安布罗斯图书馆创建人。
② Pius Ⅳ(1499—1565),意大利籍教皇,恢复特兰托会议,整顿教会工作,公布《特兰托会议信纲》,拟定《教廷禁书目录》。——译注
③ Cesare Baronius(1538—1607),意大利天主教教会史学家和梵蒂冈图书馆长,主要著作有《教会通史》。——译注
④ Francesco Zazzara(16 世纪),圣菲尼普内里的追随者。
⑤ Flaminio Ricci(16 世纪),圣菲尼普内里的追随者。
⑥ Giovanni Pierluigi da Palestrina(约 1525—1594),意大利作曲家,作品以技巧完美著称,一生创作了大量形式不同、风格多样的宗教与世俗音乐,包括弥撒曲、经文歌、奉献曲及牧歌等。——译注
⑦ Giovanni Animuccia(约 1500—1571),意大利作曲家,为清唱剧的发展作出了贡献。对帕莱斯特里纳可能产生了影响。一生有牧歌数册、弥撒曲、圣母赞美诗、宗教牧歌等。——译注

他左右，死后给他捎来消息，然后被他从炼狱引导至天堂。他是一个谦卑的教士，是罗马的一个陌生人，既没有煊赫的家庭背景，又非出自书香门第，既没有社会地位，又没有政治地位，仅因上帝赐予他的魅力便如此伟大。我说，除了这些，他还能是谁？然而凭借着这样的谦卑，这样的平凡，这样的两手空空，他获得了罗马使徒的光荣称号。

10

先生们，如果他的访客和孩子们能够指望他那特殊力量的庇荫，或者希望做一部分他娴熟至极的那种痛苦的工作，这对于他们是很好的。不过至少到目前为止，他们可以去尝试着取得他的地位，运用他的方法，培养以他为光辉典范的那些技巧。对于我而言，如果上帝的祝福是让我在今后去参与这项伟大的事业，而这正是本系列演讲所提供的机会和主题，那么，迄今为止我可以肯定地说，不论我能否遵从圣菲力普的方法做什么，至少我不会用别的方法去做。我的生活习惯和我这个年龄的精力都使我不适宜去从事权威的、支配性的或创意性的工作。我也不能胜任那些心智勃发、生命力强健者所擅长的工作。如果给我力量，我仅仅期望，当你们从事这些工作时我能充当你们的管家。我只适宜提供我的见证，提出我的建议，表达我的感情，正如我在这些讨论中实际所做的那样，还有，对一般性的问题、目标的选择、原则的重要性、取舍的倾向等，根据过往的感受和经验，竭尽所能提供管窥之见。我只能呼吁大家考虑，求助于大家的友谊和信心，对你们的考虑、友谊和信心我已经有了如此之多的证明，而且我也会平静地依赖这些证明。最后，如果操纵生死大权的上帝之手压垮了我，使我不能实现大家一直十分友好地给予我的这些期望，以及我可能一直过于乐观地相信极有可能实现的这些希望①，那么，无论如何，你们或我自己都不必感到诧异。

---

① 指建立天主教大学这一目标以及实行博雅教育的计划。——译注

第二卷

大学科目——在一些演讲和论文中的论述

（选文四篇）

选文一　基督教与文学——在哲学与文学院的演讲（1854年11月）
选文二　英语中的天主教文学（1854年—1858年）
选文三　基督教与自然科学——在医学院的演讲（1855年11月）
选文四　基督教与科学研究——为理学院写的演讲稿（1855年）

约翰·亨利·纽曼照片,赫伯特·罗斯·伯诺德摄

选文一 基督教与文学——
在哲学与文学院的演讲

(1854年11月)

1

先生们,我们将在这所新的大学中创办哲学与文学院,或者按过去的名称,叫艺学院(Faculty of Arts)。看来很自然的是,我们应该关注这样一个问题:一般而言,在这个名称之下应该包括哪些科目,在一所大学中,在大学提供的教育中,它们应该占有什么地位,以及如何占有那种地位。在这种情况下,这当然非常自然,尽管有人认为艺学院在学术体系中的地位要低一等。但是,考虑到这样一所学院所囊括的各种科目,几乎就是一所大学所特有的心智培养的素材和主要手段,我们创办这所学院看来势在必行。

尽管大学的各种机构与神学、法学和医学等学科有特殊的历史关联,但是,一所大学毕竟应该有正式的基础(正如它已经有的那样),应该强调它是寓于艺学院中的。而这正是那些曾经深刻地、无偏见地思考过这个主题之人的深思熟虑的决定。在其他学院存在之前,艺科就存在了。① 艺科的教师们构成主导性和指导性的团体。人们认为,法学院与医学院的成功与普及,在很大程度上是一种侵占与僭越,它们遇到了妒忌与反抗的心理。当学院②出现并且变成大学活动的中介和手段时,它们也只能肯定艺学院的优势,因此,即便到今天,在那些比其他大学保留了更多中世纪源头之痕迹的学术法团中——我指的是牛津大学与剑桥大学——我们几乎听不见神学、医学或者法学的声音,而只能听到艺科的声音。

现在,考虑到我已提到过的合理的关联,大学与这三种专业的关联在我们的思想中是存在着的,在此必须思考和解释一种现象,一种正在提高我们几周以来所从事的活动之意义和重要性的环境。我想,我不要浪费时间,如果我能够提出建议,一个说明事实的建议,那么,它也能够解释这个困难。

2

先生们,在此我必须追溯一条伟大的道路,并且要求你们也回顾一下自人类历史开始以来的文明历程。当我们纵观3000年来人类历史的川流时,我们可以发现它的流向:最初波涛起伏,充满兴奋与骚动,衰落与兴盛相互交替。我们只是将大地视作川流的基地,将人类视为川流的内容,但要认识川流运动中的任何规律,我们会感到望尘莫及。然而,当更近一些、更专心一些看时,我们就会发现,尽管有形形色色的材料,以及各种不同的历史与命运(这一切可以在我提及的那个长长的时期中,从人类那里发现),然而,蕴含于混乱中的某种形式一点一点地不断扩展,虽然没有充满整个大地,却扩展到了大地的主要部分。人是具有社会性的存在物,没有社会,人几乎不可能生存。

---

① 此处"学院"一词原文是 Faculty,意指同一学科的教师团体;而"艺科"一词原文是"Arts",在中世纪包含文法、逻辑、修辞、算术、几何、天文和音乐,即"七艺";掌握七艺者即为 Master of Arts,中文译为"文学硕士",不确切。——译注

② 此处"学院"一词原文为 College,它们一般均有专业性(如医学、法学等),但"艺学院"(也有人译作"文学院"或"文理学院")则如纽曼在前边所说,是大学的"基础"。——译注

事实上,社会一直存在着,遍布于可以居住的地区。这种联合的较大部分,一直是政治与宗教的联合,相比较而言,它们在范围上是相对有限的,而且也不是永恒不变的。它们被意外之力或者被不可避免的环境逐渐形成,又逐渐消解。当我们一一列举它们时,我们便用它们创造了一切可造之物。但是,有一种非凡的联合吸引了哲学家的注意,它不是政治或宗教的联合,或者说至少只有部分是,并且属于非本质的部分。它发端于初始时期,在每一个相继的时代成长,直到它获得充分的发展。它继续发展着,生气勃勃,孜孜不倦,其明确性与稳定性一直保持如初。它的纽带是共同的文明,尽管世界上存在着其他的各种文明,正如存在着其他的社会一样。然而,这种文明与作为其创造和家园的社会相结合,便形成了独一无二的、闪光的特征,它在其疆域上如帝国一般,在其持续的时间里辉煌壮丽,纵横大地而无对手,我们也许可以给这种联合一个恰当的头衔:"人类社会",它的文化可以称为"文明"①。

确实,有这么一大部分处于外缘的人类,他们现在没有,或者说从来没有被包含进这个"人类社会"②;他们一直是无关的一部分,默默无名、零零散散、独来独往、孤孤单单、毫无意义,他们反抗我正谈论的这个巨大的核心形式,但却没有相互联合成第二个整体。当然,我并不否认例如中国的文明进程,尽管它不是我们的文明,但它是巨大、停滞、缺乏吸引力的郁闷的文明。我不否认印度人、古代的墨西哥人、撒拉逊人,在某种意义上还有土耳其人,都有他们自己的文明,但是,这些种族的每一种文明,都是他们自己的文明,这些文明与我们的文明脱离,它们相互之间也是分离的。我看不出它们如何能纳入一个理念之中。它们当中的每一种都是独立的,仿佛其他的文明不存在;它们当中的每一种都是地区性的,其中许多是短暂的;它们当中没有一个能够与我所描述的名副其实的社会和文明相比较,我将对这种社会和文明进行分析。

---

① 纽曼在此所说的"文明",仅指发源于地中海沿岸的文明。——译注
② 所谓"这个人类社会",即指拥有上述"文明"的人类社会。——译注

先生们，在此我要说，我不是研究人种问题的，也不是研究人种史的。我与人种学毫无关系。我讲述这些事情，是因为我发现它们处于历史的表层，我只是想对一些现象进行分类。让我们来看看作为一个整体的地中海周围的国家。我认为，自远古的时代起，它们就是理智与心智结合之所在，这样的理智与心智，值得称为人类的理智与心智。正如实际上发生的那样，它们各自的影响从某些中心开始并且向前发展，然后相互交叉、相互冲突，后来，经过长时期的混合与融合，一种共同的思想产生了，一种共同的文明得以界定与确立。埃及是这样的一个开端，叙利亚是另一个开端，希腊是第三个，意大利是第四个，北非是第五个，然后是法国与西班牙。随着时间的推移，随着殖民化与征服带来的变化，我们可以看到民族之间的伟大联合已经形成。罗马帝国是成熟的联合，是表达得最清晰的联合；然而，它不是一种政治上的而是心智上的联合，它奠基于同样理智的理念之上，凭借着共同的理性方法而发展。这样的联合或社会共同体，经历了种种逆转、变化与短时间的解体，它仍然继续着直到今天。事实上，它在疆域上并非固定不变，部分的、区域性的动荡不时发生；但在另一方面，由于有这样一种联合的、和谐的趋势，有这样一种看得见的连续性，因此，它虽然经历了所有那些中断，却仍然是同一的，要否认这一点是没有道理的。

　　在最初时期，它包括了更多的东方世界；在后来的时代，它将一个新的半球纳入自己的范围；在中世纪时，它丧失了非洲、埃及和叙利亚，但也延伸到了日耳曼、斯堪的纳维亚以及不列颠诸岛。曾几何时，其疆土上到处是陌生的野蛮民族。然而，这个已经存在的文明拥有充足的生命力，既能够使那威胁着要其窒息的一切重显生机，也能够同化那些要来驱逐它们的各种旧的社会形式。因此，现时代的这个文明仍然是古老的，既不是中国的、印度的，不是墨西哥的、撒拉逊的，也不是迄今还无人知晓的任何新描述所能概括的，而是发端于巴勒斯坦与希腊的那个文明的直系后代，或者是该文明得到必要修正之后的延续。

　　所以，考虑到我一直坚持认为的这个伟大的文明社会的特征，我认为它有权要求被视为人类的代表性社会与文明,被视为人类的完满结果和局限——人类那些没有与它结合的部分被留了下来,作为非常态独立存在,无法解释。然而,正是由于这个原因,它们不能干预那已派上用场,且已并入了整体的部分。我要着重地、断然地称这个共同体为"人类社会",称它的理智为"人类心智",称它的抉择为人类的感觉,称它的受过训练与教化的状态为抽象意义上的"文明",称它所存在的疆域为 orbis terrarum① 即世界。因为,除非这种说明是一种空想,否则,我在此所思考的对象就像一枚印章印在蜡上的痕迹。痕迹印下,并将形式赋予了这种软质材料的较大部分,向人们的眼睛呈现出某种明确而清晰的东西,同时它也占有了一个空间,并以第二类形象为背景。这样,我们就可以在思想中跳过或排除那些参差不齐的边缘轮廓或者印记之外的无意义的蜡块,而专注于印记之内充满了想象的那个和谐的范围。②

3

文明世界(我现在可以使用这个名称)曾经拥有且需要教育以及教育的标准,因此,在我们继续谈及教育以及教育的标准之前,先生们,我希望提醒你们注意那个环境,即那个环海世界,它一直是文明的摇篮,我们也会发现,它从总体上来说也是那个超自然的社会与体系,即直接来自我们的造物主本人的基督教国家的摇篮。自然与神圣的结合,并非完全重合,而且从来也不是完全重合的。正如文明的疆域在不同的时代有不同的变化一样,尽管总体不变,但基督教也曾部分地处于文明之外,而文明也会部分地存在于基督教之外。但是,就总体而言,这二者曾占有同一个环海的世界。确实,它们曾经常同时迁移,在任何时代,都可以发现它们之间最密切的结合。在它出现之前,

---

① 拉丁文,意为环海的世界,古代欧洲人认为环绕着地中海的世界就是整个世界。——译注
② 这是把包括非西方文明在内的所有文明比喻成一团蜡块,把西方文明即纽曼说的代表"人类文明"的那个文明比喻为蜡块上的印记,而其他古代文明则被比喻为蜡块上原有的所谓第二类形象。——译注

基督教等待着,直到环海的世界获得其最完美的形式。它迅速地与其伙伴即文明结合,而且自此就一直合作,经常显得就是同一个事物。

当然,也存在着某些类比,在文明与基督教之间有这种类比。文明并没有覆盖整个大地,基督教亦然。但是,类似它们二者的东西并不存在。它们中的每一个都是其种类中的唯一者。再者,正如我已经说过的,在某种意义上,世界外围的大部分曾被开发过、教化过,如果它们能够结合为一而存在,它们便将构成第二个世界,第二个独特的文明家园。然而,它们中的每一个都只是按照其自身的原则与理念去开拓自己的文明化进程的,或者说,它们至少相互隔绝,并不共同前行,而我所描述的这个文明与社会,却结合成了一个整体。基督教以类似的方式,结合成一个以共同理念为基础的巨大的机体。当然,相互独立同时也独立于基督教的宗教边缘组织也大量存在。此外,正如在关于文明的类似例子中一样,基督教在这个世界上继续发展着,从它兴起那天起,就没有中断。而其他的宗教团体,不论是规模巨大的、地区性的还是孤立的,都有起有落,世世代代在它的四周,停滞不前。

在基督教与文明之间,还有另外一个显著的类比,谈谈这个类比将会引出我的正题,因为迄今为止我所说的,只是一种铺垫。我们知道,基督教是建立在诸种明确的理念、原则、教义与著述之上的,在其第一次引入时,这一切就已经确定了,而且从来也没有被取代过,也绝不允许增添什么。我并不想将自然秩序中属于人的作品的任何东西,与来自上天的、最终绝无谬误的、不可改变的、我们理当接受的东西相提并论。但是,为了避免误解,在做出这些限制后,我仍然要说明:事实上,如果从历史的角度来看,文明也有其共同的原则、观点、教导,尤其是书籍,它们或多或少也来自其最初的时代,而且事实上,如今它们仍然具有同样的价值,受到同样的尊重,同样得到使用,就如它们当初得到的一样。一言以蔽之,经典名著,以及由它们引发的思想的主题和种种研究,或者用最适合我们现在之目的的术语来说,艺科或文学艺术,总的说来,一直都是文明化的环海的世界所采取的教育手段。

正如充满灵感的著述一样,关于圣人的生平、信仰的篇章以及教义问答集,在基督教中也一直是教育的手段。先生们,你们马上就会了解,这种考虑(适合于把我们聚集在一起的这个场合的主题),为艺学院的开创带来了一种庄严性和一种特别的时刻,因为我们不过是在重申一种古老的传统,运用那些令人敬畏的扩展心智的方法,培养理智,提炼情操,而文明的进步就存在于这一切之中。

4

在那个一直是理智才能之源头的国家,在那个先于或首先引入最早的人类社会形式的时代,在一个缺乏历史性的时期,我们也许不易辨认出一个几乎是神秘的人,如果不考虑旧约历史中的那些人物,也许可以称他为文明的第一个使徒。正如一个地位更高的使徒一样,虽然他是一个穷光蛋、流浪汉,身体虚弱,然而他却要干一番伟大的事业,却要永远活在子孙后代和千千万万部落的人们心中。一位失明的老人,一生四处流浪,当他成名之后,人们已不可能查明其出生地,因此,据说有——

七个著名的城镇,相互争抢死后的荷马,
因为活着的荷马曾在这些城镇中乞讨。

然而,在他的时代他已有一个名字,我们几乎猜不出在多大程度上他的期望会获得回应,他怀着柔弱的情感四处乞求,足迹遍布爱琴海诸岛和亚洲的海岸。当他离去时,那些了解他、深爱他的人保留着对他的回忆。如果他真诚地说出"Exegi monumentum ære perennius"[①],他也完全不像那个罗马诗人的骄傲自夸[②],他只是怀着希望,即,人们热切地期待他的到来,对他的离去感到遗憾。他能够令人激动,即便在其他吟游诗人面前,他也能够得到朋友的同情和赞扬。由

[①] 拉丁文,意为"我的纪念塔耸立着,基础牢固,远胜青铜"。
[②] 在此指贺拉斯。——译注

于他，一系列的诗篇保留下来，在这些诗篇中，他以一种我曾经描述过的情感向德洛斯①的妇女们发表演说，他说："再见了，女士们，在将来请记住我，当一个来自远方的陌生人向你打听，这里的吟游诗人中，谁是最可爱的，你最喜欢谁时，请慎重地做出回答，是那位盲人，他生活在险峻的开俄斯岛②。"

许多世纪当中，这位伟大的诗人无人知晓，也就是说，没有什么名望。他的诗篇被其同胞珍藏着，它们也许是千万人快乐的源泉。但是，它们却没有结集成册，没有人视它们为整体，也没有人为它们建立批评体系。最后，一位雅典君王给自己一个任务：将这位并不渴望永生的天才的分散零乱的诗篇收集到一起，将它们抄写下来，装订成册，成为古代教育的教科书。此后，这位四处流浪的吟唱歌手（正如人们所设想的那样），出乎他自己的预料，成了某种文学经典编纂的对象，并被赋予了这样一种职能，即，把希腊青年的心智向着高贵的思想和无畏的行为方向去塑造。阅读荷马史诗很快就成为绅士教育的一个组成部分，成为那个被认为是希腊自由时代的一个规定，甚至在希腊衰败的年代，仍然是一个传统。色诺芬③向我们叙述了一个青年，他能够背诵《伊利亚特》与《奥德赛》④；狄奥⑤见证说，它们是男孩手中拿到的最早的书籍；贺拉斯⑥断定，它们教授关于人生的知识，胜过斯多葛派或者柏拉图学派。亚历山大大帝⑦用《伊利亚特》中的景象来丰富自己的想象力。随着时间的流逝，其他的诗人，例如赫西奥德⑧和那些悲剧作家，也被人在关于教育的著作中同荷马联系起来。关于职责与

---

① 指位于爱琴海的德洛斯群岛。——译注
② 位于爱琴海东部。——译注
③ Xenophon（公元前431—公元前335?），古希腊将军，历史学家，苏格拉底的学生。——译注
④ 古希腊史诗，相传皆为荷马所作。——译注
⑤ Dio Cocceianus（公元40—112），希腊演说家。——译注
⑥ Horace（公元前65—公元前8），古罗马诗人。——译注
⑦ Alexander the Great（公元前356—公元前323），马其顿国王，亚里士多德的学生，古代世界从希腊到印度的征服者。
⑧ Hesiod（公元前8世纪），古希腊诗人。——译注

宗教、正义与天命的庄严的教训，出现在埃斯库罗斯①和索福克勒斯②的作品中，它们属于比荷马学派更高的一派。欧里庇得斯③的作品，甚至在其有生之年，就是雅典人经常吟诵的，而且对于外国人来说，它们也是如此的珍贵，以至于据说叙拉古④的俘虏们因为能够向他们的征服者背诵这些作品而获得了自由。

人们认为，这样的诗篇也是雄辩，因为它具有如此巨大的说服力，而这两种禀赋之间的联盟，从俄尔甫斯的诗歌（据传说）能够使得树木、溪流和野兽都追随他的时代起，就一直存在着。然而，雄辩很快就变成了一种单独艺术的主题，即所谓的雄辩术——诡辩派的学者们都是精于此道的大师。而且，由于雄辩术就其性质而言尤其具有政治性，因而它预先设定或者引进了历史研究。于是，修昔底德的著作成为一项特别的研究对象，通过这种研究，狄摩西尼⑤成了希腊最早的雄辩家。

然而，关于博雅教育课程的形成，我们不需要再追溯了，列举一些例子来说明就足够了。它所涉及的学习有四个主要方面：语法、修辞、逻辑和数学；数学这门学科又分为四个方面：几何、算术、天文和音乐。加起来一共有七门，这就是众所周知的博雅七艺（Seven Liberal Arts）。于是，一种成形的培养理智的学校创建起来了，其基础是一些具有十分独特性质的理念与方法。我们也许会说，就其本身而言，这些理念与方法具有最高与最真实的性质，它们逐渐地合而为一，不断地渗透并占有了许许多多我认为代表了人类并位于"环海世界"的国家。

当我们从希腊转向罗马的时候，我们碰到了这样一种常见的评论，即，罗马文化几乎不具有原创性，它是从希腊借鉴来的。的确如

---

① Aeschylus（公元前5世纪），古希腊三大悲剧作家之一，据说写了八十多个剧本，现存《被缚的普罗米修斯》《波斯人》《阿伽门农》。——译注
② Sophocles（公元前5世纪），古希腊三大悲剧作家之一，一生写了123个剧本，现存《埃阿斯》《安提戈涅》《俄狄浦斯王》等7部。——译注
③ Euripides（公元前5世纪），希腊悲剧作家。——译注
④ 西西里岛东部一港口，古典时期的希腊殖民地。——译注
⑤ Demosthenes（公元前384—公元前322），古雅典雄辩家、民主派政治家。——译注

此,泰伦斯①仿效米南德②,维吉尔③效仿荷马、赫西奥德与忒奥克里托斯④,而西塞罗声称他只是重复希腊哲学。但是,即便我们承认这些都是真实的,我仍然认为这证明了一种才能,这种才能引导了文明的过程。这个世界应该存在某些心智方面的导师而不是其他人。荷马与亚里士多德以及围绕着他们的诗人与哲学家,都应该是所有世代人们的导师。因此,这些拉丁人加入进来,构成了人类教育据以进行的规则的一部分,他们被补充进古典文化的宝库之中,并不是要颠倒或干扰已经确定下来的东西。当我们考虑到希腊文将会在许多世纪中被遗忘掉,心智训练的传统将会转向通过拉丁文来进行时,这种安排中就具有了更多的意义。因为世界将不会遇到可能改变其文明性质的危险。拉丁作家的作品如何很快地就成了孩子们学校中的教科书,我认为是个值得注意的问题。即便到今天,我们的教育课程中也还没有教授莎士比亚和弥尔顿的作品,但是,维吉尔和贺拉斯的诗篇,在它们问世不到100年的时间中,就已经像更早时期荷马和希腊作家的作品一样,进入了那个时代校园孩子们的书包中。

我不需要继续详尽地说明他们,希腊作家与拉丁作家或者说通过拉丁作家,在环海世界的教育体系中一直到今天都保留着自己的地位。人们经常为若干世纪制造一个序幕。甚至在知识最低下的状态下,传统也仍然得到维持。大格列高利⑤的时代(不用说它的影响)经常被认为是完全不利于保持古典文学的时代,而他本人却通晓古典文学,鼓励在他的宫廷中使用纯正的拉丁语。当代研究他的历史学家用比喻的方式说,他把教廷的圣座安放在博雅七艺的支柱上。在9世纪时,当黑暗时代即将结束时,我们知道仍然还有教育——音乐、辩论术、修辞、语法、数学、天文学、物理学和几何学方面的教育,而且这些

---

① Terence(公元前186?—公元前161),迦太基奴隶出身的古罗马喜剧作家,其作品大都根据希腊新喜剧改编。——译注
② Menander(公元前342—公元前292),雅典剧作家,擅长轻松喜剧。——译注
③ Virgil(公元前70—公元前19),古罗马诗人。——译注
④ Theocritus(公元前310?—公元前250?),古希腊田园诗的创始人。——译注
⑤ St. Gregory the Great(约540—604),基督教拉丁教父,590年成为罗马教皇,是隐修士被选为教皇的第一人,曾派传教士到英国。

教育中伴随着种种成功(当然,这种成功是就那个时代的机会而言的,但是,我在此谈及的是学习的性质,而不是学生的水平);在学校中,贺拉斯和伟大的"维吉尔、萨卢斯特①、斯塔提乌斯②"具有至高的地位。在13世纪以及随后的若干世纪中,维吉尔、琉善③、斯塔提乌斯、奥维德④、李维⑤、萨卢斯特、西塞罗和昆体良⑥,也享有至高的地位。在现代开始时的文学复兴之后,我们发现圣卡尔罗·巴罗默奥⑦很喜欢使用西塞罗、奥维德、维吉尔和贺拉斯的作品。

5

先生们,关于这一主题,我对历史给予我们的一系列信息一带而过,这样做只是要唤起你们的记忆,加深你们对这样一个事实的印象:由于罗马文学的充实,希腊文学仍然在继续,并且与涉及它的其他学问一起,从这个世界的最早时代起到今天,一直都是教育的手段、文明的食粮。现在,当我们通过对比的方式,转而考虑属于大学特征的教学时,我们可以来回答由此所引起的问题了。尽管大学的特征完全不同于先于它出现的学校,在中世纪时,在那些学校中所教授的课程,却没有被大学所引进的更为精彩的学科所替代。这是怎么发生的呢?情况似乎是,经院神学、法学、医学仿佛本来会把博雅七艺完全抛到一边,然而它们并没有做到。我认为,原因在于作为向年轻人提供教育的手段,修道院的学校和世俗的学校的权威与功能,比蕴藏于查理曼大帝⑧(他是它们名誉上的创立者)制定的

---

① Sallust(公元前86—公元前34?),古罗马历史学家和政治家。——译注
② Publics Statius(45? —96),古罗马诗人,生平不详。——译注
③ Lucian(120—180),古希腊作家。——译注
④ Ovid(公元前43—公元17),古罗马诗人。——译注
⑤ Titus Livy(公元前59—公元17),古罗马历史学家。——译注
⑥ Marcus Fabius Quintilian(35? —96?),古罗马修辞学家。——译注
⑦ St. Carlo Borromeo(1538—1584),意大利米兰大主教,天主教改革的发言人。——译注
⑧ Charlemagne(742—814),法兰克国王,曾鼓励学术,兴建文化设施,使其宫廷成为学术的中心。——译注

规定更深,它根植于与基督教有如此密切关联的那种文明的特殊性质中,以至于我们可以称其为基督教成长的土壤。中世纪的学科既高贵又实用,同时也是伟大的,它们并不想要替代通过博雅艺术的学习来发挥作用的更为现实和更为适当的心智培育。当这些学科事实上越出其范围,确实企图伤害教育的传统课程时,这种入侵事实上遭到了抵制。中世纪有那么一些人,例如,萨利斯巴瑞的约翰①,他们有力地抵制了伴随着一些巨大的好处而来的僭越与侵占,这些僭越与侵占曾经随着那些具体学科的兴起而出现,而大学正是这些学科的所在地。尽管有这样一些时代,旧的传统似乎马上就要衰落,然而它们实际上却没有衰落,因为文明的本能与社会的共同意识占了上风。于是危险过去了,似乎正要离去的那些学科与研究获得了它们古老的地位,而且像从前一样,它们被承认是心智培育的最佳手段和学术进步的最佳保障。

我们可以将过去的这种经验运用到我们今天的环境中,因为在中世纪,有一场反对古典作品的运动一直延续到现在。为此目标而创造出来的培根归纳法的真理,以及它在我们物质生活利益中不可估量的贡献和取之不竭的运用,使人们的想象力受到了迷惑,正如阿伯拉尔②时代某些新科学使人们受到迷惑的方式是一样的。由于这种方法在其自身的范围内创造了如此多的奇迹,因此人们经常认为它在其他领域也能够如此。现在,培根本人绝对不会做这种论证,他绝对不需要人们提醒他:促进实用的技艺是一回事,培育心智又是另一回事。要考虑的简单问题是,如何能够最好地加强、提高和丰富心智的力量。正如长期的经验告诉我们的,精读希腊和罗马的诗人、历史学家、哲学家的作品,能够达到此目标。但是,实验科学的学习也有同样作用的说法,并没有任何经验向我们做出证明。

事实上,我绝不是否认化学、电学和地理学等学科对于这个世界的实际好处和极大的吸引力。但是,问题不在于哪一个研究分支包含

---

① John of Salisbury(1115—1180),拉丁学者,查特勒斯主教。
② Peter Abelard(1079—1142),法国经院哲学家、逻辑学家和神学家。——译注

了更加精彩的事实,或者许诺了更加辉煌的发现,哪一个的等级较高而哪一个又处于较低的等级;而是在于,所有分支中哪一个分支能够为一个未成形的心智提供最健全、最充实的训练。我认为,在这一点上,宁愿要古典作品而不要从培根的哲学中生长出来的那些科学。这说不上是对培根爵士的不敬,正如在中世纪,不要让《神学大全》的研究对艺学院造成偏见,也说不上是对圣·托马斯的不敬一样。因此,我有这样一种预感,正如在中世纪,尽管有那些创造或阐释了神学和法学的天才,大学的教学与管理仍然是在艺学院进行的,现在的状况也一样,不论现代哲学多么卓越,它的发现多么惊人,它的成就多么实用,它的大师们多么才华横溢,但要把古典文学以及与它相关联的学科,从若干世纪以来它们在教育中所占有的地位上驱逐出去,最终仍然是不行的。

所有这些就是这样一种反思的过程,这种过程显然是受到了我们近来一直在从事的活动以及我们现在庆祝的那些活动的启发。在19世纪,在一个向外寻找一个新世界并且预示着未来时代的国家中,我们正在从事开办致力于优美的文学与博雅学科(或者我们称为艺科)的学校的工作,这是在天主教基地上建立一所天主教大学的第一步。因此,在我们怀着喜悦与爱慕的心境来重新看待希腊与雅典的时候,在我们认识到在那片著名的国度上有着那种理性文化的资源与学校的时候,如果我们竟然忘记了要进一步往南方看,忘记了要对一个更荣耀的杰出人物、一个更神圣的真理之教谕以及另一种更高的、超自然的知识的源泉表示敬意,那就的确是一件奇怪的事情了。那个地方就坐落在巴勒斯坦。耶路撒冷是宗教知识的本原,正如雅典是世俗知识的本原一样。我们可以看到,古代世界有两个辉煌灿烂的中心,它们在行动上相互独立,每一个都有自己的运动趋势,而且最初显然没有任何汇合的希望。希腊文明向着东方扩展,伴随着征服者亚历山大而所向披靡。当它被带到西方后,它就征服了将它带到那里的征服者。① 另一方面,宗教从自己诞生的家园被驱逐到北方和西方,其原因

---

① 在此意指罗马人征服了希腊人,但是却被希腊的文明征服。——译注

正是那些应对此负责的人的罪过,并经历了长期的审判、苦难和迫害。这两个中心,每一个都追求着自己的事业,完成着自己的使命;每一个都不承认对方,也不被对方承认。最后,耶路撒冷的圣殿被提图斯①的军队夷为平地,雅典有影响的学校被查士丁尼一世②扫荡除尽。于是,古代的宗教与学问销声匿迹。然而,它们的沉寂只是为了在其他地方更光辉、更完美地复苏。迄今为止,它们从不同的源泉中涌出,完成着不同的事功,每一个在西方都留下了继承者和接班人,而这继承者和接班人只有一个,并且是同一个。耶路撒冷蕴藏的恩典和来自雅典的礼物,在罗马得到改造和集中。这就是历史的真相。罗马继承了神圣与世俗的知识。在超自然秩序方面,她不仅使摩西③和大卫④的传统永存,而且传播着这些传统;在自然秩序方面,她不仅使荷马和亚里士多德不朽,而且张扬着这些传统。这些独特的属人与属神的教导汇合于罗马,要把它们分隔开,就是倒行逆施,就是重建犹太人的圣殿,重修雅典学园的坟墓。

6

关于这个大主题,我也许可以论述得很周详,然而时间不允许我深入。要说明神圣知识与世俗知识如何相互依赖、相互关联、相互补充,信仰如何通过理性手段而发挥作用,理性如何由信仰指导与纠正,这才是一次具有特色的演讲的真正主题。因此,我的结论是,要祝贺你们,先生们,祝贺你们开始承担我们已经顺利着手的这个伟大任务。无论其命运是什么,其困难是什么,无论怎样延迟,我都不可能怀疑它已经得到的鼓舞,它已经得到的成功的手段,正是在这样的时代,以上帝指定的这种方式,朝着它的完成逐渐迈进的预兆。至于我个人,我从来没有怀疑过它的完成,因为,在圣座明确决定实行这项计划之前,

---

① Titus(39—81),古罗马皇帝(79—81),曾镇压犹太人起义,将耶路撒冷夷为平地。
② Justinian(483—565),拜占庭皇帝(527—565),主持制定《查士丁尼法典》。——译注
③ 旧约《圣经》中以色列人的民族英雄和立法者。——译注
④ 旧约《圣经》中的以色列国王。——译注

我从来不了解它。没有意识到可尊敬的、神圣的教士们的焦虑与困惑,或者说不知道在教会最高权威做出明确决定之前那些老练而谨慎的人们所进行的讨论,这是我的幸福;没有经历过那些善良的天主教徒丧失对它成功的希望,不相信它的适当性,或甚至感到有责任反对它的那些时光,这是我的幸福;我从来没有与这个国家的天主教会之外的人士发生过争论,也没有被迫与那些以敌视天主教为基础的机构与措施发生过直接冲突,这一直是我的幸福。没有人能够控告我不尊重那些其原则和其政策遭到我反对的人。除了我自己岗位上的工作目标之外,我没有意识到其他目标,也没有超出我的范围去冒犯他人。如果说我参与了将我们带到一起的这项工作,那是因为我相信它是一项伟大的工作。就其理念而言它是伟大的,就其希望而言它是伟大的,就其权威性而言它也是伟大的。我感到它是如此伟大,以至于我不敢承受拒绝参与它的责任。

至于我与这项工作的关系会有多深,时间会有多长,那完全是另一个问题。对于一个人来说,能够在如此辉煌、宏伟的大厦上砌上一块石头,已经足够了。的确足够了。但对我而言,甚至还远不止是足够。如果我做了这么多而只是一个开端,那么其他人就有更多的希望继续下去。在人的儿子当中,有一个已经完成了一项美好的工作,对上帝交给他的这项使命感到满意,同时也感到精疲力竭。只有一个人在其生命终结时说过"成了"。① 但是,所有在信、望、爱中开始履行自己的职责、拥有坚定的心灵和虔诚的意愿的人,尽管软弱,却能够去做那些虽然不完美但却是不朽的工作。即使他们的失败也会变为成功。失败是一个过程中的必要一步,是一个漫长系列的(可以说是)中段,最终将会实现所提出的目标。他们会以谦卑的方式,在精神上与《圣经》和教会史上的那些真正的英雄——摩西、以利亚②、大卫、巴西

---

① 此处指耶稣在十字架上临终所说的话。——译注
② 旧约《圣经》中的先知。——译注

勒①、亚大纳西②、克里索斯托姆、格列高利七世③、坎特伯雷的圣托马斯④,以及许多其他人联合在一起,这些人在自认为最不顺利的时候,却做了最多的工作,而在他们去世的时候,却未能看到自己辛劳的成果。

---

① Basil(329—379),古代基督教希腊教父。——译注
② Athanasius(296?—373),古代基督教希腊教父。——译注
③ Gregory Ⅶ(1020—1085),意大利籍教皇(1073—1085),扩大罗马教皇权势,与神圣罗马帝国皇帝亨利四世因神职人员任免问题发生冲突,处亨利以绝罚,并将其废黜。
④ St. Thomas of Canterbury(Thomas Becket)(1118—1170),坎特伯雷大主教,应英格兰国王事利二世之请而就任,后与之发生冲突,被国王的随从暗杀。

选文二　英语中的天主教文学[①]

(1854 年—1858 年)

　　天主教大学要促进的特殊目标之一,是形成一种英语的天主教文学。然而,这个目标必须先理解才能正确地执行。可是,不做一些讨论和考察便不可能理解这个目标。关于这个科目最初的观念肯定是粗浅的。其实际的状态、理想的状态、可能的状态有待于了解,然后才谈得上必须做些什么,可以期望什么。在过去的半年里,我们在公共事务中看到国家犯了什么样的错误并经历了怎样的失望,而这些错误和失望都是由于我们的舰队和军队在事前未能确定明确的目标,未能清楚地了解在战争运作中什么是实际可行的,什么是可能出现的。因此,同样,在文学领域里,如果我们不审慎地考察什么是可行的,什么是没有必要的或没有希望的,而单凭对天主教大学所能做的这样或那样重要的事情之模糊的概念便动手,那么,我们肯定会陷入同样的困境和不满。由此,我自然希望把注意力引向这个题目,尽管要准确、全面地把握非常困难,尽管我的努力应该留给更适于担当此项任务的人去完成。

　　这里,我将主要考察什么东西不属于这个目标。

---

　　① 此处的文学 literature 指"历史的、民族的事实"记录,但它有时表示"文献"。为不违反作者的主旨,概译为"文学"。——译注

第一节　英语天主教文学与宗教文学的关系

当把一种"英语语言的天主教文学"作为一种需要的东西来讲时,任何有理性的人用"天主教作品"一词所指的,不过是"天主教徒的作品"。这个短语并非指宗教文学。"宗教文学"的含义的确比"宗教徒的文学"广,它的含义超过并高于"宗教徒的文学",而指的是这种文学的主题内容是宗教性的。但是,不能把"天主教文学"理解成仅仅或主要是天主教题材、天主教教义、天主教的争论、天主教的历史、天主教的人物或政治的文献,它包括一切文学主题,即天主教徒时常谈论并只能谈论的主题。至于为什么重要的是由天主教徒去谈论,这里不必解释,尽管关于这一点我们在讨论的过程中偶尔会提到一些东西。同时,为了避免严重的误解,我请大家注意这两个短语的区别。因为很明显,如果天主教文学仅仅指一种宗教文学,那么这种文学的作者就主要是神职人员了,就像写法学著述的作者主要是律师,写医学著述的作者主要是内、外科医生。如果是这样的话,除非大学被看成是等同于神学院或神学校的地方,天主教文学绝不是大学的特有目标。

我并不否认大学可能被证明对宗教文学是最有利的,这一点毫无疑问,而且会表现在许多方面。但是,这仅仅关系到神学,作为一个思想的大科目,甚至作为最大的科目,神学确实能够占据人的头脑,但是却不足以或不能直接构成大学的全部。我认为,一个不担任神职的文人,由于担心自己将在某种程度上陷入半教士的职业,因而有可能对形成一种天主教文学的想法感到畏惧,对这种建议避之唯恐不及。由于预测到天主教大学的教授将促进天主教文学,因此,稀里糊涂地认为受聘于这种大学的讲师或作家一定爱进行教义辩论,一定是道学家或布道者,一定会(用新教的话来说)抓此良机,尽管他的学科根本就不是宗教。简言之,除了正直和坦然地生活外,还要像一个天主教徒似的,在谈论古典学术、美术、诗歌或自己所学的任何科目时,活脱脱地成了一个天主教徒,这种顾虑也就很常见了。人们会以为,如果不离题去从终极原因上寻找理由,便不能讲授《比较解剖学》;如果不逼迫自己依次解释《创世纪》的头两章,便不能讲述现代地质学理论。的确,许多人走得还要远,他们干脆宣布,既然我们自己的大学是圣座推荐并由教会建立的,那么,它只能教授宗教,而不能教授别的,它就必须且应该有神学这个学科,这就差不多好比说下面这种看问题的观点既有道理又符合逻辑:既然首相总是新教徒,那么根据这个事实本身,他从事的是神职;或者,既然下议院的议员们都对圣餐变体论起过誓,那么他们一定只能从事神职。天主教文学并不是神学的同义词,它也不会取代或干涉基本教义问答课、神学家、传道人或学者的工作。

第二节　英语天主教文学与科学的关系

1

接下来,必须记住,当我们致力于为天主教徒提供天主教文学时,在取代现存的带有明显新教特征的文学之后,严格地说来,我们在需要的东西里还没有包括纯科学。并不是因为,看到天主教徒因发表抽象的或实验的哲学作品而扬名,我们不应该感到高兴和自豪。在世人的眼里,这的确为我们的宗教带来荣誉。在这些问题上,至少在教科书的编撰上,我们独立自主,而非依靠别人,因此表现出一种一致性和可敬之处。但这并不是因为我们对此无动于衷,也不是因为我们没有信心十足地预料到这些国家的天主教徒有朝一日将直指科学权威和发现者,而与新教的英国、德国或瑞典的权威和发现者并驾齐驱。而是因为,在数学、化学、天文学及类似的学科里,一个人做得比另一个人好,不会是由于他的宗教背景的缘故,并且甚至一个无信仰者或偶像崇拜者的著作,只要严格地限制在这种研究范围之内,就可能被容许进入天主教大学的讲堂,并毫无顾忌地交给天主教青年。我们没有迫切的要求和十分的必要去获得一个天主教的欧几里得①或天主教的牛顿。一切科学的目标都是真理。纯科学根据原则并通过一个自然理性所承认的过程来阐发真理，而这种原则，心智要依靠自然之光才能发现。实验科学运用分析的方法或奇妙的手段来调查事实，而这种方法和手段最后会融为与人的心智相应的思想工具。如果我们假设存在一种客观真理，而人的心智的构造又与之对应，同时人的心智按自己的活动规律真实地活动；如果我们假设上帝创造了我们，而上帝创造的就是好的，同时自然的作用或根据自然而产生的作用本身绝不可能是邪恶的。那么，只要是个几何学家，或自然哲学家、机械师、批评家，总之，无论他是什么人，印度人也好，伊斯兰教徒也好，不信教的人也好，他在自己的科学领域内根据这门科学的规律所得出的结论是毋庸置疑的，也不应该受到天主教徒的怀疑，除非天主教徒对神圣的原则和神圣的创造，对事实和真理持一种狭隘排斥的态度是合理的。

我一直谈的是非天主教徒的科学论文或研究报告，这是由文学这个题目引出的，我甚至可能接着谈一谈这些人及其著作。要不是因为他们可能行为不端，要不是因为他们会树立的行为榜样，要不是因为人的心智天生不愿超越一种抽象科学的严格界限，不愿根据新异的原则来教授这种科学，不愿用具体的实例来体现这种科学并得出实际的结论，总之，要不是因为伴随着一个伟大学府的教授的那种直接的影响、充满活力的形象和附属的责任（我再说一遍，是从理论上去对他进行实际上不可能的抽象），我看不出为什么不应该由某位拉普拉斯去担任天主教大学的天文学教授，或者不应该由某位洪堡去担任物理学教授。不管他们可能想说什么，只要不离开自己的科学，他们就会像《圣经》里的异教徒先知那样，绝不可能"超越主的话，去说出他们头脑里的任何东西"。

---

① Euclid（约公元前4世纪），古希腊数学家，著有《几何原本》13卷，一直流传至今，也有光学和天文学方面的著述。——译注

2

　　到目前为止,这些论证依然适合于《北方评论》的某些著名作家,他们反对教条式教学的原则,并似乎有理由坚持认为,由于研究对象不同,起作用的观点也就不同,人同其所从事的科学因而是有距离的。"1704年8月13日的上午,"一位公正的著名作家在为政治及社会问题的反教条原则进行辩护和说明时说,"两个伟大的指挥官,虽然权力相同并由于公私两方面的紧密联系而团结一致,但是信奉不同的教条,在一个事关欧洲自由的重要时刻,准备发动一场战役……马尔伯勒①下令大家祈祷。英军的牧师来到军团的队伍前,念起了祈祷文,荷兰军队的加尔文宗②牧师虽然未接受过主教的按手礼,却走到同胞的面前做起了祈祷。与此同时,丹麦军队听到的是路德宗③牧师的祷文,嘉布遣会④的修士为了给奥地利的将士鼓舞士气,祈祷圣母为神圣罗马帝国军队祝福。战斗打响了,这些士兵尽管宗教背景不同,行动起来却宛如一人;天主教和新教的将军相互支援,你追我赶。日落前,帝国得救了,法兰西在一天之内便丧失了经过8年的密谋和胜利所取得的果实。盟军在完全征服敌军后又各自以自己的崇拜方式感谢上帝。"⑤

　　在教育的问题上,这段生动的文字暗示了别人经常匆忙得出的那些极端结论所依从的原则。但是,毫无疑问,这位作者并不愿意贯彻

---

① Marlborough(1650—1722),英国将领,在西班牙王位继承战争中统率英荷联军击败法王路易十四。——译注

② 加尔文宗指由法国神学家加尔文提出并提倡的神学。加尔文是16世纪西欧宗教改革最重要的人物之一,他所提倡的理论后来成为归正宗和长老宗教会采纳的教义和教规。主要著作有《基督教要义》。——译注

③ 16世纪由德国宗教改革家马丁·路德创立的基督教新教之一派。——译注

④ 正式名称为嘉布遣小兄弟会,为天主教方济各会的一支,该会会服附有尖顶风帽。——译注

⑤ T. B. 麦考雷:《格拉斯通论教会与国家》,收入其妹特里芙莉安夫人《麦考雷勋爵文集汇编》(Miscellaneous Works of Lord Macaulay),纽约:哈珀兄弟出版公司,出版日期未注明,第2卷,第566~567页。

这个原则。然而,无论从其本身来看,还是抽象地看,这个原则绝对而且无可否认地是正确的,但贯彻到实际问题中时却仅仅是强词夺理。虽然不被正式承认,但客观存在的一点是,一种宗教观点,实际上不可能不影响到它赖以形成于其中的学校、社会或国家;当然了,从理论上来看,宗教观点是一回事,学校、社会或国家又是一回事。不错,在这里,我们发现圣公会信徒、路德教徒、加尔文教徒和天主教徒并肩战斗,并且丝毫不带有各自宗教信条的偏见。当然,我从未听说过打仗的时候士兵们除了战斗还干别的事。我不知道他们当时是否还有时间去想别的问题。然而,即便就他所选择的这个例证而言,如果我们必须用它来对这一争论得出结论的话,那么,对立宗教信徒之间的干预和冲突的危险,事实上是会影响一场运动的,而这在一场战斗中却不可能发生——就在这个时候,英国的大众报刊上表现出某种妒忌或厌恶,因为它们不得不记录下这样一些消息:我们的盟友法国皇帝把与英军一道并肩抗击俄军的法军派去参加大弥撒,或者把一幅圣母像送给了他的水兵。

所以,如果我们的教授只谈抽象概念、只有幻想,却缺乏实质、缺乏思想,或者如果他们只能在自己的学科领域开口,而他们在学科上既墨守成规又死气沉沉,如果他们像浪漫故事中的那位有名角色,只囿于自己的学问或在其中变得僵化,以至于他尽管"能用一些演讲煽风点火",却在企图剪蜡烛芯时"没有剪到,只是在两次将客厅弄得一片漆黑之后,才放弃了这个有所图谋的殷勤之举",那么,的确也可以允许伏尔泰[①]到天主教的、新教的或长老会的大学中,或同时在这三种大学中教授天文学或电学。这的确有些荒唐,但却没有危险。而且,我们同那些哲学家应该就没有什么好争论的了,因为他们与我一直引用的这个作者如出一辙,而且十分高明,能够证明我们与他们不一样,所以我们肯定很褊狭,脑子不清楚。

一旦严格遵从这些明显的划分,就会发现,只要能够将持有反天

---

① Voltaire(1694—1778),法国启蒙思想家、作家、哲学家,主张开明君主制,信奉洛克的经验论,主要著作有《哲学书简》《老实人》等。——译注

主教观点的科学家变成我提到的那种想象中的书呆子,我们的学校就可以用他们。只要我们的天主教学生在这种教师用正式论文讲课时能让他们惊讶,而且可以把他们牢牢限制在那里,我们就允许天主教学生用他们。

> Vix defessa senem passus componere membra,
> Cum clamore ruit magno, manicisque jacentem
> Occupat.①

在《天方夜谭》中,那位渔夫在把妖怪从囚禁妖怪的铜瓶里放出来之前并没有受到妖怪的伤害。"他查看瓶子,摇了摇,想看看里面会不会发出声音,可他什么声音也没有听到。"在他终于打开瓶子以前,一切安全,"突然,冒出了一股浓烟,直冲云端,然后形成一团浓雾,一直延伸到海边,他被吓得目瞪口呆。过了一会儿,浓烟聚拢来,变成一个高大可怕的妖怪。看到这个头顶着云天的怪物,渔夫吓得直哆嗦"。这就是无信仰的或异端的哲学家,其人与其学科的专题研究之间的区别。波尔森绝不是18岁青年道德上的良师益友,他关于《天堂三见证人》一书的信札也不值得推荐。但是,这并不妨碍他到天主教大学任教,尽管他被限制讲他的《赫卡柏②的序言》。富兰克林的个性当然令人无法容忍,如果他一开始随便说话,就会(我想他私下就是这样)大谈特谈每个太阳系都有自己的神,但是,这样一个能人虽然信口开河,却并不妨碍我们公正地对他在实验科学史方面的名声表示敬意。不,就算是伟大的牛顿来讲《启示录》,天主教大学也会叫他免开尊口。不过,尽管牛顿是一个新教徒,可我们有什么理由不学他的《自然哲学之数学原理》,或者不利用他所首创并由法国的无信仰者发扬光大的精彩分析呢?看在他们的份上,我们感到高兴的是,就其死后的影响而言,反天主教的作者们一如既往地为人类提供了真正的服务,因此,对此我们并不想干涉。

---

① 拉丁文,意为:不要让他衰老的四肢休息,大吼一声跳在他面前,在他想站起来之前,就用镣铐把他拴住。——译注
② 赫卡柏,希腊传说中特洛伊国王普里阿摩斯的妻子,赫克托耳的母亲。——译注

3

让我回到我开始的地方,即抽象科学的状态。据我观察,对于那些反天主教的抽象科学的解释者,如果他们不到天主教大学来为人师表,不把他们的通俗著作弄进天主教大学的阅览室,我们是不会同他们争吵的。因此,当我们思考天主教文学的构成时,我们并不把科学著作看成是其中最突出的、必要的东西。我们之所以期待他们,并不是因为他们自身的缘故,而是因为他们表明在我们的宗教社团里有科学能人。如果有这样的人,他们肯定会写东西,并且随着他们人数的增加,我们的阅览室和图书馆增加真正富于深度、创意、标准的书的机会也会增加。然而,尽管用我们自己的图书而不必受惠于别人的书会使我们更加舒服,但是,毕竟没有理由认为它们就一定比我们从新教徒那里已经接受的东西更好。

所以,文学并不是科学的同义词,天主教的学问也不意味着排斥抽象推理著作、自然科学实验著作及类似著作,尽管这些著作是由来自另一个宗教群体或无宗教信仰的群体的作者写的。

对于这个问题,或者进一步说,对于我此前所谈论的问题,还应该考虑一点,那就是,考虑到某些科学著作常常是用术语写成,比如关于考据的著作,还有其他著作,比如数学,使用大量的符号、标记和数字,而这些东西又属于所有语言。因此,根本不应该把这些抽象研究归到英语文学的名下,因为我所说的文学,是指用一些特定的语言形式来传递的思想。这就使我得以在最高、最真实的意义上谈论文学,比如把文学作为一种历史的、民族的事实。恐怕这个意义上的文学根本就不是天主教大学所思考的目标,至少在若干年之内不是。不过,这个题目太大,我必须在另一节里接着谈。

第三节　英语天主教文学与古典文学的关系

1

在把思路转到英语天主教文学时,我请读者首先注意什么是我们不予考虑的,什么是我们不需要考虑的。我说过,我们的目标既不是神学图书馆也不是科学知识图书馆,尽管神学在文学方面,抽象科学在训练心智方面当然都应该在天主教百科全书里占有一席之地。然而,我们的任务不仅不是、不必是也不可能是理性地思考任何一种人,不论这种人是不是渴望将英语天主教化的大学成员(这一点显而易见)。我们的任务就是创造英语的天主教文学,因为英语的天主教文学是早已有之的事实,而且如果还将继续的话,它是超越任何个人能力的工作。如果我坚持这个观点,任何人都会明白,在我看来,它就是自明的。因为我的目标不是准备证明这一点,我们大家都已经早就知道,对于现在要讨论的事情,我们可以有一个比较清楚的认识。有许多无可否认的真理,人们还没有实际感受并理解。除非我们对摆在面前的问题坚定了立场,否则我们可能会误入歧途,陷入各种不着边际的想象或不切实际的计划,而这些想象和计划事实上将以失望告终。

假定从此刻起天主教会在英伦三岛得到广泛承认,假定英语由此而通过洗礼,皈依天主教并完完全全被用于天主教的目标,假定这个民族现在的心智活动仍将继续(它当然会继续),那么,我们应该马上就获得大量的天主教著作,而且是英语的、纯正的英语的文学,高品位的文学。但是这一切还是不能形成大家按字面意思理解的"英语文学",更不能说这个"英语文学"是天主教性质的。如果我们还只是全世界广大操英语的人种之一部分,当整个洪流奔向其他方向之际,如果我们只是在创造一股朝着天主教真理方向流动的水流,那么,我们所能期望的肯定就更少了。严格地说来,我们绝不可能形成一种英语文学,因为一个民族的文学指的是其经典著作,而英语的经典著作英格兰早已有之,并早已得到承认。

2

一种文学,一经形成,便是一种民族及历史的事实,是过去与现在的问题,就像现在不能被忽视一样,过去也不可能被抹掉。我们可以否认、超越或改变它,但这只有在我们对它所代表的人种或语言也能否认、超越或改变的情况下才有可能。每一个伟大的民族都有自己的特性,而这种特性以各种方式表现出来并得以传承。它通过商业手段,或通过战争、农业、制造业,或通过这四者,或在城市、公共大厦和工地、桥梁、运河、港口,或在其法律、传统、习俗、举止,或在其歌曲、谚语,或在其宗教、政策路线、风度、对异族的行为、联盟、财富及其整个历史进程等方面,发展成为一个君主国或一个共和国。所有这一切都是特有的,都是构成整体之部分,都表明这种民族的特征,都是相互的救星。民族语言和文学的情况同样如此。不论好与坏,还是好坏参半,它们就是自己,而不可能是别的东西。在它们形成之前,我们不可能去规定它们,在它们形成之后,我们又不可能使它们逆转。我们可能会对弥尔顿或吉本本人感到极大的厌恶,我们可能会最严厉地抗议他们作品的每一页中活跃着的精神和表现的趋势,但是他们就在那里,他们就是英语文学的不可缺少的组成部分。我们不可能消灭他们,我们不可能否认人们的力量,我们不可能写出新的弥尔顿著作或吉本著作,我们不可能把需要清除的东西删掉。他们是伟大的英语作家,他们都以自己的方式宣泄了对天主教的仇恨,他们都是上帝的骄傲和叛逆的造物,都天生具有无与伦比的才华。

如果我们要接受事物,就必须原原本本地接受。如果愿意,我们可以对英语文学不置一词,如果我们认为法语文学或意大利语文学不像我们自己的文学那么异样的话,[①]我们可以转而求助于它们,我们可

---

① 此处指英语文学具有非天主教的性质和面貌。——译注

以回到希腊或罗马的古典文学,我们也可以与任何文学本身不发生关系,我们还可以仅仅满足于纯粹尚未成形的,或乱七八糟的语言用法。但是,我们一旦在天主教大学里承认英语和英语文学,如果我们认为应该允许了解我们所生活在其中的事态,了解我们也具有的民族特征,如果我们期望有机会写出后人可能会阅读的东西,如果我们认为值得为说英语的人们提供一种天主教文学——我并不是说我们必须马上对青年、弱者或未受过教育的人打开任何一种书,我并不是说我们可以摒弃教会的书目及其修订稿——那么,我们就不应该想象自己去创造我们还未诞生时就已经创造出来的东西。因为我们不可能短时间内创造出这些东西,我们必须把这个历史的、涉及语言的文学作为事实,不,作为我们的标准来承认。

这样说肯定没有什么鲁莽的或自相矛盾的。一个民族的成长就像个人的成长,它的嗓音和谈话内容随着年龄而变化。每个时代都有其自身的规矩和魅力。诚如孩子的美不同于男子的美,童声最高部的甜美不同于低音的丰富,对于整个民族而言,情况也是如此。一个民族最受欢迎的诗人、最有力的演说家、最具哲学思辨的历史学家不可能产生在同一个时期。语言随着思想的进步、历史的事件而发生变化,风格则随语言变。虽然语言一代接着一代经历了一系列独立的卓越阶段,但是语言的所有缺陷却是每一个时代轮流产生的。这样,可以认为,语言和文学依赖于一个自然过程并遵循自然规律。阿杜安①神父认为,除了普林尼、西塞罗、维吉尔的《农事诗》、贺拉斯的《讽刺诗集》和《书札》等例外,拉丁文学都是中世纪修士所为,因此,有一种文学既不属于民族又不属于历史。不过除他以外,大家都倾向于认为,时间和地点是形成文学的必要条件,大家只能把古典作家要么看成是岁月的结晶,要么看成是天才之间歇性的偶然事件。

诚如在其他方面一样,第一流的优秀文学是一种偶然或一个过程的结果,但不论是哪一种情况,文学都需要岁月的保障。我们不可能

---

① Jean Hardouin(1646—1729),法兰西天主教耶稣会学者,古希腊和古罗马文学专家。——译注

期盼出现一个柏拉图,也不可能硬产生一个亚里士多德,这就好比我们不可能命令出现一次好的收成或创造一块煤田。我说过,如果文学是一个特定民族的声音,那么,它需要一片广袤如国土的地域和一段漫长如历史的时间才能成熟。它比任何一个群体、任何一个教育体系的能力更博大、更精深,不论这个群体如何才华横溢,这个体系如何理想。文学不是真理的阐述者,而是自然的阐述者,而自然的真实仅仅通过其诸成分来表现。它是上百种共同影响与共同作业相互作用的结果,是在独立的时间和地点所发生的上百件奇怪事件的流传的结果。它是对世界与生活的疯狂惩罚之微不足道的补偿性产物,它在种种失败中硕果累累。它是谁也无法解释的心智力量之罕见表现的结晶。用我们所讨论的特定语言来讲,它由形形色色的人构成,比如彭斯①和班扬②、笛福③和约翰逊④、哥尔德斯密斯⑤和柯柏⑥、劳⑦和菲尔丁⑧、司各特⑨和拜伦⑩。有人说一个作家的历史就是其著作的历史,更为确切的说法是,至少就伟大的作家而言,他们著作的历史,就是他们的命运和时代的历史。每个作家都是其时代的代表,都是其时代的典型,或一个危机的解释者。他为他的时代而生,他的时代亦为他而存在。如果没有天主教徒和清教徒,如果没有前者的失败和后者的兴

---

① Robert Burns(1759—1796),苏格兰诗人,主要著作有《主要用苏格兰方言写的诗集》。他是我国读者比较熟悉的诗人。——译注
② John Bunyan(1628—1688),英国散文家,主要著作有《天路历程》。——译注
③ Daniel Defoe(1660—1731),英国小说家、现代新闻报道之父,主要著作有《鲁滨孙漂流记》。——译注
④ Samuel Johnson(1709—1784),英国文学评论家,主编《莎士比亚集》《诗人传》。——译注
⑤ Oliver Goldsmith(1728—1774),英国诗人、剧作家、小说家,主要著作有《威克菲尔德的牧师》《荒村》。——译注
⑥ William Cowper(1731—1800),英国诗人、翻译家,主要著作有《任务》。——译注
⑦ William Law(1686—1761),英国作家,主要著作有《从实践的角度来看基督教的完美》《严肃号召过度虔诚和神圣的生活》。——译注
⑧ Henry Fielding(1707—1754),英国小说家、剧作家,主要著作有《弃婴托姆·琼斯的故事》。——译注
⑨ Walter Scott(1771—1832),英国小说家、诗人,主要著作有《艾凡赫》《湖上夫人》。——译注
⑩ George Gordon Byron(1788—1824),英国浪漫主义诗人,主要著作有《恰尔德·哈罗德游记》《唐璜》。——译注

起,便不可能有胡克①。如果没有大叛乱②,便没有克拉伦登③。霍布斯④是对讥讽无信仰做出反应的先知。艾迪生⑤是大革命及随之产生的变化的产儿。除了约翰逊之外,如果我们的古典作家有谁一看之下就可以被称做是大学学人的话,艾迪生就是。然而,即便是艾迪生——牧师的儿子及兄弟,牛津的院士,一所学院的住宿生,这个学院至今仍面向他为其栽种树木的道路——就其在英语古典著作中所占的地位而言,他肯定远不仅是个大学学人,因为他所探讨的种种问题应归功于他的生活经历,归功于他那个时代的突变对其才华的呼唤。他所生活的世界造就了他,也利用了他。他的著作一方面教育了他那个世代的人,另一方面则为后人描述了他那个世代的人。

3

我一直谈的是一种文学的作者,谈的是他们与人民及他们所属的事件轨迹之间的关系。但首先应该考虑的是他们与语言本身的关系,因为语言是他们的工具,这一点我已经注意到。如果说在很大程度上他们是时代的产物,那么,另一方面,从更高的意义上讲,他们是自己的语言的产物。的确,大家都把这种语言称为母语,但实际上在他们赋予它生命和形式之前,这种语言并不存在。所有伟大的内容都是由众多个体的头脑去承载和完善的。思想史和行动史上真实的东西就是语言上真实的东西。正是某些写作的大师,如莎士比亚、弥尔顿、蒲柏⑥、新教徒的《圣

---

① Richard Hooker(1554—1600),英国基督教神学家,主要著作有《论教会体制的法则》。——译注

② 指1642年国会派对王党的斗争。——译注

③ Edward Clarendon(1609—1674),英国政治家、历史学家,主要著作有《英国叛乱和内战史》。——译注

④ Thomas Hobbes(1588—1679),英国政治哲学家,主要著作有《利维坦》《论物体》。——译注

⑤ Joseph Addison(1672—1719),英国散文作家、剧作家、诗人,英国期刊文学的创始人之一,与斯梯尔一同创办《旁观者》杂志,主要著作有悲剧《卡托》、诗歌《战役》。——译注

⑥ Alexander Pope(1688—1744),英国诗人,长于讥刺,翻译荷马史诗《伊利亚特》《奥德赛》,主要著作有《夺发记》《群愚史诗》。——译注

经》和《祈祷书》的作者、胡克和艾迪生、斯威夫特①、休谟②和哥尔德斯密斯,创造了英语。就像语言是一个事实那样,文学也是一个事实。文学通过语言形成,又生活在语言之中。具有伟大能力的人在各自的时代掌握了语言,然后就像一个体操大师构建体形一样,建构了语言。他们形成了语言的肢体,发展了语言的力量,赋予语言以活力,他们流畅而娴熟地运用它,使它变得优美。他们使它变得丰富、和谐、多样、准确。他们用各种风格来装点它,而这些风格,根据其个性,几乎可以称为个人用语特征,它们是语言的力量及其耕耘者的天才共同铸就的纪念碑。

看看莎士比亚的风格,看看新教《圣经》和《祈祷书》的风格,看看斯威夫特、蒲柏、吉本、约翰逊的风格,那是多么真切的创造,多么别具一格!虽然风格不可能脱离意义,但即便是没有意义的内容,风格犹存,依然像欧几里得的元素或者贝多芬的交响乐那么完美、那么新颖。宛如音乐,它抓住了公众的心。英格兰的文学不再只是印在书里、关在图书馆里的文字,而是一种活生生的声音,它通过自己的表现力和感染力走进了世人的心中,它每天振动在我们的耳畔,表达着我们的思想,通过我们的通信者同我们交谈,当我们握笔写作时它会发号施令。不论我们是否愿意,莎士比亚、新教仪式书、弥尔顿、蒲柏、约翰逊的《桌边谈》、沃尔特·司各特等的作品中的用语和措辞,已经成为日常使用的、家喻户晓的词句(也许对其来源我们从不猜测)和日常交谈的习语。喜剧中的人物出口成章,自己却未意识到。我们的天主教徒不知不觉地并且毫无冒犯地重复着放荡的剧作家、异端的拥护者及传道者的只言片语。一个民族的文学太专横了,对我们来说它太过分了。我们不可能摧毁它,也不可能把它推倒重来。我们可以面对它,遭遇它,但我们不可能重新创造它。既然它并非出自上帝之手,它便是人类的杰作。

---

① Jonathan Swift(1667—1745),英国作家、讽刺文学大师,主要著作有讽刺散文《一只澡盆的故事》、寓言小说《格列佛游记》。——译注

② David Hume(1711—1776),英国哲学家、经济学家、历史学家,不可知论的代表人物,认为知觉是认识的唯一对象,否认感觉是外部世界的反映,主要著作有《人性论》《人类理智研究》。——译注

于是,我重申,无论我们能不能做什么来影响摆在我们面前的问题,总之,我们不可能抹杀过去。英语文学将永远是新教的。英国最地道、最自然的作家斯威夫特和艾迪生,最刻苦的作家胡克和弥尔顿,他们绝不可能变成我们宗教上的同道者。虽然这个解释不过是老生常谈,但绝非因此就是徒劳的解释。

4

我相信我们都不是看见困难和艰苦就打退堂鼓的人,也不是因为不可作为便不去作为的人。尽管英语文学不是天主教的文学,但是,有多少付出便有多少收获。在减轻我一直在坚持谈到的这种不幸方面,的确还可以谈一谈。我将用两则与最后一点有关的感想来结束本节。

(1) 首先,应该考虑的是,无论看一看基督教国家还是异教国家,我们都发现,那里的文学现状与英伦三岛的文学现状一样不能令人满意。因此,不论我们这里的困难是什么,这些困难并不比全世界天主教徒的困难更严重。我当然不会对我们面对的在新教中形成的文学带来的困境轻描淡写。不过,其他国家的文学也有自己的缺点,尽管对这样的问题进行比较是不可能的。如果英语的经典文学沾上了放荡的色彩,或者其形象受到无宗教信仰或怀疑主义的损害,我怀疑我们是否应该感到更高兴。如果去同法国人、意大利人或德国人交流文学,我看也不会对这个问题有多少补救。德国我就不说了。至于法国,她拥有伟大的宗教作家,她的经典戏剧,甚至喜剧,堪与其他国家文学中的戏剧媲美,但她同样也不例外。可是,除了伏尔泰,这个讥讽任何神圣、可敬和高尚东西的人,谁还能在法国多产、多才、杰出的作家之中占据如此重要的历史地位呢?卢梭[①],尽管没有伏尔泰那么自

[①] Jean-Jacques Rousseau(1712—1778),欧洲最伟大的思想家之一,法国文学家,其思想和著作对法国大革命和19世纪欧洲浪漫主义文学产生巨大影响。在社会观方面,主张契约伦和公民社会;在教育观方面,提出"回到自然",让儿童的身心自由发展。主要著作有《论人类不平等的起源和基础》《民约论》,小说《爱弥尔》,自传《忏悔录》。——译注

命不凡,却不能被排斥在法国经典作家之外。天才的帕斯卡尔①在其赖以扬名的文学著作中并没有证明他做出的是天主教的判断。笛卡尔②,法国哲学家之冠,在其研究中过于独立,所以他得出的结论不可能总是正确的。最近有一位批评家说,诙谐的拉伯雷③在其前期作品中隐蔽地并在其后期作品中公开地表示他"对罗马教会感到厌恶"。拉封丹④在弥留之际仍因其败坏道德的《故事诗》有辱宗教而无法让公众满意,尽管他终于为那个阶段的文坛之火添加了一块柴薪。蒙田⑤的《随笔集》"通过对欧洲的品味和观点所产生的影响","为文学开创了一个时代",他的"流派包含了大量的法国和英国的文学",而且"对其才华的出众和精妙,大家一致认可",但是同一个作者告诉我们,由于"蒙田怀着怀疑的偏见和满不在乎的气质",他蒙上了耻辱,并作为一个习惯成自然的宗教冒犯者"把法国文学领上了有伤风化的道路"。

　　意大利的情况也并不比法国的更令人鼓舞。无论在古代还是现代作家中,大家一致同意,在文学上属于第一流的有为数不多的几个人,阿里奥斯托⑥就是其中之一,但他被我在上面引证的作者指责为"粗俗色情",而我认为这个指责是有道理的。浦尔契⑦"以其怀疑的含沙射影","似乎清楚地表现了他蔑视宗教的意图"。薄伽丘⑧,意大

---

① Blaise Pascal(1623—1662),法国哲学家、科学家、散文作家,欧洲思想史上的重要人物,主要著作有《给一个外省人的信》,其论宗教和其他主题的笔记后被编辑以《思想录》为书名出版。——译注

② René Descartes(1596—1650),法国哲学家、自然科学家,解析几何学的奠基人,提出"我思故我在",其哲学基础是灵魂和肉体、思维实体和广延实体的二元论,主要著作有《几何学》《方法谈》《哲学原理》。——译注

③ Francois Rabelais(1494—1553),16世纪法国作家、人文主义者,主要著作有《巨人传》。——译注

④ Jean de La Fontaine(1621—1695),法国寓言诗人,主要著作有《寓言诗》。——译注

⑤ Michel de Montaigne(1533—1592),法国思想家、散文家,法国文艺复兴时期的重要人物,主要著作有《随笔集》。——译注

⑥ Ludovico Ariosto(1474—1533),意大利诗人,尤以其《疯狂的奥兰多》而著名。

⑦ Luigi Pulci(1432—1484),意大利诗人,以文艺复兴时期所著史诗《摩尔干提》而闻名。1823年拜伦将该诗前28章译成英语。——译注

⑧ Giovanni Boccaccio(1313—1375),意大利诗人、散文家,意大利文艺复兴的先驱,主要著作有《十日谈》。——译注

利散文作家之翘楚,老年时令人同情地为其脍炙人口的作品中伤风败俗的倾向感到悔恨。贝拉明①不得不为但丁和彼特拉克②辩护,因为他们被指控恶毒地谩骂圣座。但丁肯定毫无顾忌地把一位被教会奉为圣徒的教皇放进了他的《炼狱》里,而且他的《帝制论》被列入了禁书目录。另一个伟大的佛罗伦萨人马基雅维利③也上了禁书目录。詹农④在那不勒斯的政治生涯就跟马基雅维利在佛罗伦萨的政治生涯一样伟大,但他以不忠于罗马教皇之利益而臭名昭著。

这些仅仅是世俗文学一般特征的例子,不论这些人是什么,这个特征都属于他们。一国的文学可能比另一国的好一点,但如果以真理和道德来衡量,糟糕的正是优秀的。情况不可能是另一个样子。各个时代和各个国家的人性都是相同的,因此,文学在各地永远都是如出一辙。人的作品自然带有人的味道,因此其作品的成分和力量虽然优秀并值得赞美,但却易于造成混乱和浪费,易于犯错和犯罪。人的文学同样如此。文学具有自然人的美与残酷、甜蜜与污秽,由于其丰富和伟大,它势必会冒犯一些人的感觉,而这些人,用使徒的话来说,"在辨别善与恶方面真正地训练有素"。"据说,圣斯图尔姆,"牛津的一位作家写道,"从一群正在河里洗澡、嬉戏的尚未皈依的日耳曼人身边经过,他们身上冒出的气味令人难忍,差点让他晕过去。"同样,民族文学是自然人的理性、想象、激情、感情之天生运动,里面有蹦蹦跳跳,有鲁莽和哼鼻音,有嘻嘻哈哈和插科打诨,有拙劣的游戏和散漫的辛劳,而这些都出自上帝用智慧创造出来的优秀而难以驯服的野蛮人。

我们应该理解如此简单和基本的一条真理,不要期望从人性或世

---

① Bellarmine(1542—1621),意大利枢机主教、神学家,在欧洲宗教改革运动时期为天主教教会辩护。——译注

② Francesco Petrarch(1304—1374),意大利诗人、散文家,意大利文艺复兴的先驱,主要著作有《歌集》。——译注

③ Niccolo Machiavelli(1469—1527),意大利佛罗伦萨人,政治思想家、历史学家、作家,主张君主专制和意大利的统一,认为为达到政治目的可不择手段,即马基雅维利主义,主要著作有《君主论》《佛罗伦萨史》。——译注

④ Pietro Giannone(1676—1748),意大利历史学家。其著作《那不勒斯王国内政史》被天主教会列为禁书,他本人也被开除教籍。主要著作有《天、地和教皇的统治》。——译注

界文学那里得到它们绝不会给我们的东西。当然,我过去并不知道,这个世界应该被看做是有利于基督教信仰或实践的地方,也不知道如果它走了一条与我们不同的路就会与我们脱离关系。尽管在自由与真理这两者之中,人的纯自然的心智更喜欢自由。或者说,与限制相比,他的内心更倾向于思想和言语的自由,但是,我从来就认为没有理由去诧异或抱怨。

5

（2）如果我们接受事实,我们很快就会转到我答应过要谈论的第二条感受,那就是,国外的情况不仅不是更好,而且可能更糟。不错,我国的文学属于新教,但它既不是无神论的也不是不道德的。至少就其最高级和最具影响的十几个分支和最受欢迎的十几个作家而言,它使我们得到了巨大的安慰。比如说,谢天谢地,在英语作家中最出类拔萃的一个,其新教徒的意识并不强,所以天主教徒毫不夸张地把他当成是自己人,而且我们信条的敌人承认,他不是一个天主教徒仅仅是由于他的时代禁止他成为天主教徒。令人感到格外满意的是,我们可以自豪地说,对这两方面他都没有冒犯,但外国伟大作家的名声却极为严重地反映出这一点。从莎士比亚的戏剧中随便抽出一些段落,都可能表现出对宗教权威的不敬,但这不过是些段落。另一方面,莎士比亚的作品既不蔑视也不怀疑宗教,就像埃斯库罗斯、索福克勒斯和品达①一样,他始终如一并严格地高举道德与神圣真理的广泛法则。正义应该站在哪一边,他的作品绝不会弄错。撒旦②没有被塑造成英雄,该隐③也没有被塑造成受害者。但是,骄傲就是骄傲,罪恶就是罪恶。他可能沉湎于轻松的思想和不合时宜的辞藻,但他的崇敬是留给神圣与真理的。就文学的第二个主要错误而言——这一点我前面的

---

① Pindar(约公元前6—公元前5世纪),古希腊诗人,在希腊语叫品达罗斯,著有合唱琴歌、竞技胜利者颂等。——译注
② 指基督教和犹太教教义中专与上帝和人类为敌的魔王。——译注
③ 亚当与夏娃之长子,杀其弟亚伯,见基督教《圣经·创世纪》。——译注

话已做过暗示,他并非那么自由,但是,他可能经常违反谦逊的原则。不过,他显然无涉于更糟的指控——色情,几乎找不到一段文字来证明他的写作要煽动人们的幻想或刺激人们的激情。

一个可与莎士比亚媲美的作家是蒲柏,尽管不是在才华上,但至少在多产与多样方面可以媲美。他实际上是一个天主教徒,尽管我认为他并不是一个令人满意的天主教徒。他摆脱新教只不过是对他的一首诗中所表现的一种错误的宗教理论作可怜的补偿。综观他的作品,我们可以肯定地宣布,无论从道德上还是信仰上,它们对读者都没有危险。

另一方面,公众的声音一致呼喊,英语文学中的道德家的特殊封号应该送给约翰逊,可他对天主教的偏见是出了名的。

如果需要汇报一下我们的哲学家,调查的结果则不会这么一致,因为我们会发现三个是邪恶的,一个则徒有盛名。洛克虽然为人庄重、富有男子气概,但是按照真理的标准,他几乎不是我们的荣耀。霍布斯①、休谟和边沁②,尽管很有才能,简直是耻辱。不过,甚至在这个领域,我们仍然可以在克拉克③、贝克莱、巴特勒和里德④这些名字中以及比他们都更响亮的名字中得到某种补偿。培根的心智太伟大,不可能对天主教信仰表示仇恨或蔑视,从他的著作看,他配得上称为新教哲学家中最正统的一位。

第四节 英语天主教文学与当代文学的关系

1

过去不可能抹杀。英国古典文学不属于天主教,这是一个明明白

---

① Thomas Hobbes(1588—1679),英国政治哲学家,《利维坦》的作者。

② Jeremy Bentham(1748—1832),英国哲学家、法学家,功利主义伦理学的代表,认为利益是行为的唯一标准和目的。主要著作有《道德及立法原则》《义务论或道德科学》。——译注

③ Samuel Clarke(1675—1729),英国神学家、哲学家和牛顿物理学的阐述者,因对18世纪英国神学与哲学的影响而知名。——译注

④ Thomas Reid(1710—1796),英国哲学家,反对休谟的怀疑论的经验主义,主张"常识哲学",主要著作有《论人的心智》《论人的积极力量》。——译注

白的事实,不可能否认。因此,我们必须尽可能接受,正如我上面所讲,它毕竟也有其补偿。那么,当我说到形成一种天主教文学的愿望时,我并没有想徒劳地去扭转历史,也没有想通过未来为过去赎罪。我没有梦想英语里仍然可以有天主教的经典著作。事实上,经典作家不仅是民族的,而且属于一个民族生命中的某一特定时代。就我们自己而言,如果那个时代已经消逝,我们不应该感到奇怪。再者,经典著作对那个时代的语言发挥了特定的作用,但超越了一个特定的时代之后,这一点就不可能再需要了。此外,尽管不能用类比或比拟来决定这种性质的问题,但事实是,我们的一系列经典作家的影响已经超越了希腊或罗马古典文学所影响的阶段,因此,英语可能还要经历未来许多世纪漫长的文学历程,但这些文学不再属于经典。

譬如拉丁语在那些使其得到完善的作家之后的数百年里仍然是活语言,然后它作为欧洲的交流媒介又持续了第二个漫长的阶段。希腊语在距离占领君士坦丁堡之前不久,即圣巴西勒①之后的10个世纪里依然是活语言,然后在此后的1700年里被普遍叫做古典语言。恰如一年有春天与夏天一样,甚至对于那些闻名遐迩的语言,也只有一个辉煌的季节,而这个辉煌的季节,与它们延续的全部历程相比,只不过是一个短暂的季节。因此,既然英语拥有伟大作家的期限大约是300年,即相当于从萨福②到狄摩西尼③,从皮西斯特拉图斯④到阿凯西劳斯⑤,从埃斯库罗斯和品达到卡涅阿德斯⑥,或者从恩尼乌斯⑦到普林尼的这段时间,那么,如果经典阶段在其顶峰结束,我们没有权利感

---

① Basil(329—379),基督教希腊教父。——译注
② Sappho(约公元前7世纪),古希腊女诗人,作品有抒情诗9卷,哀歌1卷,仅有残篇传世。——译注
③ Demosthenes(公元前384—公元前322),古雅典雄辩家、民主派政治家。——译注
④ Pisistratus,亦称佩西斯特拉图斯(Peisistratus),公元前6世纪雅典暴君。——译注
⑤ Arcesilaus,又叫阿凯西拉斯(Arcesilas),公元前4世纪希腊哲学家,曾任学园园长,介绍怀疑主义,拒绝承认或否认确实掌握知识的可能性。——译注
⑥ Carneades(公元前3或公元前2世纪),希腊哲学家,曾在反教条的怀疑主义势力最盛时期主持雅典的新学园。——译注
⑦ Ennius(公元前239—公元前169),古罗马诗人、戏剧家,一生致力于向罗马人介绍希腊文学和哲学,主要著作有《编年记》,全书18卷,现仅存残篇。——译注

到失望。

我所讲的民族文学的经典著作,指的是那些在树立其语言力量的典范和发展其语言方面占据领先地位的作家的作品。一个民族的语言起初都是粗糙和拙劣的,因此需要一系列娴熟的艺术家去把它变得具有延展性和可塑性,去锻造它,直到它臻于完善。语言随着使用而得到发展,但是,在它还未形成之际,并非人人都能使用它。这就需要天才的努力,于是,具有特殊才能的人兴起了,而且一个接一个,并根据时代的条件使它臻于完善。第一个人使它具有弹性,即通过语言的细微性和复杂性来恰当地表达各种思想和感情,从而显示如何毫无困难地使用语言;第二个人使它变得明白易懂或具有说服力;第三个人增加了它的词汇,而第四个人给了它优雅与和谐。每一个这样的大师的风格从此变成了一种语言自身的财产,过去从不存在的词、短语、搭配和结构逐渐进入了有教养阶级的谈话和文章。

2

现在我将试图说明这个语言改进的过程是如何进行的,并将说明语言的限度是什么。我想,这些天才的作家通过在他们周围各自形成的学派,对口头及书面语产生了作用。他们的风格,即广义上的风格,强烈地抓住了读者,进而使读者去模仿它,模仿里面的精华,而且不顾里面可能包含着与大众的作品一样普通的语言缺陷。我想,我们都承认这种令人着迷的感受。就我而言,在我十四五岁的时候,我模仿过艾迪生,17 岁时,我用约翰逊的风格写作,与此同时,我又爱上了吉本著作的第 12 卷,我的耳际老是回响着他抑扬顿挫的句子,为此,我还做了一两个晚上的梦。然后我开始用吉本的风格分析修昔底德的作品。同样,在 40 年前,大多数牛津的本科生开始写诗的时候都会采用蒲柏、达尔文①、《希望的

---

① Erasmus Darwin(1731—1802),英国著名医生,查尔斯·达尔文的祖父,创办哲学学会,常用韵文抒发思想和撰写科学论文。主要著作有《植物园》。——译注

乐趣》①的诗体。他们的诗体是由于赫伯和米尔曼而流行起来的。的确,我说的这些文学流派兴起于受某些具有独创性的,至少是新颖的艺术家的吸引,它们主要由拘泥于风格的文学艺术家组成,但这些艺术家并不比泛泛之辈高明多少。不过他们不失为有益的途径,通过这些途径,天才的成就被融入了语言,或者说变成了民族的共同财产。从此以后,一个最为普通的作者,即教室里的一个学生,也能够写得准确,写得优美,写得丰富,而这样的情况在他模仿的那些作者出现之前是不存在的。即使他不为自己感到相当自豪,那他也会为自己写的东西感到诧异。

novas frondes, et non sua poma.②

如果有谁能够例证这句话,那一定是吉本。我似乎在当今文学的每一个转折之处,都可以追寻到他那充满活力的精练和奇特的韵律。同样,据说蒲柏也变成了我们的诗体。从他的时代开始,任何人只要对诗歌具有鉴赏能力和禀赋,都可以毫无痛苦地抛出一本与蒲柏的诗水平相当或水平更高的诗,而且与蒲柏本人写诗时相比,他们所下的工夫更少,修改时更缺乏耐心。随便从《撒拉巴》里抽取一阕,拿来同《力士参孙》③的开场白比较一下:在它们之间的时间间隔里,这种语言进步了多少!我们不是要否认骚塞④那美丽的浪漫故事的高尚品质,但是,在谈到其语言的自然流畅时,如果说那种 19 世纪的语言就是作者本人说的,我们肯定没有错。

我要举例来说明我的意思。我们来看看《力士参孙》里第一首合咏诗的开头:

正义是上帝之道,
而且也是为人之道,

---

① 为苏格兰诗人坎贝尔的作品。
② 意为:不能用同一方法处理健硕的榆树。见维吉尔:《农事诗》,Ⅱ,第 82 页,载于《维吉尔诗集》,第 54 页。
③ 弥尔顿所著无韵诗体悲剧,以古代以色列人的英雄参孙的传奇故事为题材,表现参孙从痛苦和耻辱转变到无私和谦卑,并重新恢复精神力量。——译注
④ Robert Southey(1774—1843),英国诗人、散文家、浪漫派桂冠诗人,主要著作有《纳尔逊传》《克哈马的诅咒》《圣女贞德》。《撒拉巴》是其著名史诗。——译注

除非有人根本不信上帝；
倘使有，他们便行走在黑暗之中，
因为除了愚人心中，
学校里没有这种学说，
除了自己，他心中也没有任何医生，
但有人怀疑上帝之道缺乏正义，
一旦发现上帝的法令自相矛盾，
便让自己的思想天马行空，
不顾这会降低上帝的荣耀；
由于自己有种种困惑，
他们解释得更多，却解决得更少，
但根本找不到令自己满意的答案。

现在来看看《撒拉巴》的第一阕：

夜晚多么美丽！
寂静的空气弥漫着露水的清新；
没有朦胧的雾霭，没有云，没有瑕疵，没有污点，
袭扰天空的宁静。
远处神圣的月亮罩着环形的光辉，
掠过蔚蓝的深处。
在她恒定的光辉下，
沙漠向四面八方伸展，
宛如被天空环绕的浩瀚的海洋。
夜晚多么美丽！

这里，骚塞的表现手法不是更胜一筹吗？但是，全世界都一致公认，弥尔顿是一位杰出的诗人。没有人怀疑他对诗歌鉴赏的精细和准确。然而，虽然他在韵文和散文上为英语作出了很大贡献，但是，有许多工作却有待他之后的艺术家去进行，而且他们完成得很圆满。从骚

塞的诗歌那音乐般的流畅中,我们看到了蒲柏、汤姆逊①、格雷②、哥尔德斯密斯和其他18世纪诗人文学创作的果实。

3

语言改进的过程就谈到这里。现在来谈谈它的终结。我想,它是按下列方式进行的:

一个伟大的经典作家对他所代表的民族产生的影响有两个方面:一方面,他把本族语推向完善;另一方面他又在某种程度上阻碍了超越他的任何进步。在自然科学里也存在着同样的情况,欧洲大陆都说,牛顿的那种神奇的力量恰恰变成了英国数学的祸根,因为他的继承者满足于他的发现,盲从于他的研究方法,反对曾使法国人取得辉煌成就的那些新方法。文学上,一个伟大作家的权威同样变成了某种难以忍受的东西,他的崇拜者们只要提到他的名字便带有专横的味道。他所形成的学派乐于垄断语言,从他的作品里去寻找批评的准则,无法忍受革新。受其影响的人们如果要另辟蹊径则会遭到劝阻或阻止。于是,维吉尔的卓越之处使后来诗歌中六韵步的特点变得僵化,而且,虽然不能说剥夺了提高的机会,但至少是剥夺了多样化的机会。甚至从尤维纳尔③的诗歌结构中也能看到维吉尔的影响。我知道有些人更喜欢卡图卢斯④的格律。

不过,也必然会出现简单化的结果。一个作家的光辉可能引起大量的竞争,或者其追随者那专横的形式主义可能会导致一种反动,于是另外的作家和学派应运而生。我们从书上得知,修昔底德听到希罗

---

① James Thomson(1700—1748),英国诗人,主要著作有无韵诗《四季》《自由》。其中,《四季》开19世纪浪漫主义诗歌之先河。——译注

② Thomas Gray(1716—1771),英国诗人,浪漫主义的先驱,主要著作有《墓园挽歌》。——译注

③ Juvenal(公元1世纪末至2世纪初),罗马诗人,被称为罗马最后的、也是最有影响的一位讽刺诗人。——译注

④ Catullus(公元前1世纪),古罗马最杰出的抒情诗人,对维吉尔产生过影响。——译注

多德①在奥林匹亚朗读自己的史学作品时,受到激发,开始尝试类似的写作,只不过他采用了一种完全不同而且新颖的结构。同样,吉本在写到休谟和罗伯逊②时说:"罗伯逊博士那完美的作品、刚劲的语言和杰出的转折煽起了我的雄心,我希望有朝一日能够踏着他的足迹;他的朋友和对手的那种冷静的哲学和那种无可比拟的无忧无虑之美,常常迫使我掩卷之余心中涌起高兴与绝望参半的感情。"

至于说反动,我认为,在蒲柏的继承者,尤其是坎贝尔③,把他的特点甚至缺陷发展到极致之后,出现了类似反对蒲柏至高无上之权威的东西。譬如克雷布④就转而采用一种更具德莱顿⑤风格的诗体。拜伦尽管对蒲柏的评价很高,但他的诗句却用的是无韵体。然而,总的来说,一个经典作家的影响表现在阻止任何新的东西,而不是激发对立的东西或刺激反动的东西。

另一点也应该予以考虑。当一种语言在思想的任何特定领域得到了培养,只要它总体上已经完善,只要目前的需要得到了满足,它便不需要进一步的磨炼。在一种语言的早期,在一种语言还未完全形成之际,能书写文字几乎就是天才的杰作。这就好比在连接地区之间的路还未建成之前要横穿一个国家。那个时代的作家是当之无愧的经典作家,这既是因为他们能做的事情,又是因为他们不能做的事情。用这种语言来写作,要求伟大的天才具有勇气和力量。而这样的文章,一旦完成,便会给语言留下永恒的印记。同样,在语言发展的初期,由于没有先例的羁绊,不拘一格的语言、大胆新颖的创作、社会的

---

① Herodotus(公元前5世纪),古希腊历史学家,史称"历史之父",所著《历史》(即《希腊波斯战争史》)系西方第一部历史著作。——译注

② William Robertson(1721—1793),苏格兰历史学家,曾任爱丁堡大学校长,主要著作有《1542—1603年间的苏格兰历史》《神圣罗马帝国皇帝查理五世统治史》。——译注

③ Thomas Campbell(1777—1844),苏格兰诗人,以写抒情诗出名,主要著作有《希望的乐趣》《英国水手之歌》。——译注

④ George Crabbe(1745—1832),英国诗人,以擅长用朴素的语言如实描绘日常生活闻名,主要著作有《村庄》《教区记事录》。——译注

⑤ John Dryden(1631—1700),英国桂冠诗人、剧作家、批判家,作品颇丰,主要著作有《奇异的年代》《奥伦-蔡比》《论戏剧诗》,有的文学史家把他创作的时代称为"德莱顿时代"。——译注

状态和评论的缺乏等,使作者能够勇敢而精神饱满地写作。可是,随着一个个世纪的过去,这种刺激被剥夺了。此时的语言,无论用于什么目的,都已可以驾驭,而且听从指挥。思想找到了对应的表达方式,一个原先要用十几个词才能表达的意思,现在用一个词便可以传达。词根得到了扩展,派生词成倍增长,术语被发明或采用。各种各样的短语应运而生,并形成一种复合词。不同的专业、职业以及文学领域有了常规的术语。历史、政治、社会、商业的文章体裁出现了。国民的耳朵习惯了原本不入耳的常用表达法或词的组合。奇怪的比喻通过普通的散文变得自然,但还不能被看做是随意使用的先例。批评成为了一种艺术,并对新兴作家毫无拘束的才华不断进行小心的看护。他们在运用母语时,用法不奇特便很难表现独创性。

于是,语言在很大程度上变成了陈规。就像人体一样,语言的发展也失去了延展性,不可能再发展。几个世纪的积累改进,形成了有教养者的总体风格,而这种风格的完善程度远比那些民族经典作家的高。经典作家教会了自己的同胞写文章,而且要求写出的文章要比他们任何一个人的都更晓畅、更优雅、更有力。只要发现现成的东西好,文人们就会遵从,但如果对惯例感到不耐烦,如果决心要摆脱使他们丧失个性的东西,他们便绝不采用,而是沉迷于新奇的东西,这些新奇的东西却违反了这种语言的传统和品味的真正准则。政治的因素也可能与这种反叛合作,当一个民族的爱国精神衰落之时,语言的纯洁性也会下降。我认为,似乎这种成形于塞内加①,至迟则见于圣安布罗斯②作品中的警句、格言式的写作风格企图丢开恺撒③的朴实风格和

---

① Seneca(公元前4年—公元65年),古罗马哲学家、政治家和剧作家,主要著作有《论天命》《美狄亚》等。——译注

② Ambrose(339?—397),意大利米兰主教,竭力维护基督教会的权力,在文学、音乐方面造诣颇深。——译注

③ Julius Caesar(公元前100—公元前44),罗马统帅、政治家,与庞培、克拉苏结成"前三头同盟",后击败庞培,成为罗马独裁者,后被共和派贵族刺杀。他制定儒略历法,著有《高卢战记》。——译注

西塞罗的庄重讲演风格,而德尔图良①,由于天赋胜于鉴赏力,则靠他那地方拉丁语的粗糙的原创来让自己满意。

随着时间的推移,任何一个民族要兴起新的经典作品还面临另一个困难,这就是外国人或外国文学将会对它产生的影响。某种语言,比如希腊语,被其他国家受过教育的人们采用并且用得很娴熟,或者受过教育的人们原本把一种语言当做本族语,但他们放弃了本族语,转而采用另一种语言,就像二三世纪的罗马人用希腊语而非拉丁语来写作。结果,那种语言将逐渐失去其民族性,即失去其独有的特征,它将不再具有原来意义上的地道意味。不论它还保留着什么样的优雅或得体之处,它将变得相对平淡和缺乏生气,或者,在另一方面,它将由于外来成分的混杂而失去纯洁。

4

我认为,总的来看,这就是经典文学的命运,就这个半球而言,因为我不能预测美国的情况,我们几乎已看到了英语经典文学的结局,不过对这个发现,我绝不应该感到诧异。当然,正是因为不希望看到天主教徒重蹈覆辙,我才谈到他们培养英语文学的责任和必要性。当我说要形成一个天主教的作家流派,我重视的主要是写下来的内容,是作品,而要传达和推荐内容就需要风格。我指的是一种与今天的文学相像的文学。如今不是出伟大作家的时代,但却是产生好作品的时代,生产许多好作品的时代。既写得好又写得多,这样的时代过去从未有过,而这一点本身并没有什么重要价值。今天,我们的文学,特别是期刊,既丰富又多样化,通过作家之间嫉妒的竞争、不断的实践和相互的影响,文学语言被雕琢得如此完善,以至于这种完善的程度远胜过我们的经典作品。单就风格而言,我认为《泰晤士报》或者《爱丁堡评论》上的许多文章,就优于德莱顿写的序言或《旁观者》上的文章、

---

① Tertullian(160?—220),迦太基基督教神学家,用拉丁语而非希腊语写作,使拉丁语成为教会语言及西方基督教传播工具,主要著作有《护教篇》《论基督的肉体复活》。——译注

斯威夫特的小册子或索斯①的一篇布道词。

我们的作家们写得太好,简直难分轩轾。他们所缺乏的是那样一种个性,那样一种真挚,即既体现个性又没有自我意识,而那才使一个作者有更大的魅力。今天的文章形式向我们指出了它们的主要缺点。它们都没有自己的独特性,近乎匿名作品。但在我们看做是经典作品之特殊标准的那些民族的文学之中,情况却不是这样,就在我们自己的经典作品中情况也不是这样。《史诗》过去是由活着的诗人当场吟唱。就其概念本身而言,戏剧就是由人来表现的诗歌。历史学家产生于"哈里卡纳索斯的希罗多德发表自己的研究成果","雅典人修昔底德完成了对战争的叙述"。品达完全透过他的颂歌说话。柏拉图、色诺芬、西塞罗用对话的形式来发表他们的哲学论文。雄辩家和传道者就是本行的有名人物,个性被古代哲学家确定为最伟大说服力的源泉。维吉尔和贺拉斯不断在诗歌里注入自己的个性和品位。但丁的诗歌为他那个时代的编年史装点了一系列的事件。弥尔顿常常影射他个人的历史和环境。当艾迪生甚至不署名地写作时,也有鲜明的特征,而这个特征在很大程度上是他自己的,他写作用的是第一人称。《旁观者》里的"我"和现代评论或报纸里的"我们",是英国文学两个时代的标志。天主教徒必须像他们的邻居那样,必须满足于为自己的那一代人服务,满足于促进宗教利益,满足于传播真理,满足于教化今天的兄弟,尽管他们的名字无足轻重,他们的作品也不可能流芳百世。

5

既然我已经说明了天主教大学什么不该做,什么不必做,什么不能做,那么现在我大概应该详尽地探讨天主教大学可能及将要鼓励和创造什么。但是由于这种考察进行起来既不困难,也不容易结束,我宁愿在我最初引入这个题目的地方与之告别。

---

① Robert South(1634—1716),英国国教会教士,讲道词作者。

选文三　基督教与自然科学
——在医学院的演讲

（1855 年 11 月）

1

既然我们的第二学年已经开始，先生们，去年 11 月我们在开始这项伟大的工作时，我给大家讲过一些由当时的场合引出的话，那么自然，现在我就不应该再浪费本学期的最初几周，而应该给大家谈谈此刻我们特别感兴趣的那些主题中的一个。在我最后思考应该给大家讲什么题目时，我似乎遵循的是在我曾经提到的那个场合中我所遵循的原则来选择题目。当时我们正在开办哲学与文学院，正如现在我们正在开办医学院。当时我试图简单地考察启示与文学的相互关联，现在，如果我就启示与自然科学之间现有的关系谈一谈相关的想法，我相信，大家听的时候会感到不无裨益。

从各个方面来看，这个题目在这样一个场合谈是太大了。不过，我可能从这个题目所引起的供讨论的众多问题中选择一两个，并在阐述的过程中提一提此刻我并未正式谈到的其他问题。因此，我提议讨论一下大家所假设的存在于自然科学和神学之间的对立。然后，我将首先说明这种对立实际上并不存在，接下来还将解释这个毫无道理的设想竟然得以传播的背景。

我想,我绝不会弄错的一点就是,世界上一部分受过教育和接受过部分教育的人当中有着某种思考或担忧,认为宗教的宣称归根到底同科学研究的结果之间存在着对立。而这样一种怀疑,一方面鼓励不太信仰宗教的人去预测某一天宗教与科学的这种区别将演变为对启示不利的公开的冲突;另一方面,则引导那些具有宗教思想但却没有机会确切思考事态的人去嫉妒科学研究者,并对科学发现产生偏见。结果是,一方对神学抱着某种蔑视,另一方倾向于贬低、否认、嘲笑、阻止甚至谴责生理学、天文学或地质学研究者的劳动。

我认为,出席本讲座而使我感到荣幸的先生们是不会受到宗教或科学偏见之诱惑的。但是,不能因此就说,即便在这个地方关注这个问题也没有用处。它可能使我们更为仔细和确切地思考这个题目,它可以帮助我们在自然科学和神学的相互关系这个问题上比过去得到更清楚的概念。

2

让我们先对实际情况有一个大概的了解,或者一个概括。这种了解或者概括尽管有待修正,却有助于即刻开始并说明这个题目。我们可以把知识分成自然知识和超自然知识。当然,有些知识兼具两种性质。我们暂时不谈这个问题,而是去看看这两个领域的知识本身,并且把它们作为概念上相互不同的知识。我所说的自然,指的是作为一个整体来看待的事物的巨大系统,我们通过自己的自然力量能够认识这个系统。超自然世界指的是更为神奇和令人敬畏的宇宙,而宇宙的完美实现就是造物主本身,我们对它的了解不是通过我们的自然官能,而是通过与造物主进行额外的、直接的交流。我说过,这两个领域的知识相互交叉。这是因为,首先,超自然知识包括自然世界的真理和事实;其次,自然世界的真理和事实另一方面又是对超自然进行推理的资料。然而,就算这种交叉是全面的,仍然可以发现,总的来说,这两个世界和这两种知识是相互分离的。正由于这种分离,它们总体上不会互相冲突。换言之,一个人如果完全掌握了其中一个世界的知识,却可能基本上并不了解另一个世界的知识,而这种无知与别人的一样,使他不可能对另一个世界形成同样的判断。一个精通自然科学、政治学、地质学、人种学、伦理学的人,对是否有天使以及天使的等级有多少之类的问题便弄不清楚。另一方面,教义与神秘神学家当中最有学问的人,如圣奥古斯丁①、圣托马斯②,对以上这些领域的了解则相当于一个农民对运动之规律或国民之财富的了解。我并不是说,这边就不可能对那边做出推测和猜想,而是说,由此得出的任何结论不能被称为知识,而只能被称为观点。于是,如果说神学是关于超自然世界的哲学,科学是关于自然世界的哲学,那么,神学与科学,不论在各自的概念上,还是在各自的实际领域里,总体上是不能交流的,也就不可能发生冲突,它们顶多需要相互联系,但绝不需要相互妥协。

到目前为止,尽管还必须据此进行详细的演绎,但通过最近出版圣托马斯著作的法国编辑们关于这位伟大的神学家为什么会与亚里士多德而不是与柏拉图结盟所提出的理由,我们发现这个概括事实上是非常真实的。他们说,与柏拉图不同,亚里士多德只把自己的研究限制在人类科学的范围内,因此便不可能与神学发生冲突。

"圣托马斯承认亚里士多德是人类哲学的大师,"他们说,"这不是没有理由的,因为尽管亚里士多德不是个神学家,但是他仅仅讨论逻辑学、物理学、心理学的以及形而上学的命题,排除了那些对人与上帝的超自然关系相关的命题,而妄谈后者正是其他哲学家,尤其是柏拉图严重错误的根源。"③

---

① St. Augustine(354—430),古代基督教会最伟大的思想家,主要著作有《忏悔录》《论上帝之城》。——译注
② St. Thomas Aquinas(1225—1274),中世纪哲学家,曾努力调和亚里士多德哲学与基督教思想,主要著作有《神学大全》和《反异教大全》。——译注
③ 引自 P. C. 卢克斯-拉维尼、E. 迪萨居尔和 E. 热麦尔-杜朗编辑的《反异教大全或哲学大全中的天主教信仰之真理》(*De Veritate Catholicae Fidel contra Gentiles seu Summa Philosophica*),尼莫西,1853 年,I:vii。

3

　　神学与一般科学的各个领域是相互独立的,因此它们之间不可能发生冲突,这是一种泛泛的说法。但是,假定这个说法实质上是正确的,当我们把神学直接拿去同自然科学而不是一般而言的科学进行对比,那么,根据这个问题的本质,这个说法又更为正确! 自然科学由一组学科组成,这些学科研究的是能够感知到的世界,研究我们看得见、听得见、摸得着的现象。换言之,研究物质。自然科学是关于物质的哲学。它操作的基础、它的起点和终点是感觉器官所捕捉到的现象。它发现这些现象并对它们进行分类、比较、组合、排列、利用,以确定现象背后的东西,即它们所遵循的秩序,或者我们一般称为自然法则的东西。它从不超越对原因与结果的考察。它的目标是把复杂的现象变成简单的成分和原理,而一旦获得了根本的成分、原理和规律,它的使命便告终结。它从物质系统开始,让自己保持在这个系统之中,绝不越"雷池"一步(flammantia mœnia mundi)。诚然,如果愿意,它可能怀疑迄今所做分析的完整性,并因此去努力寻找更简单的规律、更具概括性的原理。它可能不满意自己的组合、假设、体系,并且弃托勒密①而投向牛顿,弃炼金术士而转向拉瓦锡和戴维②。就是说,它可能断定自己还未触及自己主题的根本。但是,它的目标仍然是找到根本,如此而已。它以物质始,又以物质终,它绝不会闯入心灵的领地。据说印度教的观点认为地球站在一只乌龟的背上。不过,一个自然科学家绝不会问自己维持宇宙的外力是什么,原因很简单:因为他是一个自然科学家。

　　如果他信教,对这个问题他自己当然有非常明确的看法,不过这种看法纯属个人观点,而非专业性的。就是说,他的这种看法不是一

---

① Ptolemy(2世纪),古希腊天文学家、地理学家、数学家,建立地心宇宙体系学说,主要著作有《天文学大成》《地理学指南》。——译注
② Humphrey Davy(1778—1829),英国化学家,电化学的创始人之一,提出酸的主要成分是氢的理论。——译注

个自然科学家的看法,而是一个信徒的看法。这并不是因为自然科学有什么不同的说法,相反,恰恰因为自然科学对这个问题根本没有说什么,而且就其研究内容而言它也不可能说什么。这个问题根本就是节外生枝。自然哲学家①与终极原因毫不相干,因此一旦把它们放到他的研究中去,只能让他陷入无法摆脱的困惑。他必须往一个方向看,而不能往任何别的方向看。据说在有些国家,当陌生人问路时,人们会反过来问他来自何方,而这样的事情对自然科学家而言是不合时宜的,因为他的任务本不过是确定物质世界的现象和法则是些什么,而人们却首先问他这些东西归根结底是怎么来的。他可能在这些现象的范围内进行推测和证明,他可能透过不同的阶段去追寻物质规律的运转情况,他可能深入过去、预测未来,他可能详细列举规律对物质所产生的变化,详细解释现象的产生、成长和衰亡,然后根据现象所提供的内在证据来得出结论。他不会去接近这样的问题,比如我们称为物质的终极成分是什么,它如何开始存在,它会不会停止存在,它过去是否不存在,将来会不会化为乌有,它的法则到底是什么,这些规律会不会停止存在,会不会中断,原因是什么,时间是什么,时间与因果的关系如何,以及上百个类似的问题。

  这就是自然科学。而神学,很显然,正好是自然科学之所不是。照字面的意义解释,神学的起点就不是能够感知的事实、现象或结果,根本不是自然界,而是自然的作者②,是看不见的世界,是万物之不可接近的原因和源泉。它的起点是知识的另一端,并且研究的是无限,而不是有限。它揭示上帝告诉我们的关于他自己的事,以及关于他的本质、他的属性、他的意志、他的行动,并使之系统化。就它接近自然科学的方式而言,它研究的正好是与自然科学家所研究的问题相对的问题。自然科学家思考他面前的事实,而神学家则给出这些事实的缘由。自然科学家研究有效的原因,神学家研究终极的原因。自然科学家告诉我们规律,神学家告诉我们有关规律的作者、维护者和控制者

---

① 在那个时代和以往许多世纪之中,自然科学家常常被称为自然哲学家。——译注
② 指造物主。——译注

的问题,以及规律的适用范围和限度以及规律的开端和终结。两大领域就是这样相互发生关联的,在这里它们才靠得最近,但绝大部分情况下,它们是各走各的路。自然科学所从事的东西我已经讲了,至于神学,它思考的是心灵世界而不是物质世界,是最高心智,是灵魂及其命运,是良心和义务,是造物主对造物的过去、现在和未来的安排。

4

综上所述,我们知道,神学与自然科学互不搭界,它们不存在相互交流,不存在分歧或一致、妒忌或同情的理由。说自然科学同神学争吵,就相当于说音乐真理去干涉建筑科学的原理,说机械师与地质学家、工程师与语法学家可能发生冲突,说英国的议会或法国国民议会对月球表面可能出现的敌对力量表示嫉妒。在往下详谈之前,在我进行必要的解释之前,可能最好用一位当代作家的精辟之语来支持我的观点:①

"我们常常听说,"他作为一个新教徒评论道(这里我向你们保证,先生们,虽然他的话带有辩论的口气,但我在此引用并非是出于这方面的考虑,也并非在此希望敦促大家去反对新教徒,而仅仅是为了坚持我自己的观点,即启示与自然科学之间不可能真正发生冲突),"我们常常听说世界总是变得越来越开明,而这种开明必然有利于新教,不利于天主教。但愿可以这样想。但我们有充分的理由怀疑这是否是一个有根有据的愿望。我们发现,在过去 250 年里,人的思想最为活跃,自然哲学的每一个分支都取得了伟大的进步,为促进生活便利而出现的发明不胜枚举,医学、外科手术、化学、工程学得到了巨大的发展。政府管理、治安、法制有所提高,只是没有自然科学的成就那么巨大。然而,我们也发现,在这 250 年里,新教并没有赢得什么值得一提的东西。不,我们相信,说到变化,这种变化倒主要有利于罗马教会。因此,我们不可能充满信心地认为知识的进步必将对一种制度产

---

① 麦考雷:《兰克的教皇史》,载于《麦考雷勋爵文集汇编》,第 2 卷,第 616~621 页。

生致命作用,因为尽管自从伊丽莎白时代以来我们取得了巨大进步,但那种制度却仍旧巍然屹立。

"的确,在我们看来,我们所考虑的那种论点似乎被证明完全是一个错误。关于人类心智的法则,有一些知识的分支取得了进步。在数学研究里,一旦一个命题被证明,以后就绝不会受到挑战。对一种新的上层建筑,就像原有的基础一样,每一个新的发现都有其坚实的基础。因此,在这里,真理总是得到不断的补充。归纳科学的规律同样有所进步⋯⋯

"然而神学的情况则非常不一样。关于自然宗教(现在启示完全被忽视),很难说今天的哲学家比泰勒斯①或西摩尼得斯②处于更有利的地位。关于宇宙结构的设计,摆在他面前的证据与早期希腊人的完全一样⋯⋯至于另一个重大问题,即人死后会怎么样这个问题,我们并没有发现一个受过很高教育并借助于独立理性的欧洲人比黑脚印第安人更正确。我们在许多科学中超过了黑脚印第安人,但这众多的科学里却没有一门对人作为动物生命灭亡之后灵魂的状态做出些许的解释⋯⋯

"因此,自然神学不是一门进步的科学。我们从启示里获得的关于人类的起源和命运的知识并不是非常的明确,也不是同等重要。启示宗教同样不是一门进步的科学⋯⋯神学的进步不可能与药学、地质学和航海的进步相提并论。假定虔诚与热情相等,一个五世纪的手持《圣经》的基督徒既不比一个19世纪的基督徒强,也不比他差。在五世纪,没有人知道指南针、印刷术、火药、蒸汽、煤气、接种以及上千种其他的发现和发明,而在19世纪,这些发现和发明却众人皆知,但是这无关紧要。这些发现和发明,没有一个对人是否有理由单靠信仰活着,以及向圣徒祈祷是否是正统的做法等问题产生丝毫的影响⋯⋯我们相信世界绝不会回到托勒密的太阳系,我们的信心也不会因为培根

---

① Thales(卒于公元前546?),古希腊哲学家、数学家、天文学家,米利都学派的创始人"希腊七贤"之一,认为水为万物之本原。——译注
② Simonides(公元前6世纪),希腊抒情诗人,警句作者。——译注

这样伟大的人诙谐地拒绝了伽利略的理论而有丝毫动摇,因为培根并不拥有得出合理结论的一切手段……但是,当我们反思托马斯·莫尔爵士①准备为圣餐变体论而死时,我们不禁怀疑圣餐变体学说是否真的不能战胜一切反对意见。莫尔是一个才华卓著的人。关于我们正在谈论的这个问题,即只要世界存在人们就会有的问题,莫尔拥有一切必要的知识……科学已取得或将要取得的进步,不可能增加在我们看来似乎是反对真在论②的论证那压倒一切的力量。因此,我们不能理解,为什么一个与托马斯·莫尔爵士的能力和诚实程度相当的人,到生命终点时,就可能不会相信托马斯·莫尔爵士在圣餐变体论问题上所坚信的东西。不过,托马斯·莫尔爵士是人类智慧和美德的优秀典范之一,而圣餐变体论是一种试金石。经受住这个考验的信仰将经受住任何考验……

"天主教的历史突出地证明了这些观察。在过去的 7 个世纪里,欧洲的公共思想在世俗知识的各个领域不断取得进步,但在宗教方面我们却看不到这种不断的进步……自罗马教会在西方基督教世界确立权威之后,人类的心智已四次起来反对这种权威的禁锢。其中,有两次教会完全占了上风;另外两次教会带着受伤的严酷印记在冲突中得以幸存,但她内部生命的原则却依然强大。当我们去反思教会所经受住了的那些巨大攻击时,我们发现很难设想她将会以什么样的方式消亡。"

你们瞧,先生们,如果相信一个充满智慧的头脑的判断,深入地读一读历史,那么,天主教神学对自然科学的进步并没有什么可害怕的,即便其理论独立于教义神学。天主教神学谈的是超自然的东西,而超自然的东西,就其字面所显示的力量而言,靠对自然的研究是不可能触及的。

---

① Sir Thomas More(1478—1535),英国人文主义者、天主教圣徒,因对国王亨利八世离婚案和教会政策持异议,被诬陷处死,主要著作有《乌托邦》。——译注

② 天主教教义之一,即认为耶稣的体血真正存在于经过祝圣的饼、酒之中。——译注

5

不错,上述作者说了很多话,而且都是为了同样的目的,但他在证明自己的观点时也提到了一个例外,尽管他原本提出这个例外的意图是为了抛弃它。我必须注意这个例外,而且一旦明言,大家马上就会发现,先生们,它与我所勾勒的那个概貌并不矛盾。不错,是有一两个例子说明,为了揭示物质宇宙的历史,启示曾超越了自己选定的疆域,即看不见的世界。不错,《圣经》的确宣布了几个可以被视为具有自然科学属性的重大事实,但其数量太少。它提到混沌之后宇宙用了6天才形成的过程,提到了天空,提到了为地球而创造太阳和月亮,提到了地球是静止不动的,提到了大洪水,提到了其他类似的事实和事件。不错,是没有理由说明我们应该估计到人们很难原原本本地接受这些说法,不论它们的意思和内涵是何时由权威确定下来的,因为我们必须记住,它们的意思还未引起教会的正式注意,也没有得到作为天主教徒应该接受的任何解释。由于缺乏确定的解释,说它的意思指的是甲而非乙,这大概是一些假设。因此,说自然科学研究的任何发现与这些字面的意思每一个都不符合,这是绝对不可能的,何况这些意思的内涵依然是开放的。至于对上述经文的某些流行的解释,我一会儿有话要说。这里,就《圣经》对天体与地球历史的意义而言,我只是关心《圣经》的字面意思。我说我们可以心平气和地等待,直到权威解释的《圣经》与确定无疑的科学结果真正发生一些冲突,我们才需去应付这个困境,但我们有合理的根据认为,这种困境绝不可能真正出现。

注意到这个例外之后,我不得不彻底承认,神学与自然科学之间存在着某种共同的领域,它们可能在这个共同的领域内发生冲突。总的来说,这两种研究涉及的主要是不同的领域,它们各施其教,并不期望相互干涉。通过揭示作为其目标的真理来超过自然科学,这的确可能会取悦全能的上帝,但是上帝并没有这么要求过。然而,不论这是否曾经取悦过上帝,神学与自然科学都属于不同的科学,一个人关于物质世界的任何论述,绝不可能与另一个人关于非物质世界的任何论述发生冲突。这里就是问题的终结。可是,尽管神学与自然科学不可能争吵,但是为什么自然哲学家与神学家事实上已经发生了争吵?要不是因为对这个问题我非解释不可的话,我也想结束这个题目了。我接下来的讲演将致力于解决这个难题。

6

我观察到,神学与自然科学用于推理和研究的基本方法是相互对立的,它们都有自己的方法。在这里,我认为,就埋下了两派争论的种子,就是说,各自都不安分守己。本来,自己的方法最适合于自己的科学,可是每一方都认为自己的方法放之四海而皆准,不时地都想把自己的方法强加给另一方,都想贬低或排斥适合于对方的方法。

神学所采用的论证方法是一种像几何学之类严谨科学的方法,或者叫演绎法。而自然科学的方法,至少在开始时,是一种经验探究的方法,或者叫归纳法。两者的特点是由问题的性质决定的。在自然科学中,研究者的面前摆着大量各种各样的信息,而且杂乱无章,这就需要整理和分析。在神学中,这种变化多端的现象并不存在,因为启示自己显现。基督教中已知的东西正是被启示出来的东西,如此而已;由上帝直接传递下来的确定真理就是要坚持信仰,并且自始至终不能给这些真理增加任何东西。从使徒时代到世界的末日,任何全新的真理,都不能增加到使徒受圣灵感动而传递的神学信息里去。当然,可以根据最初的教义进行无数的演绎,但是因为结论永远就在前提里,这种演绎,严格地讲,并不是一种增加。尽管经验可能会通过各种方法引导并改变这种演绎,但是,总的来说,神学保留着严格的科学特征,即用三段论的方法从前提向结论推进。

自然科学的方法正好相反:它开始几乎没有现成的、已经发现的原理或真理。它开始不得不依靠感性认识,它必须处理、权衡、衡量像森林般茂密的现象,并据此提出新的真理,而这些真理超越并不同于作为真理源泉的现象。因此,自然科学是实验性的,而神学是传统性的;自然科学更丰富,神学更准确;自然科学更大胆,神学更稳妥;自然科学是前进的,而相比之下,神学则是静止的;自然科学着眼于未来,神学忠于过去。就这个问题的本质而言,我再说一遍,这就是自然科学与神学,这就是它们各自的研究方法。

然而,除非看管得紧,除非控制得住,习惯于这两种方法之一的脑子忍不住要让这个方法超越自己的限度。不可否认,神学家不时地倾向于把传统的、逻辑的框架塞给并不需要这种处理的科学。另一方面,同样不可否认,科学家常常对神学家表现出一种特殊的恼怒,因为神学家依靠的是古籍、先例、权威和逻辑,因为神学家拒绝让培根或尼布尔进入他们的领域,拒绝用新的实验和批评过程来改进上帝一劳永逸地恩赐的东西。于是而有双方的相互妒忌。接下来我将举例说明。

7

首先,请让我参考关于《圣经》里的那些虽不权威但长期流行的解释,而这一点我已经在另一个地方提到过。众所周知,对《圣经》的解释应该取得教父们的一致同意,而这种同意本身就带有真理的证据。但是,除了这种具有权威性的同意之外,基督教世界一直存在着大量对神圣的传统进行补充的未成定论的意见。它们可能并非只是一般人的意见,而且具有真理的基础或者说里面混杂着真理。但是,人们无法验证,除了事件发生过程之外,这些意见出自何处,真实程度如何,哪些部分被怀着关注和敬意而接受了。这些意见有时候是对《圣经》预言的评论,有时候是对其不明之处或神秘之处的评论。譬如,曾经有一种根据神圣经文得出的意见认为,基督徒的豁免只能持续1000年,而不会更长,但是事实证明这是错的。出自《圣经》的一个更精确、更貌似有理的圣传断言,罗马帝国一旦解体,敌基督便会出现,而敌基督之后紧接着就是基督复临①。于是,许多不同的教父们就这样来解释圣保罗②的意思,而贝拉明则迟至16世纪才接受这个解释。无论从基督教史的哪一个方面讲,事件的发生本身就可以决定这个解释是否真实。不过,目前我们至少可以说,从大家过去所接受的那个解释的广泛意义上讲,这种说法并不真实。

从对《圣经》的预言性段落的评论转到对其宇宙论段落的评论,我认为在很长的时期当中,相信地球是静止不动的是很普遍的观点,而这种看法得到了那些已被接受的对某些经文的解释的支持。因此,我想,那位断言在地球反面也有人的爱尔兰主教确实使其同时代的人大为惊讶,然而我们也看到,即便在他生活的黑暗时代,他所提到的圣座也并没有致力于去谴责这种不同寻常的观点。哥白尼体系最初提出来时,同样引起了公众的惊讶,但是被普遍接受的那种传统观点并没有被匆忙排斥,因为传统观点正是这种惊讶的原因,不过那种传统观点最终还是被排斥了。如果说,事实上这些人类传统观点在各个方面都得到加强,从而对科学研究造成偏见和阻碍(教会本身从未干过这种事),那么,这是一个神学学派方面不恰当地干涉自然科学领域的例证。

关于对《圣经》的解释,可以说的话很多。但是,显而易见,其他并非基于《圣经》而被接受了的观点,被用来干扰自然科学家时,其根据更少而所带来的妨碍更多,结果干扰了科学家的事业,阻碍了适合于其特殊追求的研究进程。这就是培根猛烈抨击的专制常规,结果是把自然科学变成了演绎科学,迫使学生毫无疑问地把阐释和普遍原理当做基本原则。而阐释和普遍原理,仅仅因为没有人知道它们何时出现,所以是可敬的,仅仅因为没有人知道什么样的论证有利于它们,所以是权威的。由于这种对自然哲学家研究领域的侵蚀使他们感到愤慨,相应地,如果要他永远记住"轻的物体上升,重的物体下降"这个原

---

① Second Coming,基督教名词,指将来基督光荣重返世界立国,审判仇敌并奖赏活着的和死去的忠实信徒。——译注

② St. Paul(1世纪),原为迫害基督徒的犹太人,后皈依基督教,并写作了被收入新约的大量书信,被称为向外邦人传教的使徒和第一位基督教神学家。——译注

理以及其他类似的原理,可这些原理在神学那里却根本找不到出处,也不配被看做是不言而喻的原理或凭直觉获得的真理,那么,他会表现出怀疑,而这就缓解了他的愤慨,也认可了他的理性。

同样,如果一个具有从事自然科学研究天赋的哲学家,发现与他同时代的自然科学派忙于讨论终极原因,忙于借助于终极原因来解决物质自然界的难题,如果他发现自然科学派认定,譬如说,由于树木需要水分,所以其根的走向是河流,或者由于某种有利于其居民的好处,所以地球的轴与地球运动的平面形成某种角度,那么,如果他致力于对研究过程进行重大改革,致力于要宣传归纳方法,如果他设想神学家间接地或在任何方面会犯错误,因此一时迁怒于神学,且不论这种迁怒如何不合理,我都不应该感到诧异。

我希望实验学派的哲学家对神学的反对,不要超过对神学门徒所犯的错误感到的愤慨。但是必须承认,实验学派已经走得过了头,连过分注重演绎学科的学派也大为逊色。如果说它一度遭受过注重逻辑的研究方法的专制之苦,那么,它通过报复的方式,怂恿自然科学家去侵蚀和抢占神学的地盘,而借口就是神学家在过去曾无意地侵蚀和抢占过自然科学的地盘。其情况之严重,远胜过神学家。现在,先生们,我不得不提请大家注意实验学派对神学领域那种没有道理的、并且有害的入侵。

8

请让我重复一下,我已经讲过,实事求是地说,启示的根本观念就是上帝直接介入的观念,以便引入真理,而没有上帝的介入,我们便不知道这些真理。再者,由于这种交流包含了接受者,这种观念实际上还包括了一个储存启示真理的权威机构要获取启示真理的知识,不能通过研究事实,而只能通过求助于保存它们的权威机构,正如每个天主教徒都知道的,只能通过学习所教授的内容,通过仔细钻研所学习的教义,因为经文上说"信仰源于听"。总之,不需要证明的,我便不去证明,因为我是在对天主教徒说话。我只陈述我们天主教徒知道的东西,并永远遵循神学的特定方法,因为这个方法是大家承认的。我说,这就是神学的方法,即演绎的方法。然而,过去300年的历史,不过是培根哲学流派的部分追随者们努力废除神学的特定方法,并把它弄成一种经验科学的漫长过程。

然而,我说,就经验科学而言,我们必须收集大量的现象或事实。那么,这些被视为某种归纳神学的基础的东西在哪里呢?有三个主要的源泉,先生们。第一,《圣经》的经文;第二,教会历史的事件及其相互作用;第三,可见世界的现象。这三项内容,即《圣经》、古事、自然,被看做是基础,在此基础上可以用归纳法去研究和发现那神学真理,而对一个天主教徒来说,神学真理是教育、传递和演绎的事情。

现在我们稍微停一下,在进入细节之前,先思考一下。真理是不可能与真理对立的。如果在归纳法的压力下,这三项内容能够分别产生相互一致的神学结论,而这些结论又与作为演绎科学之神学的教义相反,那么,即便神学没有被马上推翻(因为这个问题仍然有待讨论,即在这两个教条体系中,哪一个是真理,哪一个是明显的真理),已被接受的演绎神学肯定堪忧,肯定会受到考验。

再说一遍,真理是不可能与真理对立的。另一方面,如果这三项内容,《圣经》、古事、自然,经过能力卓著的人们在三个世纪运用培根的工具法的努力,分别得出相互对立的结论,不,甚至从《圣经》或古事中的任何一个归纳出形形色色的教条体系,以至于从总体上看这三项内容得出的不是一组结论,而是许多组结论,那么,在这种情况下,虽然还不能因此就说其中没有一套结论碰巧是正确的,而其他都是错误的,但是至少这样的灾难将会给这些结论都罩上浓厚的怀疑阴影,同时反倒证明了在这些实验学者开始把归纳法引入神学研究之前,神学家的宣告或预言是正确的。因为那时神学家就曾预言,把归纳法引入神学研究根本就是大错特错。

作为一个历史事实,先生们,我想你们会允许我说,后一个假设实际上得到了证明,但前一个还没有。我的意思是,迄今为止,这是对于某一个教条体系的科学证明。我的意思是,经验方法虽然在自然科学和其他人类科学中大显身手,但是,为了反对旧神学,由经验派根据《圣经》、古事、自然的几个基础用三合一的方式所建构的那种经验方法,在其抢占的地盘上却遭受了一次重大的、明显的挫折。因为它没有得出任何结论,没有展现任何确定的视野,没有让它的镜头调好焦距,甚至没有显示一点即将成功的趋势。不,更有甚者,它已经承认自己彻底失败,已经停止了探究,不过它停止探究所倚凭的手段不是让位给一度被它剥夺的合法的方法,而是宣布这个主题根本就不可知——就是说,宗教不是一门科学,在宗教中唯一正确的哲学是怀疑主义;或者说,更引人注目地公开宣称,结论就在旧神学与虚无之间。尽管可以肯定宗教真理无处可寻,但是,如果说有什么地方可以找到宗教真理的话,无疑不是在新经验派里,而是在基于演绎方法的古老教导里——在实验法与归纳法开始其辉煌的生涯之前,这些古老教导是一种荣誉、一种财富。一种高贵的工具,一旦被用来傲慢而专制地侵入神圣的领域,它的崩溃会是多么奇特!还有什么比神学更神圣的?还有什么比培根式方法更高贵的?可是这两者无法呼应,无法相配。这个时代混淆了锁与钥匙。它把钥匙弄断在本不属于它的锁眼里;它用一把根本放不进去的钥匙毁掉了锁芯。我们希望,目前对这个结果所感到的厌恶与绝望,会变成一种大度和伟大的悔悟的开端。

我想,先生们,你们会允许我先谈谈上述教训。现在我要说几句话,用一个例子来仔细谈谈这个错误。

9

在试图确定神学教义时,现代学派的哲学似乎不是求助于天主教教会的传统和教诲,而是通过《圣经》、教会的古事和自然现象。于是出现了这样一个问题:为什么不应该使用《圣经》的、历史的或自然的信息?如果使用,它们为什么不能产生正确的结论?可以给出的答案可能是各种各样的。但我将只采用一个。为了简洁的缘故,我将把这个答案主要用于神学反对派所采用的三个方法中的一个。所以,抛开可以被称为圣经宗教和历史宗教的东西不论,最后我建议你们关注自然宗教或自然神学,因为它与本讲座的主题的关系更为紧密。

我已说过,就其推理的主旨和方法而言,自然科学派与宗教毫无关系。但是,就像那个学派所显示的那样,有一门科学利用物质宇宙的现象和规律,并按照它们的结构,去确立其结构中的设计的存在,进而确定创造者及维持者①的存在。在现代,这门科学,至少在英格兰被叫做自然神学。② 尽管与自然科学绝对不同,但是,自然哲学家们,由于为其提供了最奇特、最有趣的资料,容易把这门科学据为己有,并为此自豪。

我并不想贬低所谓的自然神学,或者用更恰当的叫法,叫形下神学。许多人的心智构造很特殊,所以当他们把思想转向上帝是否存在这个问题时,他们觉得可以心安理得地主要依靠或只依靠宇宙所提供的设计论论证。对他们而言,这门形下神学极为重要。同样,这门科学以极其显著和不同的方式,展现了人类理性归诸上帝观念的更为基本的三个概念,即上帝的三个最简单的属性:力量、智慧与善。

这是形下神学为信仰作出的伟大贡献,我就是这样认为的。不过,信仰是否因此便对自然科学或自然科学家欠债多多,那是另一回事。从任何意义上讲,实际上设计论论证在任何意义上都不能归功于培根的哲学。我已经引用过的那位作者就有一段引人注目的话谈到这一点,他的部分段落我已经给大家读过了。"至于自然宗教,"他说,"很难说今天的哲学家比泰勒斯或西摩尼得斯处于更有利的地位。关于宇宙结构的设计,摆在他面前的证据与早期希腊人的完全一样。我们说完全一样,是因为现代天文学家和解剖学家对那个论点的说服力实际上并没有丝毫提高,而这个论点,大凡善于思考的人都能在每一种野兽、鸟、昆虫、鱼、树叶、花朵、贝壳的身上找到。在色诺芬听来,苏

---

① 指上帝。——译注
② 我使用这个词,并不是在"Natumlis Theologia"(拉丁语,意为"自然神学",纽曼用此词是表示传统意义上的自然神学。——译注)的意义上使用,而是在帕雷的意义上使用,帕雷是在他不得不为其作品命名的时候使用这个词的。

格拉底反驳那位小无神论者亚里斯托德姆斯时,所用的推理方法与帕雷的自然神学所用的推理方法完全一样。苏格拉底用的是波利克里托斯的塑像和修克西斯的画像,而帕雷用的是钟表,两者完全一样。"

因此,形下神学与2000年前的情形差不多一样,并没有从现代科学里得到很多帮助。不过现在正相反,我想它从现代科学里得到的肯定是一个缺点。我的意思是,它被推到了前台,变成了越俎代庖,因此差不多被当成了反对基督教的一种工具。我要试用几句话对此略作解释。

10

我观察到,围绕每个主题内容都有许多调查研究,这些研究只在某种程度上而不是全面地把我们领向真理,就是说,要么把我们领向一种极大的可能性,但不是确定性,要么只能证明整体之中的某些东西是真实的。显然,如果这类调查研究被看成是对全部真理的权衡,被确立为主要的科学,而不是被实事求是地理解为一种不完全的、从属的过程,那样,它们就会偶尔地,但却严重地误导我们。

(1) 让我们用一点说明来稍微重温一下我前面撇下的例子。让我们考虑一下所谓的圣经宗教或"《圣经》的宗教"。除了个人判断这个问题之外,神学家将会发现仅靠逻辑从《圣经》推导出来的真理并非不真实,但它不是全部真理,它只是整个神学教义的一部分,而且即便在这种情况下,它赋予它们的并非总是确定性,而只是或然性。如果让《圣经》宗教从属于神学,这不过是运用归纳法的一个例证。如果将《圣经》宗教确立起来而自成体系,进而对抗神学,它就会变成一种有害的谬论。这种谬论一旦起作用,而且是在培根派哲学的影响下起作用,它就会向我们显示出这种哲学侵入它过去毫不相干的领域所带来的后果。

(2) 同样,关于历史宗教,或常被称为"古事的宗教",也是如此。对于研究早期教会的种种记录,天主教徒不会反对。真理不可能反对真理。我们相信,从中发现的东西,只要正确地加以估量,就完全是对我们自己神学的说明和肯定。然而,得到的结果会不会包括全部的神学,这完全是另一回事。但是在其活动的范围内,它们会与神学一致。没有理由认为由现存的古典文件所提供的考察资料,就一定足以说明由使徒传递的神圣启示所包括的全部内容。抱着这种期望,就相当于审案时希望一个证人来证明全部案情,如果不能证明,又希望他的证词与之矛盾。因此,只要对教会历史和教父们的作品所进行的研究摆正自己的位置,就是说,从属于神学传统的训导权威和教会的声音,那么,这种研究就是值得神学家感谢的。但是,一旦它(譬如说)自立门户,一旦它宣称要履行一种它原本不打算履行的职责,一旦它要求用归纳法的科学程序进行真正而全面的教导,那么,这只不过又一次证明,培根派的经验方法侵入了不属于它的领域。

(3) 现在我们来看看直接摆在我们面前的形下神学的情况。我承认,无论别人对其如何赞扬,我对它一直抱着极其怀疑的态度。正如一派思想家用所谓圣经的宗教,而另一派用教父的宗教或原始的宗教去代替天主教的神学教诲,形下宗教或形下神学也变成了自然科学派中许多人的福音本身。因此,尽管它在其本身范围内是真实的,但在目前这种情况下,它却是一种假的福音。真理的一半就是谬误。先生们,请想一想这种所谓的神学都教导些什么,然后再判断我的话是否过分。

任何一个神圣的属性实际上当然包括所有属性。但是,如果一个传道者只坚持讲神圣的正义,那么他实际上就模糊了神圣的仁爱;如果他只坚持谈上帝与造物之间的不可交流性和距离,那么,他就会陷入特殊神意论的阴影。请注意,先生们,形下神学仅仅讲了三个神圣属性,而其中,力量强调得最多,善讲得最少。

其次,从另一方面讲,那些与宗教感情直接关联的特殊属性又是什么呢?圣洁、全知、正义、仁慈、信实。形下神学、设计论论证、关于终极原因的精彩探讨,间接地、模糊地、令人困惑地教给我们有关宗教观念的这些极其重要的、基本的部分,可是,除此之外,它们还能教给

·选文三　基督教与自然科学——在医学院的演讲·

我们什么呢？宗教不仅是神学,它还是与我们相关的东西。它包括了我们与宗教对象即上帝的关系。关于责任和良心,形下神学教给我们什么？关于特殊神意,它教给我们什么？最后终于谈到基督教,关于基督教最基本的东西,关于最后的四件事情,即死亡、审判、天堂、地狱,它又教给我们什么？关于基督教,它什么也不可能教给我们。

先生们,请你们务必记住这一点。据实地说,关于基督教本身,形下神学连一个字都不可能教给我们。严格地讲,它根本不可能属于基督教。原因很简单:它衍生于人类被创造出来、亚当堕落之前就已经存在的信息,这些信息今天仍然如故。它挂着神学的名字,但这不过是一种抽象,不过是全部真理的一个特定方面。在关于造物主的道德属性的问题上,它几乎无话可说;在福音的问题上,它完全无话可说。既然如此,它怎么能够被称为名副其实的神学呢？

不,不仅如此,我毫不犹豫地说,就他们这样的人而言,这种所谓的科学,一旦占据了他们的脑子,就会把他们的脑子用来反对基督教。原因很简单,因为它只谈规律,不可能想到规律也有不起作用的时候,也就是说,不可能想到出现奇迹,而奇迹是启示这个概念的本质。这样一来,形下神学眼中的上帝很容易变成单纯的偶像。因为上帝是按事先确定的方式进入抱着归纳方法的人们的头脑中的,这种方式如此精彩,如此精巧,又如此有益,以至于当它长时间凝视这种方式时,会认为它太美妙,因此不能打破,而且它最终会缩小上帝这个概念的范畴,以便断定上帝不可能有心(请允许我大胆使用这种字眼)去破坏或损害上帝自己的杰作。这个结论将成为它又一次贬低它所理解的上帝观念的第一步,然后把上帝与上帝的作品等同起来。事实上,一个只有力量、智慧和善的上帝,与泛神论者的上帝确实没有太大的区别。

通过对现代自然科学派的神学的评述,我用寥寥数语讨论了一个很大的题目。不过,尽管是寥寥数语,但我相信它们的意思是足够清楚的,不至于与我赞成的想法适得其反。把科学嫁接到——如果可以这样说的话——神学上面,那么,它便找到了自己的恰当位置,它将成为一门宗教的科学。它将说明上帝那令人敬畏的、不可理解的、值得崇拜的丰富性。通过让头脑栩栩如生地记住自然的法则及其不变的秩序,它将有助于证明启示在各方面实实在在的神奇之处,它将在其他方面有利于神学真理。把它同超自然的教导分开,让它立足于自己的基础(当然,这对哲学家个人更好),至于说到他对世界和宗教利益的影响,我真的怀疑我是否不应该更希望他马上变成一个无神论者,而不是一个自然主义的、泛神论的教徒。妄称神学,这既欺骗了别人,也许还欺骗了自己。

先生们,千万不要认为我把培根的伟大思想等同于如此严重的谬误:他本人就明确地警告我们要提防这种谬误。可是我不能否认,他的很多追随者不时用这种方式把自然科学研究变成了反对基督教的武器。

我从未想到我会耽误大家这么长的时间。大家耐心地听完了一个讨论,讨论的题目极为重要,却不受欢迎,而且这种讨论也不可能全面。对大家的耐心,我现在只能表示感谢。

选文四 基督教与科学研究
——为理学院写的演讲稿

(1855年)

1

先生们,这是一个宗教人士们怀着忧虑看待古典著作,并且怀着更多的忧虑看待广义科学的时代,而这种忧虑并非毫无根据。一个像我们这样的大学宣称要包容并训练心智之所有领域。既然我自己期望积极接受各种知识,既然我不打算同任何人争吵,并且愿意把我的心——如果不是我的心智(因为这是我力所不及的)的话——向全部真理敞开,甚至愿意对那些陌生的学问至少表示赏识和友好,并愿促进它们进步,因此,我一直主张首先在文学与宗教之间,然后在自然科学与神学之间实现和解。同样,现在我要说几句话,以反对并且抗议有时候的确普遍存在于神学家和科学培养者之间的那种不必要的对立。

2

我这里马上就要详细阐述一个机构的宏大,这个机构的包容性之广大,足以允许我讨论这样的题目。我肯定可以毫不夸张地说,先生们,在人类事业的目标之中,再没有比在一所大学的建立中所思考的目标更伟大、更高尚的了。只要理解了"大学"这个词,坦率地说,开创一所真正的大学并保持其生命与活力,这就是最伟大的事业之一。之所以伟大,是因为这项事业既困难又重要,这项事业值得耗费最稀有最罕见的心智和最丰富多彩的天赋。因为首先,它承诺要教授任何人类知识领域里任何必须教授的东西,并全面包容人类思想最高尚的主题和人类研究最丰富的领域。没有什么东西太宏大、太微妙、太遥远、太细致、太散漫、太准确,以至于它不能关注。

然而,我之所以把它提到如此权威的地位,理由还不在于此。因为,公平地说,把传授各种知识的各种学院集中到一起,然后给它们冠以一个大学的名字,这可能是一种简单的概念化的做法。因为,如果我们郑重其事地宣布,最大限度地发展各种知识,需要完完全全地运用我们的智能,这不过是老生常谈。我之所以不揣冒昧地这样来讲大学,并不仅仅是因为它涵盖了知识的所有领域,而是因为它本身就是一个王国,因为它所承诺的远不只是在一个馆舍里吸纳并提供所有的人文与自然科学,所有的历史和哲学。不错,它承诺要为它所接受的学问划定恰当的地位和合适的界限,承诺要明确各学科的权利、建立学科之间的相互关系、促进各学科之间的相互交流,要抑制野心勃勃的行为和侵蚀各学科领域的举动,要挽救并维护那些经常在更流行和更幸运的学科之包围下奄奄一息的学问,要保持各专业和平相处,要把它们之间的分歧和对立变成共同的利益。所以,先生们,我之所以说建立大学是一项既艰难又有益的工作,就是因为,它保证对以真理之名义前来投奔的人要来者不拒,而且毫无恐惧、毫无偏见、毫不妥协,要对最独立、最不相同的观点、经验和思想习惯进行整合,要用最新颖的形式、最强烈的表现手段和最丰富的途径,使思想和学识得到充分的发展。因此,大学的特殊职责就是要海纳百川,博采众长。这一切它都得学着去做,但它所依靠的不是成文的规则,而是睿智、智慧和毅力,是对知识内容的深刻观察,是对侵犯行为和任何地方的偏见的高度警惕和抑制。

选文四 基督教与科学研究——为理学院写的演讲稿

我们把规划和运行一个广泛的政治组织看做一项伟大的事业,这是天经地义的。按照古罗马的方式,罗马人用一个标准去管束100个不同的民族,确保每个人在其合法的行动范围内享受应有的权利,分别让他们强烈地表达各自的民族感情,允许对立利益的刺激,但是,与此同时,要把他们融合为一个伟大的社会团体,要保证他们服从一个永久的帝国的力量。能做到这些就是一种成就,而这种成就明确地标志着这个民族展现出来的才华。

Tu regere imperio populos, Romane, memento.①

在这个诗人看来,这是对罗马人的特别夸耀。就这行诗句而言,其赞扬之高,足以和希腊民族对其文学上的卓越、思想上的广博、表达上的技巧和精美之赞扬相媲美。

一所大学在哲学和研究领域里的地位,恰似一个帝国在政治史上的地位。我说过,大学是所有知识和科学、事实和原则、研究和发现、实验和思考的最高保护力量;它划定心智和思考的疆域,但同时确保每个领域的疆界得到严格尊重,确保各方既不受到侵犯又不向另一方投降。它在真理之间充当裁判,考虑每一个真理的性质和重要性,为它们安排恰当的先后顺序。无论一个思想的部门如何丰富与高尚,它并不会出于袒护之心而牺牲另一个思想部门。它绝不牺牲任何东西。根据各自的轻重,它对文学、自然科学研究、历史、形而上学、神学等提出的要求表示恭敬和忠实。它对所有学科一视同仁,并促进每一门学科,使其实现目标。它当然从属于教会,这也是必要的。但是,正如女王的法官也是女王的官员,但却可以决定女王与臣民之间的某些法律程序。它服务于天主教教会,这是因为,第一,任何种类的真理只能服务于真理;第二,自然永远要对恩典表示敬意,理性不能不为启示作说明和辩护;第三,教会拥有至高无上的权威,她出于权威而发表讲话时,我们就必须服从。不过,这是大学的远期目标。它的近期目标(这里只谈这个),是根据一个至高无上的顺序做出确定的安排,并按照这

---

① 拉丁文,意为:"罗马人啊,你要记住,要统治各个民族就像他们的主人。"

个顺序去培养一切人类心智业已创造的思想之领域和方法。

按照这种观点,大学的几个教授就像宫廷或议会中掌握各种政治权力的大臣。他们代表各自的学科,为这些学科各自的利益服务。一旦学科之间发生争端,便由他们去商谈和安排,避免任何一方要求过分,避免愤怒冲突或大众骚乱的危险。经过这样的运作,一种开明开放的哲学就可以成为思考的习惯,在思想的宽广和开阔性之中,看似不相干的思路可以轻松地交汇,被视为不可通约的不同原则可以安全地竞争。

3

先生们,我们在这里看到了我所说的哲学的一个特殊的品性,它与一门严格的学科或系统的方法形成对照,如果它可以称为哲学的话。它的教导并不基于一个观念或者可简化为某些公式。牛顿可能发现了物质世界伟大的运动规律,发现了解开一万种现象的钥匙。在自然的其他领域,我们也可能发现类似将复杂的事实化为简单的原理的做法。但是,既是道德的又是物质的、既是可感知的又是超自然的伟大宇宙,即便最伟大的人类心智也不可能测量。诚然,宇宙的组成部分容许比较和调整,但却不容许融合。这一点直接关系到我开始时确定的主题,而我正在谈的、已经谈的和将要谈的,都是为了接近这一点。

我观察到,并请你们铭记在心,先生们,任何一种诞生于宏伟心智的哲学——我思考的大学应该就是这样——不应太多地以简化为基础,而应以辨别为基础。大学的真正代表只界说,不分析。他的目标不是彻底分类,不是去解释知识的科目,而是力所能及地把神秘和深不可测的东西弄个水落石出。他要吸纳所有的科学、方法、事实集合、原理、学说和真理,它们是宇宙在人类心智中的反映。他将它们全部接纳,什么也不抛弃。因为什么也不抛弃,他便不容许超越或侵犯。他的格言是:"自己活,也让别人活。"他实事求是,他尊重事实,他认识到学科之间不可逾越的界线;他观察到分离的真理之间是如何相对关联的,在何处合作、何处分开,在何处被用过了头,在何处不再成为真理。他的职责是确定每一个思想领域中我们能够了解多少,确定我们何时应该对不知道的东西感到满足,确定研究走向哪个方向是无望的、哪个方向是充满希望的,确定研究在何处变成理性不能解开的乱麻、在何处陷入了神秘,在何处堕入了深渊。他关注的是熟悉真正的与表面的困难的征兆,熟悉适合特定论题的研究方法,而在每一种具体情况中什么是合理怀疑的限度,什么是不容置辩的信仰所要求的。如果说在他的哲学里有一条主要的准则,那就是,真理不可能与真理矛盾;如果他有第二条准则,那就是,真理表面上似乎常常与真理矛盾;如果他还有第三条准则,那就是这样一条实用的结论,即:我们必须耐心对待这些表象,而不应该匆忙断定这些表象真的出自一种更难对付的特性。

正是由于万物系统之宏大以及他所掌握的人类记录之浩瀚,所以才要求耐心和慎重,因为这种宏大与浩瀚向他提示,他在各种科学里所碰到的矛盾和神秘现象,可能只不过是由于我们在理解力方面无法摆脱的缺陷所造成的。只有一种思想比关于宇宙的思想伟大,这就是关于造物主的思想。先生们,如果我暂时偏离我的思路,提一下我们关于上帝的知识,这是为了从中演绎出一种与本题目有关的说明。上帝,尽管独一无二,却本身就是某种诸世界中的世界,他在我们的心智中产生了无穷的真理,而每一个真理又不可言喻地比这个时空宇宙的任何事物都神秘。上帝的任何一个属性本身就是一门无穷无尽的科学之对象。任何调和其中两三个属性——爱、力量、正义、圣洁、真理、智慧——的企图,都会提供进行长期论战的材料。我们能够理解并接受神之每一个属性的基本形式,但我们却不可能接受它们的无限形式,而且不论它们是单独还是联合出现。不过,我们不能因为第一个属性不能完美地与第二个属性调和便否认第一个,也不能因为第二个属性与第一和第三个属性明显发生矛盾便否认第二个。这与上帝创造物质和道德的情况是一样的。最高级的智慧是接受各种真理,只要明显发现是真理就要接受,尽管在调和该真理与其他已知真理时会有困难。

我们很容易找到各种观念之间相互极端矛盾的例子,对宇宙的思考迫使我们去接受这种矛盾,并使我们明白服从于不可否认的矛盾性并没有什么不合理的。我们之所以把这些矛盾称为表面上的矛盾,这仅仅是因为倘若不是表面上的,那就是实在的,而如果是这样,它们便不可能共存。譬如说,对空间的思考就是如此。我们不能否认空间的存在,但是空间的观念并不可能以任何形式固定(如果我可以这样说的话)在我们的脑子里,因为我们发现不可能说空间在任何地方达到了限度。说空间无限地跑过去了,这是无法理解的。如果我们说除非物体进入空间,并且空间随着偶然因素而扩大,否则空间并不存在,这似乎是没有意义的。

以时间为例,情况也是一样。我们不可能在时间之前设置一个开端,除非我们问自己在那个开端之前是什么。但是,不论我们把时间追溯到多远,如果说根本就不应该有开端,这简直令人无法理解。在这里,就像空间的情形一样,我们绝不会梦想到要否认我们无从理解的东西之存在。

撇开思想的这个高级区域(虽然可能很高,但却是连小孩都思考的问题)不论,当我们考虑灵魂与肉体的相互作用时,我们既不能排斥又不能解释的那些对立现象尤其使我们感到困惑。意志如何能对肌肉产生作用,是一个连小孩都体会得到的有关力量的问题,但却没有一个人能通过实验予以回答。

再者,如果把自然法则拿来同制约人类的社会法则进行对比,必须承认生理学与社会科学是冲突的。人既是一个生理的存在,又是一个社会的存在,但是他却不可能同时完全实现其生理目标和社会目标,不可能同时履行其生理责任和社会责任(如果可以这样说的话),他被迫要部分牺牲其中的一个。如果我们疯狂到竟然设想存在两个造物主,其中一个是动物结构的作者,另一个是社会秩序的作者,那么,我们可能就会理解那些有用的技艺、政治家的职责、政府等是如何经过脑力和体力的劳动的。但是,这些社会系统所要求的技艺和责任却有害于我们的健康、快乐和生命。换言之,除了用我们感觉荒唐的假说去解释之外,我们无法恰当地解释现存的、无可否认的真理。

同样,正如经常被人们坚持的那样,在数学中,哲学家也不得不耐心地忍受各种真理的共存,而同样真实的是,这些真理相互之间也不能调和。他被告知存在着无穷多的曲线,这些曲线能够把一个空间分成若干份,但是没有直线能够进入这些空间,尽管这些直线只有长度,没有宽度。他还被告知某些直线不断地相互接近,虽然它们之间有确定的距离,但它们永远不能会合。对于这些表面的矛盾他必须尽可能忍受,而且并不企图否认这些真理共存,而这些矛盾就构成了这门科学的真理。

4

现在,先生们,我请大家注意我根据这些熟悉的事实所得出的推理。这是为了用一个有力的论点来激励你们,就是说,既然在遇到围绕着关于人和神的众多知识领域那令人费解的真理时,你们表现出了堪称典范的忍耐,既然在发现世俗科学中的一个真理与另一个真理不协调(从我们人的心智来看),或者发现这个真理不能前后一致时,你们并没有发怒、挑剔、怀疑,感到难以相信,那么,当被告知在启示与自然之间并不存在解决不了的困难、令人震惊的对立甚至抹杀事实的矛盾时,你们不应该认为这很难接受。它们之间,就是说在天主教的观点与天文学或地质学、生理学、民族学、政治经济学、历史学或古典学之间,只存在一种障碍、一种模糊、一种倾向的偏离、一种暂时的对立、一种调子的差异。我说,由于我们是天主教徒,所以我们承认,对我们有限的心智而言,神圣的统一性所包含的属性表面上存在着部分相互矛盾的现象;我们承认,对我们的想象力而言,在上帝启示的自然界存在着无限奇妙的事物,尽管它们与理性并不对立;在上帝的作品里,我们不可能在拒斥或接受那样一些空间观、时间观以及那样一些思路必然的特性的同时而不感到心智上的压力甚至痛苦。先生们，我以大学的名义请求宗教作家、法学家、经济学家、生理学家、化学家、地质学家、历史学家，以一种和睦的方式安静地进行他们各自领域的思考、研究和实验，同时，要充分相信他们所分有的真理是多形式的，是前后一致的，要相信，虽然可能出现暂时的冲突、表面的别扭、诸多不祥之兆和对立的征兆，而且总有一些(再说一遍)对理性不难，但对想象来说很难的事物，但是，当把研究结果集中起来后，就会发现，它们最终是一致的。说实话，我的这个请求并不是一个过分无礼的要求。这种请求当然不是说要向他们提出很多要求，因为既然他们不得不承认启示真理和理性真理本身存在着神秘现象，因此我说的请求是，当自然和启示在相互比较中出现差异时，希望他们能保持平静，能怀着良好的意愿去生活，能处之泰然，因为这种差异并不是结果上的差异，而是由各自特定学科所教导的推理方式、环境因素、联想、预测、偶然性等引起的。

为了新教徒的缘故，认真而有力地强调这一点极为必要，因为他们对我们抱着非常奇怪的看法。虽然历史的见证并非如此，但是他们仍然认为，除了动用强力手段或者禁止探索研究之外，天主教会没有别的办法来消除错误。对我们建立并管理理学院，他们表示藐视。为了他们的缘故，我才来到这里大谈这个题目。在我看来，任何人如果抱着属于天主教徒特权的那种绝对信仰来信奉启示，那么他就不是一个听见突然出现的声音便吃惊，看见奇怪或新奇现象便发抖的容易紧张的造物。他根本就不会担忧，但他嘲笑这样一种观点，即，任何事物都可以通过其他与其宗教教义中的任何一条相矛盾的科学方法来发现。他十分清楚，所有的科学在其扩展的过程中肯定冒着侵犯其他科学进程的危险，尽管其本意并非如此。他还知道，如果说有一门科学，由于它至高无上、无懈可击的地位，能够平静地忍受地球之子所挑起的这种并非有意的冲突，那就是神学。他确信，而且什么也不能使他动摇，如果有什么东西似乎会被天文学家、地质学家、编年史家、典籍学家或人类学家证明为同信仰的教条相矛盾,那么,最终将表明的是以下情形:(1)并没有被证明;或者,(2)并不相矛盾;或者,(3)并不与真正被启示的任何东西相矛盾,而只是与同启示混淆了的东西发生矛盾。如果它一时显得矛盾,那么他乐意等待,因为他知道错误就像别的过失一样;他乐意给它一点余地,因为它十有八九会自行消亡。我并不是说他不愿意积极鼓励和帮助它自行消亡。他不仅给错误足够的余地,而且要让它知道如何处理和调整。他愿把这件事情交给理性、反思、冷静的判断、常识,以及时间,这个无数秘密之伟大解释者。他不会因为启示的敌人暂时的胜利便恼怒(如果有这种感觉的话),也不会匆忙地对难题提出一个有说服力的答案,因为这样可能最终只能把研究变成无法理清的一团乱麻。相反,他会想到,在上帝的秩序里,表面的危险经常是最大的收获,他会想到那位新教诗人的诗里所传达的意思:

你如此畏惧的云朵
包裹着宽宏的仁慈,并将把
恩惠降到你的头上。

5

显然,这里要提到一个臭名昭著的例子。当哥白尼体系开始取得进展时,由于它同一些天主教的传统权威和《圣经》所宣称的内容似乎发生了矛盾,哪一个教士没有因此感到不安呢?仿佛使徒通过口头和书面形式明确传达的一样,大家普遍接受的一个启示真理告诉我们,地球是静止不动的,而实心的太阳则围绕地球旋转。但是,在一段短暂的时间内,经过深思熟虑,我们发现,教会对这样的问题没有做出什么定论,而自然科学几乎可以随意地漫游于这个领域,不用害怕宗教权威会做出不利的决定。现在,在宇宙论方面,天主教徒已经在这个问题以及其他许多业已存在的争议性问题上得到宽容,这对他们是一种解脱。尽管有了这种解脱,对这个问题还存在着以他们的宗教神学的名义进行的某种争论。天主教徒长期而广泛地接受了《圣经》里对这些自然说法的某种解释,考虑到这一点,教会竟还没有正式承认这种说法,这真是非常值得注意的事实。用人的观点去看待这个问题,不可避免的是,教会应该将其变为自己的观点。然而,从我们的立场看,我们发现,在面对后来这些时代的新兴科学时,尽管教会从一开始就对《圣经》做过大量评论——而这是她的责任和权利——但是她从未正式解释过有关的经文,或者赋予它们现代科学可能质疑的一种权威意义。

这种逃避并非纯属偶然,而是一种神意监管的结果,一如在历史长河中的黑暗时代会出现的那样。日耳曼使徒,光荣的圣卜尼法斯,他以虔诚而闻名,但并不精通世俗知识,当他向圣座申说圣维吉里教导说存在与英伦三岛相对的地方①时,圣座被劝说要采取措施,但是圣座并没有站在那位爱尔兰哲学家的一边,那会很不恰当,对于这种并非启示的问题,圣座忽略了一种哲学的观点。

时代在前进,新的知识和社会事态出现了。教会被赋予了世俗的权力。圣多明我会②的修士占了上风。现在我们终于可以满怀好奇地问:天主教会改变了她古老的行为准则并去干预知识活动了吗?恰恰相反。这是大学说话的时代,这是学者的经典时期。在哲学研究方面,这是天主教会实行明智政策并提供充分自由的光辉而值得赞扬的例证。如果说有那么一个时代,智识发狂而又得意洋洋,那就是我所说的这个时代。还有哪一个时代比这个时代更好奇、更好管闲事、更大胆、更执著、更喜欢深究,运用理性时更加唯理主义的呢?什么类型的问题没有用那种细微而玄妙的精神仔细观察过?哪一个前提能逃脱检查?哪一个原理没有被追根溯源并被剥得赤身露体?哪一个完整的体系没有被分析过?哪一个复杂的概念没有被挖出来,修饰一番,供思考之用,直到它的每一个细部都

---

① 指地球另一边有与这一边相对的可居住之地。——译注
② 又名布道兄弟,俗称黑衣兄弟会,天主教四大托钵修会之一,1215 年由圣多明我创立。——译注

一览无遗,就像青蛙的腿被放到显微镜下接受认真的观察?对啦,我再说一遍,这里有某些东西比自然科学研究更接近神学。说到宗教的敌人,那个时候亚里士多德肯定比培根更胜一筹。当时的教会对哲学采取高压手段了吗?没有,即使那个哲学是形而上的哲学时也没有。那个时代教会暂时有了权力,可以用火与剑来消灭探索的精神,但她决定以理服人。她说:"两方都可以玩,而我的论证更佳。"她把她的辩手送进哲学的竞技场。正是中世纪大学中多明我会和方济各会①的博士们——其中最伟大的是圣托马斯——用异教的武器打响了这场启示之战。武器是谁的没关系,真理是全世界的真理。正是依靠一头驴的口才和异教之邦希腊的古典哲学,这些学派的参孙②把他的 1 000 个非利士③人打得狼狈逃窜。

在这里,先生们,请注意在具有智慧天赋的教会与她最能干或最聪明或最神圣的孩子们之间所展现出来的反差。正如圣卜尼法斯妒忌自然科学的思考一样,早期的教父对我刚才提到的伟大的异教徒哲学家亚里士多德表现了极端的反感,我不知道他们之中有谁能够忍受他。当那些追随亚里士多德学说的人在中世纪出现之际,由于他们的意图又带有可疑的性质,有人竭尽全力把他们逐出基督教世界,而当时的教会却保持沉默。她基本上没有在群众中谴责异教哲学,像她宣告对《圣经》中关于宇宙论的某些经文的意思那样。从德尔图良和凯厄斯④到卡帕多细亚的两个格列高利⑤,再到西奈的阿纳斯塔修斯⑥,再从他到巴黎的学校,亚里士多德都是一个冒犯的词。最终,圣托马

---

① 中世纪天主教会最著名的修会之一,由圣方济各创立。——译注
② 古犹太人的领袖之一,以身体强壮高大著称,参见《圣经·士师记》。这里和前面的"驴"应指托马斯·阿里那等人。——译注
③ 起源于爱琴海的一个民族,历史上曾是犹太人的仇敌。圣经记载参孙落入非利士之手,并与许多非利士人同归于尽。——译注
④ Caius(3 世纪),基督教作家。——译注
⑤ 指纳西昂的格列高利和尼斯的格列高利,他们都出生于卡帕多细亚(今土耳其境内),前者为 4 世纪基督教教父,对上帝三位一体教义提出了明确而有力的解释;后者是 4 世纪的基督教哲学神学家、神秘主义者,对基督教思想体系的形成做出了贡献。——译注
⑥ Sinaita Anastasius(卒于约 700 年),基督教神学家,西奈的圣凯瑟琳隐修院院长,主要著作有《指引》。——译注

斯把他变成了一个给教会砍柴挑水的人。他确是一个强壮的奴隶。教会对把他的哲学观念和术语用在神学里给予了批准。

6

虽然至少可以说这种自由的讨论对宗教来说是安全的,或者说是恰当的,但从另一方面讲,它对科学进步也完全是必要的。现在我将转到题目的这个方面。我说,培养这些科学是一个极其重要的问题,因为人的心智可以在其中发现真理。研究者应该在行动上自由、独立、不受约束,应该允许他并使他能够专心,不,是特别地专心于他的特定对象,并在研究过程和进展的每一时刻,都不必冒着以莽撞为指控和以狂妄或有辱宗教为警告的危险。这同样是极其重要的一个问题。不过,话虽如此,我必须事先做一些解释,以免遭到误解。

第一,先生们,关于宗教和道德的基本原则,同样,关于基督教的基本原则或者叫信仰的教条——关于这种自然的和启示的双重信条——我们谁也不应该说因为要维护它们不受侵犯,便对心智形成了一种禁锢。说实话,天主教徒不可能不想它们,正如自然科学的定律不可能妨碍人体运动,信仰的教条也不会妨碍心智的运动。对它们的习惯上的理解已变成了天主教徒的第二天性,正如光学、流体静力学、动力学的定律已成为他运用身体器官时天经地义的潜在条件。我并不认为自然科学的定律会与教条发生任何冲突。我说的只是神学家的观点,或者大众的观点,这些观点与过去时代的观点相似,即认为太阳围绕着地球旋转,世界末日即将到来,或者大法官圣丢尼修①(冠以这个名字之著作的作者)之类的观点。

第二,即便关于这种观点,我也不是说它们要直接侵入宗教领域,或者说自然科学的教师实际上正在确定有关宗教问题的法则,而是说他在进行专业研究的过程中会与教条偶然发生无意的冲突。在这样

---

① 基督教《圣经》所载人物,1世纪为其活动时期。后世某些托其名发表的著作相当重要,其作者一般译为"伪狄奥尼修"。——译注

一种情况下,把他的哲学或历史的结论作为对经文的正式解释就大错特错了。据说,伽利略就是这样做的,他并不满足于维持其关于地球运动的学说作为一种科学结论,并把它留给那些真正关注于拿这种学说去同《圣经》进行比较的人们。必须承认,先生们,今天这样的错误并不在少数,而且犯这种错误的不是科学家,而是宗教人士。他们出于紧张的焦虑,唯恐《圣经》看来会与当代的一些思考的结果不一致,因而对此一直在进行地质学或民族学的评论。但由于科学进步中的种种变化,未等墨迹全干,他们又不得不改弦易辙,这反倒弄巧成拙,帮了科学的忙。

第三,应该说,当我提倡哲学思想独立时,我的意思绝不是指任何正规的教学,而是指调查研究、思考和讨论。在任何问题上,甚至包括与宗教有关的问题,我绝不答应一位著名的新教神学家关于那些最神圣的主题所提倡的做法,即所谓的"预言的自由"。自然科学教授应该成为真理的预言家,我也丝毫不愿意贬低他们,让他们仅仅充当不成熟的幻想和恶名远扬的荒唐念头的推销人。我并没有要求他们随意地为他们的听众源源不断地送去灵巧的发明和新奇的创造,也没有要求他们未经准备就去对一帮年轻人精彩而随便地讲授具有真理基础的内容,因为这样一来,年轻人也许不会连续听上六次讲座,并且会带着一种模糊的思想进入社会,而这种思想出自某些很有抱负的聪明人尚未成熟的理论。

再者,正如最后一句话所提示的那样,必须十分慎重,避免丑闻,避免哗众取宠,避免动摇意志薄弱的人。真理与谬误的联系在某些人的思想里太紧密,因此,要拔掉谬误的野草,就不可能不连带拔掉其中的真理的麦苗。因此,如果任何流行的宗教观点有可能以某种方式与科学研究的进程妥协,那么,这就是进行这种妥协的理由,不是依据那些落入了轻率无知之辈手中的时兴出版物,而是依据那些严肃认真的著作,以便回应那些进行哲学争论的中世纪的学派。这些学派现在虽然已不为流行的思想和感情所关注,但是,尽管有时做得过头,由于其充满活力的不息的探索,它们为神学的精确作出了巨大贡献。

7

所以,我并不是说科学研究者(1)一定会与教条发生冲突;(2)一定会通过其研究去贸然解释《圣经》,或者去对宗教问题贸然做出别的结论;(3)即使是在自己的学科之内,还在应该进行研究和假设的时候,就贸然讲授一些宗教上的谬论;(4)无所顾忌地中伤弱者。不过,我虽然做了这些解释,但是我仍然要说,一个科学的思考者或探索者在进行研究时,不应该时时刻刻都按照这些学派的准则、流行做法或者与自己的科学不同的科学之准则来调整自己的方向,不应该总是谨小慎微地关注其他的科学对他的评判,不应该打定主意去教化别人,不应该总是去回答异端和无信仰的人。本着一种宏大信仰的冲动,他应该充满信心,无论自己的研究路线会出现怎样的曲折,进程会出现怎样的变化,甚至会出现发生重大冲突的危险或者对任何别的知识领域——不论是不是神学的知识——感到困惑的情形,如果他不去在乎这些,最终,他的研究会取得成功。因为真理实际上不会与真理矛盾,因为常常乍看"例外"(exceptio)的东西最终很明显地会"被证明是规则"(probat regulam)。这一点对他极其重要。除非他有权根据他所从事的科学的特点去进行调查研究,否则他根本就不可能进行研究。这正是人的心智探究和获取真理的规律。为了推动真理,他通过由许多阶段构成的过程去追求和获取真理,而这个过程是迂回曲折的。通往知识的路上没有捷径,知识之路也非一帆风顺,我们开始时不可能看到终点。倘使我们抱着决心,耐心地坚持到底,并且正如《尼格马可伦理学》教导的那样持守中庸之道,不走极端,那么,我们即便在表面上偏离了目标,也能很快不费吹灰之力达到目标。所以,在科学研究中,可以毫无矛盾地说,在某些情况下,错误是通向真理之路,而且是唯一之路。再者,用生命去伴随一项研究并非人人常有之命运。研究的过程不仅是一个由诸多阶段构成的过程,而且是有诸多心智参与的过程。一个人开始的工作,另一个人去完成。最终,要依靠独立学派之间的合作和前赴后继者的毅力,才能得出真正的结论。因此,事实上在我们的环境下,我们必须暂时忍受我们感觉是错误的东西,因为我们要想到错误最终会引导出真理。

用运动来比喻在这里是非常恰当的。没有人能够笔直上山,帆船不抢风转向便不可能到达港口。因此,同样的道理,如果我们愿意,当然可以完全禁止调查或研究。但是,如果我们要让理性在大学里发挥作用,就必须让它得到充分的发挥。如果运用理性,就必须服从于理性的条件。我们不能真假参半地运用理性。我们必须把理性作为同时给了我们启示的上帝的赐予来运用。不断地干扰理性的过程,借来自更高级的知识的反对意见来分散理性的注意力,这就好比一个住在陆地上的人有心上了一条船,却对航行过程中的种种变化感到沮丧,然后,要么对理性的力量产生了不信任,要么对启示真理的确定性产生了怀疑。如果这位乘客没有考虑过可能会出现汹涌的海浪、肆虐的狂风、澎湃的海潮以及船的触礁搁浅,那么他根本就不该上船。运用理性,必然伴随着停滞、耽搁和焦虑,于是我们可能会不安、急躁,但如果要完全反对理性的运用,我们更应该明智行事。如果不让我们确切地知道启示是如此真实,以至于人类的观点所引起的争吵和困惑都不可能真正地或最终地伤害它的权威,那么,干脆让我们永远也不要去碰世俗的历史、科学和哲学吧。这绝不是说宗教真理在知识方面获得了胜利,因为反对宗教真理的充分表述从来没有占据过优势。这只不过是喜剧里的 ego vapulando, ille verberando[①]。

伟大的心智需要碰撞的空间,这种碰撞的空间不在信仰的领域,而在思想的领域。对于稍微逊色的心智以及所有普普通通的心智而言,情况也是如此。世界上有很多人被叫做天才,而且名副其实。他们被自然赋予了某些特殊的心智或能力,一旦被这种心智刺激或主宰,他们对别的事物便视而不见。他们对自己的专业充满激情,但面对其他专业的美,他们如同死了一般。因此,他们认为只有自己的专

[①] 拉丁文,意为"我挨打,他受痛"。——译注

业才是世界上唯一值得追求的专业,于是便有些看不起转向其他领域的研究。这种人可能是,而且常常是非常虔诚的天主教徒,他们除了对天主教的热爱和尊敬,不,也许是对天主教利益的狂热,除了这些之外,他们从未想过别的事。不过,如果你坚持说,他们在自己特定科学的思考、研究和结论中,一般服从于教会,承认天主教的教条,但这还不够,他们还必须研究神学家说过的一切或大众信仰的宗教中的任何问题,那么,你就扼杀并熄灭了他们内心的那种火焰,就会使他们感到无所适从。

天才的情况就谈到这里。现在从反面说一说大师的心智。这种心智天赋极高,对事物具有广阔的哲学视野,创造力强,而且多才多艺,能够适应各种思想领域。正如我已提到的那样,这些人一旦有了什么想法便会专心致志。他们能够把心中升起的一些深刻的、富有创造力的、重要的思想发展成一个伟大的体系。如果这样的思想家从极端谬误的原则入手,或者直接以虚假的结论为目标,如果他是一个霍布斯或沙夫茨伯里、休谟、边沁,那么当然整个问题便结束了。如果他刻意要充当启示真理的敌人,那也没有必要再说什么了。但是情况也许并非如此。也许他自发产生的与他的体系或思想不可分离的意外出现的错误,未得到坚决的辩护。人类的每一个体系、每一个作者都应该接受公正的批评。叫他停笔息著,好!可是,这样一来,总的来说,尽管他偶有错误,你却失去了这个世界上为启示真理进行(根据其专业直接或间接地)辩护的最能干的人之一。

为此我应该对一种状况进行解释,因为这种状况有时候引起人们的诧异,即,很多伟大的天主教思想家在这方面或那方面受到神学家或教会权威的批评或责备。根据事情的性质,必然如此。的确是有一种责备,它包含了一种对作者的谴责,但也有一种责备,它的意思不过是写在教父语录边上的"眉批"(piè legendum)。该受责备的可能不是作者,但如果教会权威不注意到作者的缺点,那么该受责备的就是教会权威了。我不知道哪一个天主教徒会不尊敬马勒伯朗士①这个名字,但他可能偶然与神学家发生冲突,而且还发表过鲁莽的断言。实质的问题是,他要么最好写那些东西,要么就什么也不要写。圣座十分习惯于这样来看问题,以至于允许把这个观点不仅运用于哲学方面的作者,而且运用于那些我们在此并未谈论到的神学方面和教会的作者。我认为我这样说并没有错——在一些不同的学问分支中,就诺里斯②红衣主教、波舒哀③和穆拉托里④这三位伟大人物而言,把他们已经提出的每一点都揭示出来,事情可能会说得更清楚。不过,考虑到他们对宗教作出的贡献要重要得多,所以在此不做详细批评,以免亵渎他们。

8

现在,先生们,我即将结束我的讲演。我要敦促从事自然科学研究同时又思考神学的人们,无论他们的研究领域是什么;同样,我也要冒昧向神学家推荐一点,如果他们把自己的注意力转移到科学研究这个主题上。总之,我要敦促和推荐给大家的是,对真理的最高权威要抱着伟大而坚定的信念。错误可能会盛行一时,但真理最终会占据上风。错误唯一的作用是最终促成真理。理论、思考、假说开始被提出来,也许它们必将消亡,但在没有提出比自己更好的思想之前它们是不会消亡的。如果它们还没有走向真理——尽管它们已比原先更接

---

① 热迪尔红衣主教谈到他的"形而上学",说那是"在真实性方面十分辉煌,但一点也不缺少坚实性",而且,"把马勒伯朗士神学的哲学体系各个部分连成一个整体的那种联系……为它的合理性提供了一种可靠的保证,使他能够据此向前推进他的种种观点"。Nicolas de Malebranche(1638—1715),法国哲学家,继承并发展了笛卡尔学说,主张偶因论,认为人的认识来源于神,万物包含于神之中,主要著作有《真理的探索》《基督教的沉思》。——译注

② Henry Noris(1631—1704),奥古斯丁研究方面的权威,其著作曾遭到西班牙异端裁判所的谴责,但是后来于1748年被教皇本笃十四世认可。

③ Jacques Bossuet(1627—1704),法国天主教主教、神学家、布道家,反对新教,主要著作有《根据经文论政治》。——译注

④ Ludovico Muratori(1672—1750),意大利近代史学的先驱,任圣职,编辑《意大利中世纪文物研究》,刊印《意大利编年史》。——译注

近真理,那么,这些更好的思想会由别人轮流继承。这样,从总体上讲,知识便有了进步。科学研究中的某些思想错误比某些真理更能结出丰硕的成果。一门科学似乎没有取得进步,而且屡屡失败,其实它一直在进步,只是难以看出罢了。即便仅仅知道这不是真理,就已经是向真理迈进了一步。

另一方面,先生们,请务必牢记,我主张,除了良好的信仰,还要有诚恳的意图、忠诚的天主教精神和强烈的责任感。我主张,科学探究者对引起丑闻的举动,对似是而非的观点,对坚持异见的行为,应该怀着应有的畏惧。我主张,科学探究者应该充分意识到这个时代无信仰之存在和力量;应该牢记绝大部分人在道德上是软弱的,在知识上是混乱的;他不希望任何人受到当今某些思辨的伤害,尽管他可能心安理得地认为,正因为那些思辨是错误的或者是误解的结果,它们将在下半个世纪的进程中得到纠正。

译 后 记

高师宁

因为朋友奚晓青的重托,我接下了纽曼《大学的理念》一书的翻译任务。在何光沪所译的《现代基督教思想》中,我已经领教过 19 世纪维多利亚时代学者(包括纽曼)的文风,但书中只有那些学者的片断引文。《大学的理念》不仅充分地表达了一个著名学者关于大学教育的深刻思想,而且也全面地展示了一位雄辩家的才华和风格。当然,纽曼的语言风格是那个时代之文风的典型:冗长的句子、诸多的插入语,再加上旁征博引、随手拈来的典故和引语,信口提及的名人与历史事件。所有这些无疑增加了我们理解和翻译的难度。尽管在翻译的过程中我曾经不止一次"埋怨"过纽曼,然而,在校对整本书的过程中,尤其是在完整地读了一遍后,才真正地感觉到我们是做了一项很好的工作!

在翻译期间,我和光沪有机会造访爱尔兰。在都柏林极短的时间里,我们向很多人打听过纽曼创立的天主教大学,可惜年轻的爱尔兰大学生似乎不熟悉其历史中这一插曲。几个上了年纪的人则告诉我们,那所大学早已不存在了(已经并入国立都柏林大学)。我们在都柏林的大街上发现了纪念纽曼的教堂,参观了纽曼在演讲中提到的古老的三一学院。后来,我们又到了英国的伯明翰,纽曼曾在那里度过了生命的最后时光。尽管我们没有直接接触多少与纽曼相关的遗迹,但是当我再一次打开《大学的理念》时,就有了一种亲切感,纽曼和他的时代与我的距离一下就缩短了许多!

每一次承诺一项工作时,我都安排了时间,然而,每一次都有其他工作突然闯进来,还有无数预想不到的干扰。不过这一次的意外是,我生了一场病,住进了医院。这样,所有的工作不得不停下来,这项翻译工作也不得不找人帮忙。所幸的是我找到了何克勇先生。克勇君是我大学的同学(他曾在北爱尔兰贝尔法斯特女王大学学习,现为中央民族大学外语系教授、系主任),尽管多年不见,而他工作又很忙,但是他毫不犹豫地接过了部分翻译工作,而且按时完成。教育学与外国文学是克勇君的专长,读者可以从本书第一卷的第七、八、九这三讲和第二卷的第二、三、四篇选文中享受到克勇君译文的流畅和文笔的优美。在我生病与休息期间,我的女儿何可人(中国人民大学新闻系三年级学生)也充当了"替母捉刀"的花木兰。可人在高中阶段就曾经翻译过电影剧本和一些小文,当然,"纽曼"对她而言是难了一些,好在有我和光沪逐字逐句的校对,也算帮助她完成了一件大事。她翻译了本书的编者序、纽曼的生平简介、《大学的理念》导读以及第一卷的第一、二、三、四讲。我只译了第二卷的第一篇选文和五篇评论文章,光沪译了第一卷的第五、六两讲。

全书的校对统稿工作是我和光沪在丹麦奥胡斯大学(Aarhus University)访问的两个月中完成的。奥胡斯的生活单纯而宁静,使我们能够全身心地投入这项工作,而在北京我们难得有一天无干扰。为此,我要特别感谢促成我们这次访问的老友杨熙楠、奥胡斯大学多宗教研究中心(Center for Multireligious Studies)主任 Prof. Dr. Viggo Mortensen 以及 Areopagos 的 Jogensen 和 Harbakk 诸君,还有奥胡斯大学 Dr. Jorgen Sorensen 热情的帮助。没有他们的支持,这部译稿不可能按时完成。当然,我要再向克勇君表示真诚的谢意。

高师宁

2002年9月27日

于丹麦奥胡斯大学

校 后 记

何光沪

12年前,这部世界教育学名著的中译本在贵州教育出版社出版,仅印行了两千册!我们作为译者和校者,当然既失望,又惋惜。这样一个"泱泱大国""文明古国""教育大国",号称拥有几千所,即世界上最多的"大学",拥有几千万,即世界上最多的大学生,竟然连这样一部对世界大学教育产生了巨大影响的经典著作都不了解、无兴趣,按人口平均的读者少得可怜,这样还够得上那些自诩之辞,还不令人惊讶和悲哀吗?

所以,北京大学出版社决定再出这部中译本的新版(也可惜因版权原因,删掉了旧版中耶鲁大学请几位教育专家写的评论文章),我当然十分高兴。于是,我在有很多工作压力的情况下,仍然抽出时间,努力处理了责编周志刚先生(他的专业知识和敬业精神,当今已属"稀有")对全部译文提出的所有疑点——对他用铅笔勾画的所有地方,逐字逐句对照原文重新思考,修改了译文;有一些他并未勾画的地方,特别是第二部的几篇选文,我也琢磨原文原意,自行作了校改。我自己觉得,这样做,才算对得起"校者"的职责,在我一向自我要求的"对得起读者,对得起作者"方面,也才算稍稍做好了一点,更安心一点。

在旧版序言中,我提到自己当时只是高等教育的一个"新手",现在,在高校工作14年,今年我65岁,就要退休了!从17岁开始,我做过乡村小学教师、中学"代课教师"、工厂子校教师、大学临时教师、专科学校教员、研究生院教授、海外"客座教授",最后是中国人民大学的

"二级教授",一辈子同教育工作结下了不解之缘! 20世纪90年代初,我曾在《上海教育报》上撰文论"体育之正误"和"德育之正误"(本欲写"智育之正误"而未果,盖因觉得问题太多,报纸篇幅太小,无从说清),反思80年代以前的教育问题,例如德育方面的"空德育""假德育"和"反德育"等现象。新世纪之初,在此书中文旧版出版前后,我又就纽曼关于人格培养的教育理念写过一篇长文,发表在《中国人民大学学报》上,针对我们的"素质教育"问题谈纽曼思想的重要价值。看到我们在六十多年"思想品德教育"之后,竟然还有千千万万的人为烧新年"头炷香"而站队几天几夜,大城市的财神庙前竟然人山人海,竟然需要在媒体上讨论见到老人倒地该不该扶起,内地人和香港人竟然为民众赴港抢购食品等而恶语相向,无数本来纯朴正直的公务员竟然"入仕"几年就"恶贯满盈"……凡此种种,使得我在重新读此书时,真会怀疑我们是否生活在另一个星球上,是否还是作为人而活着?看看书中表述的当时是一般常识,而我们如今竟觉得高不可攀的人格标准,再想想我们现在习以为常的"常态"——我们已成了世界罕见的公然把追逐权力和金钱("升官发财")作为目标挂在嘴上、唱在歌里、贴在公众场合而不知羞愧的民族:从"烧香"者到"腐败者"的关系,从官场到医院的潜规则,从"跑官"到"卖官"的大盛行,从"要红包"到"抢红包"充斥口语进入歌词,直到连"春晚"也鼓动亿万普通人来"抢",也安排清纯天真的幼儿来唱——对十几亿人来说,这是一种什么样的"德育"?这几十年的教育,难道不值得大反思、大改革?

当然,在这种情况下,无论是正是反的"教育",已经大大超出了纽曼所说的"大学"教育的范围,已经是整个社会制度和风尚习俗对人心影响的问题了。尽管如此,这本书所表述的存在了几千年、已成为文明灵魂的那种人格理念及其培育方式,还是对我们有提醒作用的。也许,正因为其高,正因为其远,正因为我们面临的问题之广泛、深刻和急切,这些理念才具有更大的价值,更值得我们参考、思考,坐言起行!

2015年3月于香港

北京大学出版社教育出版中心

部分重点图书

一、北大高等教育文库·大学之道丛书

书名	作者
大学的理念	[英] 亨利·纽曼 著
什么是博雅教育	[美] 布鲁斯·金凯尔
德国古典大学观及其对中国的影响（第三版）	陈洪捷 著
哈佛，谁说了算	[美] 理查德·布瑞德利 著
美国大学之魂（第二版）	[美] 乔治·M. 马斯登 著
大学理念重审：与纽曼对话	[美] 雅罗斯拉夫·帕利坎 著
美国文理学院的兴衰——凯尼恩学院纪实	[美] P. E. 克鲁格
营利性大学的崛起	[美] 理查德·鲁克 著
学术部落及其领地：当代学术界生态揭秘（第二版）	[英] 托尼·比彻等 著
大学如何应对市场化压力	[美] 埃里克·古尔德 著
美国现代大学的崛起（第二版）	[美] 劳伦斯·维赛 著
大学的逻辑（第三版）	张维迎 著
我的科大十年（续集）	孔宪铎 著
教育的终结——大学何以放弃了对人生意义的追求	[美] 安东尼·克龙曼 著
欧洲大学的历史	[美] 威利斯·鲁迪 著
美国高等教育简史	[美] 约翰·赛林 著
哈佛通识教育红皮书	[美] 哈佛委员会 著
知识社会中的大学	[美] 杰勒德·德兰迪 著
高等教育理念	[美] 罗纳德·巴尼特 著
知识与金钱——研究型大学与市场的悖论	[美] 理查德·布瑞德雷 著
美国大学时代的学术自由	[美] 罗杰·盖格 著
批判性思维是如何养成的	[英] 大卫·帕尔菲曼 主编
美国高等教育通史	[美] 亚瑟·科恩 著
现代大学及其图新	[英] 谢尔顿·罗斯布莱特 著
印度理工学院的精英们	[印度] 桑迪潘·德布 著
麻省理工学院如何追求卓越	[美] 查尔斯·韦斯特 著
后现代大学来临？	[英] 安东尼·史密斯 弗兰克·韦伯斯特 主编
高等教育的未来	[美] 弗兰克·纽曼 著
学术资本主义	[美] 希拉·斯劳特等 著
美国公立大学的未来	[美] 詹姆斯·杜德斯达等 著
21世纪的大学	[美] 詹姆斯·杜德斯达 著
理性捍卫大学	眭依凡 著
美国高等教育质量认证与评估	[美] 美国中部州高等教育委员会 编

大学之用（第五版）	[美] 克拉克·克尔 著
废墟中的大学	[加拿大] 比尔·雷丁斯 著
高等教育市场化的底线	[美] 大卫·L. 科伯 著
世界一流大学的管理之道——大学管理决策与高等教育研究　程星 著	
美国的大学治理	[美] 罗纳德·G. 艾伦伯格 编

二、21 世纪高校教师职业发展读本

美国大学如何培养研究生	[美] 唐纳德·吴尔夫 著
给大学新教员的建议（第二版）	[美] 罗伯特·博伊斯 著
学术界的生存智慧	[美] 约翰·达利等 著
如何成为卓越的大学教师	[美] 肯·贝恩 著
给研究生导师的建议	[英] 萨拉·德兰蒙特等 著
如何提高学生学习质量	[英] 迈克尔·普洛瑟等 著

三、北大高等教育文库·学术规范与研究方法丛书

如何成为优秀的研究生（英文影印版）	[美] 戴尔·F. 布鲁姆等 著
如何撰写与发表社会科学论文：国际刊物指南（第二版）蔡今中 著	
科技论文写作快速入门	[瑞典] 比约·古斯塔维 著
给研究生的学术建议	[英] 戈登·鲁格 玛丽安·彼得 著
如何为学术刊物撰稿：写作技能与规范（英文影印版）	[英] 罗薇娜·莫瑞 著
如何撰写和发表科技论文（英文影印版）	[美] 罗伯特·戴 巴巴拉·盖斯特尔 著
社会科学研究的基本规则	[英] 朱迪思·贝尔 著
如何查找文献	[英] 莎莉·拉姆奇 著
如何写好科研项目申请书	[美] 安德鲁·弗里德兰德 卡罗尔·弗尔特 著
高等教育研究：进展与方法	[美] 马尔科姆·泰特 著
教育研究方法：实用指南	[美] 乔伊斯·P. 高尔等 著
社会研究：问题、方法与过程	[英] 迪姆·梅 著
跨学科研究：理论与实践	[美] 艾伦·瑞普克 著
社会科学研究方法 100 问	[美] 尼尔·萨尔金德 著
如何利用互联网做研究	[爱尔兰] 尼奥·欧·杜恰泰 著
如何成为学术论文写作高手 ——针对华人作者的 18 周技能强化训练	[美] 史蒂夫·华莱士 著
参加国际学术会议必须要做的那些事 ——给华人作者的特别忠告	[美] 史蒂夫·华莱士 著

四、北大开放教育文丛

西方的四种文化	[美] 约翰·W. 奥马利 著
人文主义教育经典文选	[美] C. W. 凯林道夫 编
教育究竟是什么？——100 位思想家论教育	[英] 乔伊·帕尔默 主编
教育：让人成为人——西方大思想家论人文和科学教育　杨自伍 编译	
我们教育制度的未来	[德] 尼采 著

五、高等教育与全球化丛书

激流中的高等教育：国际化变革与发展	[加拿大] 简·奈特 著
全球化与大学的回应	[美] 简·柯里 著
高等教育变革的国际趋势	[美] 菲利普·阿特巴赫 著
高等教育全球化：理论与政策	[英] 皮特·斯科特 著
发展中国家的高等教育：环境变迁与大学的回应	[美] 戴维·查普曼 安·奥斯汀 主编

六、北京大学研究生学术规范与创新能力建设丛书

法律实证研究方法（第二版）	白建军
学位论文撰写与参考文献著录规范	段明莲
传播学定性研究方法	李琨
生命科学论文写作指南	白青云
学位论文写作与学术规范	肖东发、李武
学术训练与学术规范——中国古代史研究入门	荣新江

七、科学元典丛书

天体运行论	[波兰] 哥白尼 著
关于托勒密和哥白尼两大世界体系的对话	[意] 伽利略 著
心血运动论	[英] 哈维 著
笛卡儿几何（附《方法论》《探求真理的指导原则》）	[法] 笛卡儿 著
自然哲学之数学原理	[英] 牛顿 著
牛顿光学	[英] 牛顿 著
惠更斯光论（附《惠更斯评传》）	[荷兰] 惠更斯 著
怀疑的化学家	[英] 波义耳 著
化学哲学新体系	[英] 道尔顿 著
化学基础论	[法] 拉瓦锡 著
海陆的起源	[德] 魏格纳 著
物种起源（增订版）	[英] 达尔文 著
人类在自然界的位置（全译本）	[英] 赫胥黎 著
进化论与伦理学（全译本）（附《天演论》）	[英] 赫胥黎 著
热的解析理论	[法] 傅立叶 著
狭义与广义相对论浅说	[美] 爱因斯坦 著
薛定谔讲演录	[奥地利] 薛定谔 著
基因论	[美] 摩尔根 著
从存在到演化	[比利时] 普里戈金 著
地质学原理	[英] 莱伊尔 著
人类的由来及性选择	[英] 达尔文 著
人类和动物的表情	[英] 达尔文 著
条件反射——动物高级神经活动	[俄] 巴甫洛夫 著
大脑两半球机能讲义	[俄] 巴甫洛夫 著
计算机与人脑	[美] 冯·诺伊曼 著
希尔伯特几何基础	[德] 希尔伯特 著
电磁通论	[英] 麦克斯韦 著

居里夫人文选	［法］玛丽·居里 著
李比希文选	［德］李比希 著
关于两门新科学的交谈	［意大利］伽利略 著
世界的和谐	［德］开普勒 著
人有人的用处——控制论与社会	［美］维纳 著
人类与动物心理学讲义	［德］冯特 著
行为主义	［美］华生 著
心理学原理	［美］詹姆斯 著
玻尔文选	［丹麦］玻尔 著
遗传学经典文选	［奥地利］孟德尔等 著
德布罗意文选	［法］德布罗意 著
相对论的意义	［美］爱因斯坦 著

八、其他好书

苏格拉底之道：向史上最伟大的导师学习	［美］罗纳德·格罗斯 著
大学章程（精装本五卷七册）	张国有 主编
教育技术：定义与评析	［美］艾伦·贾纳斯泽乌斯基等 著
未来的学校：变革的目标与路径	［英］路易斯·斯托尔等 著
美国大学的通识教育：美国心灵的攀登	黄坤锦 著
中国博士质量报告	中国博士质量分析课题组 著
博士质量：概念、评价与趋势	陈洪捷等 著
中国博士发展状况	蔡学军 范巍等 著
美国博士教育的规模扩张	赵世奎等 著
教学的魅力：北大名师谈教学（第一辑）	郭九苓 编著
科研道德：倡导负责行为	美国医学科学院、美国科学三院国家科研委员会 撰
国立西南联合大学校史（修订版）	西南联合大学北京校友会 编
我读天下无字书	丁学良 著
大学与学术	韩水法 著
大学何为	陈平原 著
科学的旅程	［美］雷·斯潘根贝格 ［美］黛安娜·莫泽 著